经济社会

FULIJINGJI
XUEPAI
LUNLISIXIANG
PINGJIA

▼ 郭婕 王华梅 著

福利经济学派
伦理思想评价
——从生态正义角度的探析

山西出版传媒集团
山西经济出版社

图书在版编目（CIP）数据

　　福利经济学派伦理思想评价：从生态正义角度的探析／郭婕，
王华梅著 . —太原：山西经济出版社，2014 . 5

　　ISBN 978-7-80767-778-9

　　Ⅰ . ①福…　Ⅱ . ①郭…　②王…　Ⅲ . ①福利经济学—伦理
思想—思想评论　Ⅳ . ① F061 . 4

　　中国版本图书馆 CIP 数据核字（2014）第 096592 号

福利经济学派伦理思想评价：从生态正义角度的探析

著　　　者：郭　婕　王华梅
出 版 人：孙志勇
责任编辑：李慧平
装帧设计：赵　娜
出 版 者：山西出版传媒集团·山西经济出版社
社　　　址：太原市建设南路 21 号
邮　　　编：030012
电　　　话：0351-4922133（发行中心）
　　　　　　0351-4922085（综合办）
E — mail：sxjjfx@163.com
　　　　　　jingjshb@sxskcb.com
网　　　址：www.sxjjcb.com
经 销 者：山西新华书店集团有限公司
承 印 者：山西天辰图文有限公司
开　　　本：787mm×1092mm　　　　1/16
印　　　张：12.25
字　　　数：220 千字
印　　　数：1-1000 册
版　　　次：2014 年 4 月　第 1 版
印　　　次：2014 年 6 月　第 1 次印刷
书　　　号：ISBN 978-7-80767-778-9
定　　　价：28.00 元

总 序

　　20 世纪 70 年代初是一个特殊的历史时期。这一时期，两种相互交会的发展方式均同时显现：一方面是具有引领人类走向可持续发展战略时代之功效的米都斯《增长的极限》，于 1972 年 3 月以罗马俱乐部第一份报告问世，它直接影响到联合国同年 6 月 5 日在瑞典首都斯德哥尔摩召开的"第一次全球环境与发展大会"。《增长的极限》向世人发出忠告："如果在世界人口、工业化、污染、粮食生产和资源消耗方面现在的趋势继续下去，这个行星上增长的极限有朝一日将在今后 100 年中发生。最可能的结果将是人口和工业生产力双方有相当突然的和不可控制的衰退。"在当时，这一震惊世界的警告，明确指出了传统发展方式的严重弊端。嗣后，1992 年在巴西里约热内卢联合国"第二次全球环境与发展大会"上，由世界各国首脑正式签署了《21 世纪议程》，自此，联合国官方为人类规定了可持续发展战略的宏伟目标；另一方面则是 20 世纪 70 年代海湾石油危机引发的西方资本主义世界的经济滞胀，对此，凯恩斯经济学失去了它以往的效率，这导致新自由主义经济学的趁势崛起。新自由主义学说经 1978 年英国首相撒切尔夫人和 1980 年美国总统里根采用，先后成为两大资本主义国家的主流意识。后又经 1990 年"华盛顿共识"，进一步发展成为整个资本主义世界的国家意识形态。新自由主义宣扬自由化、私有化、市场化、政府放松管制，并极力推行资本主义的国际垄断，推行与联合国倡导的可持续发展战略截然不同并且对自然生态系统具有巨大威胁性的另外一种发展方式。

两种不同的发展方式虽然都出现于同一历史时期，但实践已经清楚地告诉我们，新自由主义主导的自由市场经济和经济全球化导向，客观上已经严重阻碍了联合国为人类规定的可持续发展战略目标的落实。即如老自由主义学说那样，新自由主义同样以市场经济"经济人假设为前提"建构自己的理论体系，强调以市场经济的"看不见的手"主导一切社会经济领域。它不仅导致了由美国次贷危机引发的全球性经济危机，而且严重破坏了我们的自然支持系统，使我们的地球支持系统日益不堪重负，环境污染也越来越严重。正是由于后者，美国著名生态经济学家赫尔曼·E.戴利 1993 年就予以了严厉批评。戴利在《珍惜地球——经济学、生态学、伦理学》一书中指出："污染是成本递增规律的另一基础，但在这方面几乎没有受到任何关注，因为污染造成的成本是社会的。"同时他又说："结果产生竞争性的、肆意浪费的开发——生物学家加勒特·哈丁称之为'公地效应'，福利经济学家称之为'外部不经济'，而我想称之为'看不见的脚'。亚当·斯密看不见的手使得私人的自利不自觉地为公共利益服务。看不见的脚则导致私人的自利不自觉地把公共利益踢成碎片。"另外，新自由主义主张不顾生态系统安全的所谓"经济增长"和"效率主义逻辑"。对此，戴利 1996 年又在他的《超越传统——可持续发展的经济学》一书中进一步批评指出："以日益增长的速度使用资源并损坏生命支持系统、不能满足所有人基本需要的系统不能被称为有效率的。"难怪德国学者库尔茨说：全球资本主义制度连同盲目的市场机制这只"看不见的手"在自认为已经"战胜"了国有资本主义之后，却在"资源的合理分配"（尤其是资源生态合理性配置方面——引者注）中彻底失灵。今天，环境危机越来越严重，环境问题越来越突出。2013 年 10 月 17 日，世界卫生组织正式公布：室外空气污染致癌。这一消息令人十分震惊，现在已经发展到人们都不能正常呼吸空气的程度了，尤其是我国多地出现的十分严重的雾霾污染，不能不使人们忧心忡忡。

我们所处的时代，不仅仅需要有效促进国民经济的迅速发展，同时也需要对发展过程中人与自然关系的行为进行反思，并积极寻求与自然界和谐相处的发展方式，寻求资源生态合理性优化配置的有效方法。改革开放以来，尽管我国经济发展取得"世界第二"的惊人的成就，但是也付出了十分巨大的环境代价。实践中，我们并没有很好地履行 1994 年国务院出台的《中国 21 世纪议程白皮书》中所强调的"绝不走资本主义工业化发展的老路"的承诺。加之新自由主义的风行，事实上已经直接影响到了社会经济生活中的每个经济组织和个人的强烈逐利行为方面。其实，我国著名伦理学思想家蔡元培先生 1910 年于德国留学时所撰《中国伦理学史》一书中就曾批评指出："惑于物欲，而大道渐以澌灭"，"于是人人益趋于私利，而社会之秩序，益以紊乱，及今而救正之，惟循自然之势"。另外，清华大学卢风教授在《现代性与物欲的释放——杜维明先生访谈录》一书《前言》中也指出：目前"现代性的价值导向不仅是错误的，而且是极其危险的。说它是错误的，是因为人没有必要通过无止境地追求物质财富实现自我价值和人生意义，物质财富的增长并不与人们幸福感的提高成正比。现代性误导了大众，使大众相信，只有一种实现自我价值和获得社会认同的途径，那便是努力赚钱，尽情消费。实际上存在多种实现自我价值和人生意义的途径……说它是极其危险的，是因为几十亿人的物质主义追求会使人类在生态危机中越陷越深。用杜先生的话说就是，它使人类文明成了一列刹不住的列车，不扭转方向，它就会坠入毁灭的深渊"。今天，我们重温蔡元培先生的教导和阅读《现代性与物欲的释放——杜维明先生访谈录》，确实大有使人耳目一新和唤醒人的自然良知的感觉。我们急迫需要唤醒每个经济组织和个人的社会责任心，力求避免"经济人自身利润最大化"误导所导致的"异化自然"（马克思《1844 年经济学与哲学手稿》中批评资本主义工业化发展方式的理论观点）。力求避免"经济人自身利润最大化"的物欲主义追求造成的"外部不经济"，以及力求避免由之产生的加勒特·哈丁所说的"公地悲剧"。这种发展方式，即使美国前副总统阿尔·戈尔在给蕾切尔·卡逊《寂静的春天》一书写的《前言》中也都予以了十分严厉的批评。

中共十八大报告首次单篇论述了生态文明，将生态文明建设纳入建设中国特色社会主义的总体布局之中，这就充分体现了我国对生态文明建设自觉性的不断增强，对中国特色社会主义建设规律的认识也达到了崭新的高度。正是出于这种原因，许多有着高度社会责任心的各界人士，主张反思现行的经济学和管理学理论，并再度重温和强调联合国倡导的可持续发展战略思想。2012 年，山西经济出版社社长（总编）赵建廷先生和编辑室主任李慧平女士邀请我组织并主持撰写一套《经济社会可持续发展思想文库》。根据要求，为了积极响应和落实中共十八大报告着重强调的生态文明建设的相关规定，为了顺应联合国可持续发展战略的要求，同时也为了反思新自由主义风行导致的种种与生态系统法则相背离的理论问题，于是，我很快就对本文库进行了设计与论证。具体说，本文库由《经济思想批评史——从生态学角度的审视》《管理思想批评史——从外部性结构缺失看西方管理学理论短板》《清洁生产与循环经济——基于生态文明建设的理论建构》《地方政府治理的创新——基于资源型省域的探索与思考》和《福利经济学派伦理思想评价——从生态正义角度的探析》共五本书构成。在山西经济出版社的积极争取和努力下，它被列为山西省重点图书。故此，借出版之际，特对山西经济出版社表示深切谢意！但是，写作过程限于时间紧促，难免有许多不周之处，还望学界方家惠予指正。

2014 年 2 月　于清华园

（总序作者为清华大学教授）

前 言

经济思想史大师熊彼得在《从马克思到凯恩斯》一书说："经济学是一辆大公共汽车，搭载着许多兴趣和能力不相称的乘客。"面对《福利经济学派伦理思想评价》这样一个题目，笔者深知自己就是这样一名乘客。

对于福利经济学的关注，始于翻译阿马蒂亚·森的论文集《资源、价值与发展》。作为现代西方经济学当中的一个重要理论分支，福利经济学"是一门致力于判断社会福祉（福利）在一种经济状态下比另一种经济状态下更高或更低的学科"。①关照人的幸福而不只是财富是它的基本特征。在福利经济学发展史上，有两个重要问题：一个是经济学要不要伦理价值判断的问题，即福利经济学的性质究竟是实证的还是规范的？另一个是公平和效率的优先性问题，私利与公利是否一致以及如何达成一致？对这两个问题的争论贯穿福利经济学发展的始终，经过将近一个世纪发展和演变，即使经过帕累托（Vilfredo Pareto，1848-1923）、马歇尔(Alfred Marshall,1842-1924)、庇古(A. C. Pigou，1887-1959)、希克斯（John Hicks,1904-1989）、卡尔多（Nicholas Kaldor, 1908-1986）、萨缪尔森（Paul Samuelson, 1915-2009）、阿罗（Kenneth J. Arrow，1921-）、森（Amartya Sen, 1933-）、黄有光（Yew-Kwang Ng，1942-）等经济名宿的创立、发展和改造，这些争论至今尚未尘埃落定。

事实上，以上两个问题都关乎经济学的伦理思想问题，1998年诺奖得主阿马蒂亚·森在1978年的一篇会议论文《收入分配中的伦理问题：国家的与国际的》中，为了说明经济伦理问题的复杂与艰深，曾以一则犹太故事自嘲：一群犹太人乘船前往美国，愚蠢的人中途在英国的利物浦下船了，这就是为什么英国犹

---

① 黄有光.福祉经济学.张清津译.大连：东北财经大学出版社,2005.

太人没有美国犹太人成功的原因。森说自己也似英国犹太人一般在伦理问题上"下了船"。当时，世界经济刚经历了第一次石油危机、私有化浪潮，新自由主义也开始风行，正统的经济学家正在忙于对旨在实现更大公平的干预主义目标理论的改造。

和森一样怀有一颗慈济之心的，是福利经济学的创立者庇古。第一次世界大战之后，英国经济的周期性波动以及失业等不良经济现象时有发生，社会成员贫富悬殊的现象非常严重。建立在功利主义伦理学实现"最大多数人的最大幸福"思想基础上，庇古的"旧福利经济学"以增进经济福利为研究方向，主张收入分配的结果公平观，提出"国民收入总量越大，社会经济福利越大；国民收入分配越均等化，社会经济福利越大"的思想。在马歇尔"外部经济"概念的基础上，庇古提出生产的"外部性"理论，指出边际私人净产值与边际社会净产值的背离可能造成"外部经济"，也可能造成"外部不经济"，主张把国家干预作为消除市场负效应的重要手段，"庇古税"发挥的作用持续至今。

20世纪30年代以后，随着逻辑实证主义的兴盛，庇古的福利学说受到了严峻的挑战，以英国经济学家罗宾斯（Lionel C. Robbins, 1898-1984）为代表，一些学者指责其将价值判断引入经济学，而经济学不应该涉及伦理问题，因为经济学和伦理学的结合在逻辑上是不可能的。随着"序数主义革命"的到来，以勒纳、卡尔多、萨缪尔森为代表的经济学家以序数效用论和帕累托最优为理论基础，建立了所谓"价值无涉"的新福利经济学。新福利经济学以解决稀缺性作为研究目标，回避效用的计算和个人福利的比较，从而回避了收入分配问题。至此，福利经济学被纳入新古典主义的分析框架。

抛开了收入分配的福利研究终究无从谈起，以伯格森、萨缪尔森为代表的经济学家提出了"社会福利函数"，把经济效率作为最大福利的必要条件，合理分配作为最大福利的充分条件，指出社会福利最大化需要公平效率同时实现。然而，20世纪50年代，"阿罗不可能定理"证明了单纯依靠体现个人偏好次序的序数效用和帕累托最优理论，无法推导出整个社会的偏好次序。这个结论使得福利经济学的发展陷入无用论的困境。

直到20世纪70年代，1998年诺奖得主阿马蒂亚·森的研究为福利经济学的发展开辟了新天地。通过对主流经济学"理性人"及其哲学基础功利主义的批判，森揭示出经济的发展源于人类的复杂或复合动机，把单纯关注效率的"工程学"式的经济学回归到了"关注真实的人"的地位，使经济学研究恢复了古典经济学的伦理传统，为福利经济学开辟了广阔的视域。在此基础上，森构建了基于"可行能力"的分配正义观，和以人的全面自由为要义的可持续发展观。森的研究对《联合国人类发展报告》产生了巨大的影响，为此，联合国前秘书长安南指出，"联合国在自己的发展工作中极大地获益于森教授观点的明智和健全"。

结合我国的情况，30 年来的改革开放极大地改善了人民的生活水平，然而，随着市场化的进程，贫富分化、环境污染、道德滑坡、贪污腐败等一系列的社会问题开始凸显出来，改革初期由于物质生活水平提高带来的全民幸福感并没有随着 GDP 的高速增长而增加，反而渐渐回落，与此同时，由无度开发、恶性竞争带来的虚假繁荣背后所隐藏着的经济发展不可持续的危机已经暴露出来。这向我们提出了一个问题，经济增长是不是发展的全部？究竟用什么价值标准来衡量发展？庇古的福利观告诉我们，经济福利只是社会福利的一个方面，经济福利远远不能代替福利的全部，何况经济福利与国民收入也不是简单的对等关系。而森的发展观进一步告诉我们，衡量一个社会的发展，福利仅仅是其中的一个方面，最终落脚点是人的全面发展，是人的可行能力的提高，是人的全面自由。

因此，理论上，只有深入、细致、全面地把握经济学背后的伦理思想，才能够更加准确地领会这门理论背后的经济学思想的精髓。探讨福利经济学的伦理思想带给我们的启示是，经济学不仅要研究财富的增长，也要研究财富的分配；不仅要关注财富的分配，还要关注人的全面发展；不仅要促进人的全面发展，还要促进人与人、人与社会、人与自然之间的协调发展。当前，我国提出实现"中国梦"的构想，进而提出经济、政治、社会、文化、生态"五位一体"的发展战略，"中国梦"是国家的富强梦，民族的复兴梦、归根到底是人民的幸福梦，幸福的要义在于实现人的全面发展，经济的发展与其他几个方面的发展应协调推进，任何一个方面的发展都不应形成对其他发展的"霸权"，唯有如此，"中国梦"才能真正实现。

作 者
2014 年 4 月

目 录

第一章　福利经济学概况 …………………………………………… 001

　第一节　什么是福利经济学 ……………………………………… 001

　第二节　福利经济学的产生和发展 ……………………………… 002

　第三节　福利经济学的特点 ……………………………………… 004

第二章　福利经济学的思想渊源 …………………………………… 011

　第一节　经济学的福利主义传统 ………………………………… 012

　第二节　福利经济学的伦理基础——功利主义 ………………… 016

　第三节　古典功利主义评价 ……………………………………… 035

第三章　福利经济学思想的理论演进 ……………………………… 041

　第一节　庇古福利经济伦理思想 ………………………………… 041

　第二节　新福利经济学说 ………………………………………… 056

　第三节　福利经济学思想的困境及伦理新发展 ………………… 064

第四章　公平与效率——福利经济学的价值冲突 ………………… 071

　第一节　公平与效率关系理论 …………………………………… 071

　第二节　公平的优先性——罗尔斯分配正义理论 ……………… 078

　第三节　自由的优先性——诺齐克的持有正义理论 …………… 093

　第四节　平等与效率的协调——阿瑟·奥肯福利经济思想 …… 099

第五章　阿玛蒂亚·森的经济伦理思想与发展观 ……………… 107

　第一节　重建经济学的伦理维度 ………………………… 108

　第二节　功利主义解构与批判 …………………………… 115

　第三节　福利经济学的贫困化 …………………………… 121

　第四节　以可行能力为核心的分配正义观 ……………… 130

　第五节　森的自由发展观 ………………………………… 138

第六章　对我国经济发展的启示和展望 …………………… 151

　第一节　经济增长与国民福利 …………………………… 152

　第二节　经济正义与国民幸福 …………………………… 158

　第三节　公平与效率的取舍 ……………………………… 167

　第四节　生态正义与生态福利 …………………………… 171

参考文献 …………………………………………………… 183

后记 ………………………………………………………… 186

第一章　福利经济学概况

第一节　什么是福利经济学

福利经济学是西方经济学发展过程中形成的一门经济学分支学科。对于什么是福利经济学，很多西方经济学家提出了许多不同的观点。

最先将福利理论详细阐发并写成系统著作的是英国经济学家庇古。庇古指出，福利经济学"就是研究在实际现代社会中，对经济福利发生影响的某些重要因素"。

福利经济学是关于政策建议的经济学科。阿马蒂亚·森认为：首先，推导政策建议时所涉及的逻辑过程不能被排除出福利经济学的范围。其次，在政策建议的过程中，价值判断并不总是简单地被假定为"给定的"。最后，隐含在虚无主义推理中的关于事实和价值的二分法是值得怀疑的。他还认为，福利经济学的研究包含三部分内容：其一，严密的逻辑推理；其二，经济、价值的判断标准；其三，经济和价值标准的统一。

依据黄有光的观点，福利经济学是一系列命题的研究，经济学家根据这些命题来比较不同经济状态的社会福利，并判断不同经济状态社会福利的高低。他认为，这里包含两层含义：其一，福利经济学的核心问题是判断社会福利的高低；其二，福利经济学试图明确地表达出比较福利的标准或命题。

Boadway and Bruce也指出："福利经济学是评价经济事件在规范方面的重要性的框架。……也就是说，福利经济学家希望确定一项特定的政策是否值得——不是根据他或她的价值，而是根据一些明确表达出的伦理标准。""福利经济学可以被看作是研究在各种可能的世界状态之上获得一种社会排序的方法。'世界状态'一词可被解释为对一种可能的经济状态的完全描述……也就是说，我们感兴趣的是对不同的资源配置进行排序。"这里包含三层含义：其一，福利经济学是研究各种社会经济状态；其二，福利经济学对各种社会经济状态（资源配置）进行排序；其三，福利经济学提供评价的伦理标准框架。

总之，福利经济学是西方经济学家从福利观点出发，对经济体系的运行进行社会评价的经济分支学科，它主要讨论社会选择标准的界定，是用于分析、评判现实经济状况的合理性的理论和分析工具，这套理论可以依不同的价值判断对现实经济状况及其变动做出评判，但它自身并没有绝对不变的价值判断。

福利经济学从福利观点对经济体系的运行进行社会评价，这包含了价值判断的标准在内，也就是：判断一种经济体系的运行，看它是增进福利还是减少福利，能够增进福利的经济体系运行被认为是"好"的，反之导致福利减少的经济体系运行则是"不好"的。对于什么是判断福利增加或减少的标准，福利经济学家们提出了各种不同观点。由于福利本身天生具有伦理色彩，因此可以说，福利经济学无论从其产生与发展的理论基础看还是从其具体内容来说，都与伦理学有着很深的理论渊源。

第二节　福利经济学的产生和发展

福利经济学的出现，是西方资本主义国家，特别是英国社会经济矛盾和阶级矛盾激化的结果。从 19 世纪 70 年代起到第一次世界大战前，主要资本主义国家已经从自由竞争的资本主义过渡到垄断资本主义阶段。但各主要资本主义国家的经济发展是不平衡的。在 19 世纪末和 20 世纪初，英国在主要工业品的产量方面先后被跳跃式发展的美国和德国超过。当时号称"世界工厂"和"日不落帝国"的英国，逐渐丧失了世界工业的垄断地位和世界贸易的垄断地位。1914~1918 年的第一次世界大战，既是资本主义政治和经济危机的结果，也是资本主义发展不平衡和帝国主义国家间矛盾激化的结果。但是，战争并没有从根本上解决这些矛盾。资本主义经济发展由自由竞争阶段进入垄断阶段以后，工人阶级仍然很贫困，失业使工人的生活更加不安定，财富和收入的分配问题越来越严重。在劳资矛盾以及社会冲突不断加剧的情况下，通过国民收入再分配来安抚工人阶级的社会福利问题就不可避免地产生了。一些经济学家提出要通过社会经济福利的研究来改善社会状况，缓和国内的阶级矛盾。福利经济学正是在这种背景下应运而生。

福利经济学理论的发展经历了几个不同的历史时期：20 世纪 20 年代旧福利经济学产生；20 世纪三四十年代是新福利经济学的盛行时期；20 世纪五六十年代福利经济学处于徘徊困惑时期；到了 20 世纪 70 年代，福利经济学理论进入了一个相对较快的发展阶段，并且产生了越来越大的影响。

英国经济学家霍布森是福利经济学的先驱者，作为一个改良主义者，霍布森在其著作中体现了以下思想：古典学派和新古典学派提出的"典型市场状态是纯粹竞争"和"最好的经济政策是自由交易"是不正确的，他主张通过政府干预提高社会福利，提出了要以"社会福利"作为经济学的研究中心。

1920 年，英国经济学家庇古的《福利经济学》一书出版，标志着福利经济学的正式问世，他也因此被称为福利经济学之父。庇古创建了较为完整的福利经济学理论体系，对福利经济学概念及其政策应用作了系统的论述，他是在马歇尔等人的一般经济理论的基础上讨论福利概念及与福利有关的各个理论问题。为了实现福利最大化的目标，及解决社会贫困的问题，庇古提出了两个基本命题：国民收入总量越大，社会经济福利就越大；国民收入分配越是均等化，社会经济福利也就越大。在国民收入总量增加方面，庇古认为，要彻底解决贫困问题，就必须增加社会生产；增加社会生产最根本的就要使社会的资源得到最优配置。在国民收入分配问题上，庇古主张通过收入从富人手中向穷人那里转移，以增加社会总福利。庇古建立的福利经济学理论体系产生了经济学上的一个新的分支，这在经济学说史上具有重要意义。

20 世纪 30 年代，西方经济学家在批判庇古的旧福利经济学的基础上形成了新福利经济学。1929~1933 年，资本主义世界爆发了空前严重的经济危机。不久，又爆发了第二次世界大战。第二次世界大战结束后，一些国家取得了社会主义革命的胜利，殖民地民族解放运动风起云涌，西方资本主义国家则经济危机频繁发生。面对这些事实，西方经济学家除了以凯恩斯主义的理论作为制定应付经济危机的政策的根据之外，还进一步研究福利经济理论和政策，新福利经济学不再像庇古那样根据马歇尔的效用基数论和局部均衡论用以缓和国内阶级矛盾，并加强垄断资本主义制度。在西方经济学家看来，凯恩斯主义经济学说和福利经济学理论二者并不是互相抵触的，而是可以相互补充，以适应资本主义的需要。新福利经济学根据帕累托的效用序数论和一般均衡论，运用数学表述方法，提出"最优条件"、福利标准的"客观检验"等理论。针对帕累托最优标准的分歧，新福利经济学分化出以卡尔多—希克斯、西托夫斯基、李特尔为代表的"补偿原则论派"和以伯格森、萨缪尔森为代表的"社会福利函数论派"。其争论的根本主要在检验社会福利的标准问题方面。新福利经济学是从完全竞争的状态出发，企图得出适应国家垄断资本主义需要的全面干预国民经济生活的政策理论。补偿原则论者选择了只关注效率而不涉及公平的帕累托最优作为衡量福利的准则。根据帕累托准则，不管社会财富是否只集中在少数几个人手中，只要在社会经济福利增加的过程中，没有出现人的状况恶化就是合理的；而补偿原则认定，一项经济政策只要增加了国民收入总量，哪怕存在贫富两极分化，也增进了社会的经济福利。社会福利函数论不像补偿原则论者那样企图回避收入分配问题，而是把道德标准作为确定社会福利标准不可缺少的因素，强调公平问题应该和效率问题一样由一定的道德标准去解决。根据他们的理论，经济效率是最大福利的必要条件，而合理分配是最大福利的充分条件，只有公平与效率问题得到同时解决，社会福利才能达到最大化。

流行于 20 世纪三四十年代的新福利经济学在五六十年代受到了阿罗不可能性定理所带来的严重质疑。阿罗所定义的社会福利函数即阿罗社会福利函数是不存在的。阿罗的证明从根本上动摇了福利经济学的基础。他指出，当社会所有成员的偏好为已知时，要想通过一定程序从个人偏好次序推导出社会的偏好和选择是不可能的。也就是说，个人福利与社会福利之间的冲突是必然的，从个人福利根本推导不出社会福利的最大化，也无法得到一个社会普遍同意的"公平"尺度或公共政策。这使得福利经济学在整个五六十年代里，陷入了"福利经济学无用"的悲观主义困境之中。

福利经济学从 20 世纪 70 年代开始进入了一个新的发展时期。在新福利经济学之后，又有一部分经济学家就"福利"的概念及福利经济学的命题提出了各种不同的看法，使福利经济学的理论研究和实际应用继续向深度和广度发展，主要有相对福利理论、次优理论、公平和效率关系理论等。此外，很多经济学家也就外部性以及福利国家的问题展开讨论。这一时期以阿马蒂亚·森的重要研究成果为起始标志，西方福利经济学家们重新对古老的社会选择问题进行深入的研究，并试图寻找避免悲观的不可能性结论的方法。森提出以"能力中心"观取代幸福的效用观，引入了含义更广泛的"功能"概念作为衡量幸福快乐的标准，以取代"效用"概念。这些概念为经济学提供了更丰富的信息基础，也为社会福利水平的测度提供了较为满意的方法。森的研究代表着福利经济学的新方向。

第三节　福利经济学的特点

一、以效用价值论作为衡量福利的理论基础

福利经济学是在功利主义道德学说和边际效用价值学说基础上发展起来的。福利经济学以效用价值论作为衡量经济福利的理论基础，只是旧福利经济学是基数论，而新福利经济学是序数论。

效用概念存在两种不同的含义。帕累托将它们明确区分为"效用（utility）"即客观的社会有用性，和"所希望的（ophelimity）"即主观的需要或满足个人愿望的能力。具有客观有用性的效用在本质上是物质的，因而是可观察的。效用的人际间比较是关于人们的物质福利的比较，故此也是客观的，它类似于使用价值的比较。而后者，即"所希望的"只能是主观的，只有通过本人的内省方能得到，任何外部的观察或证实都是不可能的。

旧福利经济学以基数效用理论为基础。旧福利经济学用效用来表示个人的福利，认为可以用某种计量单位表示效用的大小，每个人获得的效用之和，便构成全社会效用的总和，即社会福利。这样的效用概念基本上等同于生产能力，进而与经济效率有关。因此，这样的效用概念是客观性的，是可以度量的，而且可以进行一般人的人际间的相关比较。由于人们总是希望得到他们所缺少的东西，而且，人们越穷，对所缺少的东西的需要就越急迫，所以收入的增加对于穷人更有用。因此，庇古认为，收入的分配应该使每个人的收入的边际效用都相等。旧福利经济学关于效用的人际间比较并不关心个别人之间的效用比较，而只关心两大类人之间的效用比较，即穷人和富人之间的效用比较。理论上，这是一种一般人的人际间比较。实际上，旧福利经济学把人的需要按照收入的增加划分为不同的层次也蕴含了人际间的效用比较是可能的。这种需要的层次对于不同的人是相同的，尤其对于一般的富人和一般的穷人来说是相同的。因此，只要把人放在需要的不同层次上，不同人之间的效用或福利就可以比较出来了。旧福利经济学家继承了效用主义伦理学的传统，认为社会应该使整体福利总和达到最大。另一方面他们也指出，收入的边际效用是递减的，所以他们认为有利于穷人的收入分配可以提高整个社会的福利。

新福利经济学使用序数效用，避免效用的人际间比较。新福利经济学认为，效用是主观的，是对于愿望的满足。因而，效用是不可观察的。罗宾斯否定了个人间效用比较的可能性，他指出，效用的人际间比较不是科学所研究的范围。关于收入的比较效用递减规律，罗宾斯认为是值得怀疑的。他认为，对于特定的某个人而言，收入的效用是递减的，但是把这一规律扩展到不同的人之间，则必然涉及了非科学的研究。在批判过程中，罗宾斯借用了一个重要的分析工具即帕累托提出的"最优状态"概念。帕累托为了避免效用计量和加总的困难，提出了以"偏好顺序"来代替效用计量。这种以"偏好顺序"表示满足的理论叫作"效用序数论"，即只有次序先后才是表现财富效用的合理方法，效用只能用第一，第二，第三，……顺序数目来表示。这是效用序数和效用基数的区别。不仅如此，效用序数论者认为效用不能相加，一个人所得的效用总量无法比较，每个人得到的效用或满足究竟无何，也是无法加以比较的，如富人和穷人从不同收入所得到的效用或满足无法比较。这是新福利经济学得到的直接推论。由此，新福利经济学也就否定了庇古的福利总和，实际上是否定了庇古理论中的收入再分配的内容。他们认为，对于收入分配问题，各个人可有不同的判断，无法科学地加以论证。

二、以"消费者剩余"和"最优状态"为重要分析工具

作为分析工具，马歇尔提出的"消费者剩余"概念和帕累托提出的"最优状态"概念，都对福利经济理论的形成起了重要作用。

马歇尔在1890年出版的《经济学原理》中，从边际效用价值学说演绎出他所谓的"消费者剩余"概念。马歇尔对消费者剩余的解释是："一个人对一物所付的价格，绝不会超过，而且也很少达到他宁愿支付而不愿得不到此物的价格，因此，他从购买此物所得到的满足，通常超过他因付出此物的代价而放弃的满足；这样，他就从这购买中得到一种满足的剩余。"[1]换言之，消费者剩余就是一个人愿支付的商品价格超过他实际支付的商品价格的差额。这个差额之所以称作消费者剩余，是因为这个差额可以表示消费者得到的额外的满足。马歇尔认为，从消费者剩余这一概念可以得出如下的政策结论，即对报酬递减的商品实行征税，所得的税额可以大于所失的消费者剩余，而对报酬递增的商品实行补贴，所得的消费者剩余可以大于支付的补贴。因此，"政府对那些遵守报酬递减规律的商品征税，并把部分所得用来补贴那些遵守报酬递增规律的商品，对社会是更加有利的。"[2]马歇尔的消费者剩余概念和由此推导出的政策结论，对于此后福利经济学研究起了重要的作用。正如马歇尔所承认的，研究消费者剩余的目的并不在于说明这种剩余的大小及其与个人需求之间的关系，而在于说明怎样才能增加个人和经济的满足程度。他利用这种概念来表明，对于弹性和非弹性的商品所征税金的后果，他以此来试图说明什么样的政府干预是必要的。这些正是福利经济学所要探讨的中心问题。可以说，庇古所奠定的福利经济学的内容，确实是以消费

---

① 马歇尔. 经济学原理. 上册. 北京:商务印书馆,1981.142.
② 马歇尔. 经济学原理. 下册. 北京:商务印书馆,1981.154.

者剩余理论所考虑的东西为基础的。

对福利经济学的产生和发展有重要作用的另一个分析工具是帕累托提出的"最优状态"概念。帕累托提出了以"偏好顺序"来代替效用计量，即认为只要根据在市场上观察到的消费者行为——对于不同商品组合的同等、较多或较少偏好，就可以确定每个人在既定的价格和收入条件下所达到的最大偏好状态。这样，就可以应用无差别曲线①，以偏好顺序来表示每个人和全体的最大满足。帕累托给"最大偏好状态"下了一个定义：最大偏好状态就是这样一种状态，它的任何微小的改变，必然使有些人的偏好增多和另一些人的偏好减少。后来的经济学家把"最大偏好状态"叫作"帕累托最优状态"。

从福利经济学产生和发展的历史来看，帕累托的"最优状态"概念的影响是不可忽视的。这种影响主要反映以下三个方面：第一，帕累托的最优状态被认为是一种理想的境界，而在这个理想的境界中可以得到最大的福利，所以后来的福利经济学研究者围绕着这种最优状态的条件问题进行讨论，即究竟怎样才能实现最优状态，怎样才能使得一些人的福利增加而同时又不会使另一些人的福利减少。第二，帕累托的最优状态既然与福利最大化联系在一起，那么就应当对之进行检验，而这种检验又必须具有一定的标准。于是，后来的福利经济学研究者围绕着福利的检验标准展开了讨论，并试图用这种标准来判断个人、集团和政府的经济行为的合理性问题。第三，由于帕累托的最优状态是在一定的假设的前提下才能达到并且才能接受检验的，那么，如果客观上不存在这种假设的前提条件，甚至不可能出现这种假设的前提条件，那么能不能找到帕累托的最优状态的替代物呢？能不能用一种替代的方法来衡量福利的增减呢？或者能不能找到另一种替代的目标来代替帕累托式的理想境界呢？这又是一些引起讨论的重要课题。可以说，庇古以后的福利经济学的发展，都是与帕累托的最优状态概念不可分的。②

三、规范经济学与实证经济学的统一

经济学有实证经济学和规范经济学之分，一般而言，实证经济学与事实相

---

① 英国经济学家埃奇沃思在从边际效用学说出发"研究各个人力求达到自己的最大效用以及各个人彼此之间的协议"时，应用几何图形画出所谓无差别曲线和契约曲线，表示两个人各有一种商品在完全竞争的交换中达到最为有利的状态。

② 参见厉以宁，吴易风，李懿.西方福利经济学述评.北京：商务印书馆，1984.7-11.

关，它旨在回答经济学中"是什么、为什么"这类问题，如经济是如何运行的，某项经济政策是否能完成预定目标，后果如何等，它独立于任何特别的伦理观念或规范判断之外。而规范经济学则与价值相关，回答经济学中"应该不应该"、"应该是什么"这类问题，如经济应该如何运行，其结果是否符合某种社会价值目标等。规范经济学通过自己的论证，说明什么样的经济政策是好的，什么样的经济政策是不好的，而实证经济学则不涉及政策本身好坏的评价。

福利经济学究竟是规范研究还是实证研究，经济学家们的意见并不一致。庇古曾说，福利经济学从事福利原因的研究，"是实证的研究"，"不陈述政策方案"。[①]但另一些福利经济学家不同意这种说法，他们认为这是不符合福利经济学的本意的，并且庇古本人也不是不涉及价值判断或道德标准的。他们指出，庇古自己就根据功利主义观点和他自己的理论提出过许多政策原则，不能认为庇古是"完全不带感情地在探索福利的原因"。[②]庇古的福利经济学是受到对就业和其他的社会问题的关心激发的，他从一开始就没有局限于只对经济行为及其后果本身进行单纯意义上的考察，而是从"经济福利"的角度对经济体系的运行进行评价，考察其是否符合既定的社会目标。尽管庇古本人不主张福利经济学关注社会道德类的价值判断，但从客观上看，他的理论本身就是一种带有规范性质的研究。

20世纪30年代之后，新福利经济学代表人物声称他们能提供一种已经摆脱了价值判断的规范经济学的实证经济学，并且包括了整个福利经济学，但这种所谓的"实证经济学"只是以没有争议的事实和价值判断为基础的。从质上看，福利经济学从旧向新的转变本来就蕴含一种深刻的伦理价值观的转变。庇古的功利主义以及新福利经济帕累托准则都是试图找寻解决增加社会经济福利的"应然性"方法。有人认为庇古所持的均等主义的福利经济思想是伦理判断，而新福利经济学家采用的帕累托最优是对伦理价值的远离。这其实是一些经济学家简化问题的一种方法，即习惯于将有冲突的价值判断归于伦理学，而将无冲突的价值判断在否认其价值内涵之后收为己用，这一点恰恰是不科学的。

实际上，实证分析和规范分析是很难完全分开的。庇古以后的一些福利经济学家，如伯格森、李特尔、萨缪尔森等，都承认福利和道德标准是分不开的，他

---

① 庇古.福利经济学.上卷.北京：商务印书馆，2006.9、17.

② 参见李特尔.福利经济学述评.北京：商务印书馆，1980.90.

们认为既然要论证福利的增减，其中必然蕴含着好或坏的道德判断。旧福利经济学使用的道德标准是边沁功利主义的复述。这就是：第一，个人行为在于求得最大满足；第二，社会福利是所有个人满足的总和。新福利经济学由于认为个人的满足不能相加，就改变一下形式。他们的道德标准便是：第一，个人是他自己福利的唯一判断者；第二，社会福利取决于组成社会的个人的福利。

从研究方法和研究内容上看，规范研究与实证研究之间并无明显分界线。实证是解释，是能证伪的；规范是规定，是能规劝的和有说服力的。正如熊彼特曾说道："如果这种区别仅仅意味着实证经济学的工作是解释，福利经济学的工作是规定，那么作这种区分只不过是为了表述的方便。因为正如只要插入适当的价值学假设，实证经济学的命题便可以变为祈使语气那样，福利经济学的命题也可以用陈述语气来叙述。"①就福利经济学自身的研究而论，如果研究仅仅局限于影响福利因素的解释工作，那么这种方法就是实证的。如果我们进一步研究福利变化的后果并提出政策主张，那么这种方法就是规范的。分析福利变化的因素并提出各种建议正是福利经济学通常采用的方法，用马克·布劳格的话说："经济学作为一种经验科学的局限性来自其他方面。它们的经验起源于这样的事实，即福利经济学原理永远是来自规范经济学，尔后又落入实证经济学对证据的评价中。"②总之，福利经济学是规范性与实证性的统一，其规范性是其伦理思想的生长点。

四、以道德标准和福利理论作为指导经济政策的原则

福利经济学强调规范研究的目的，不只是为了从理论上得出有关福利的论断，更重要的目的在于应用这些福利经济学说可作为政府制定政策的指导原则。一定的社会政策总是服务于一定的社会目标。既然福利经济学要制定社会政策，那就必须讨论社会目标，并以一定的社会目标作为指导原则。他们认为，社会目标具有伦理的性质，社会目标就是伦理目标。福利经济学在确定社会目标时求助于审慎的假设。在假设时必须充分考虑到，所假定的社会伦理目标应当是为"大多数人"所能接受的伦理目标。有了假定的社会目标，就可以根据它们来制定相

---

① 熊彼特.经济分析史.第三卷.北京:商务印书馆,1994.458-459.

② 马克·布劳格. 经济学方法论. 第 5 章第 1 节 11 节. 摘自:http://www.jweb.org. cn/chinese/mingzhu/jjx/007. html.

应的政策。

福利经济学在政策上的应用主要是与资源的利用和配置有关的。其中，除了有关利用闲置资源的政策而外，还涉及合理地、有效地配置资源的政策，包括价格政策、生产政策、税收政策、资源分配政策和对外贸易政策等。福利经济学家既提出这些方面的具体的政策建议，也为现行政策制造新的理论依据。显著的例子是根据生产上的最优条件和补偿原则论提出的福利标准，提出征收直接税，并对自来水、电力、铁路、桥梁、隧道等部门实行补贴的措施。还有根据所谓收入边际效用递减规律提出的税收政策和各种救济政策，以收入均等化和增加社会福利为标榜的福利政策等。这些政策曾被一些西方经济学家称为与完全竞争原则不相容的"革命方案"。

第二章　福利经济学的思想渊源

　　1920 年，英国著名经济学家庇古出版了《福利经济学》一书，在这本书中，庇古对现代社会当中影响经济福利的重要因素进行了系统的研究，社会福利从此明确地成为经济学研究的一个重要方向。学界一般都将《福利经济学》的出版作为福利经济学这门学科诞生的标志，庇古教授也因此被称为"福利经济学之父"。

　　福利经济学研究的主题是福利问题，"福利"这个词的英文是 welfare,在《朗曼现代英语辞典》中的首条解释为"Someone's welfare is their health and happiness"，[①]即某人的福利即他们的健康和幸福。而"财富"这个词的英文是"wealth"或者"riches"，《辞典》解释为"a large amount of money, property that a person or country owns"[②]，即一个人或者一个国家拥有的大量金钱或者财产。判断一个人或者一个社会是否健康和幸福，必然需要加入人的主观价值判断，比如什么是幸福，应该怎样达至幸福等问题，不同的价值观会有不同的判断。相对于幸福，金钱和财产却是纯粹客观的事物，对于财富的判断显然不必加入人的价值判断。尽管福利的概念在福利经济学的发展中被赋予了许多有着不同倾向性的解释，但从根本上来看，对于福利的研究、来源与人类对幸福的渴求，其所指向的也是人类的幸福，并且始终围绕幸福的主题。

　　人类对于幸福的关注可谓亘古有之，从著名的苏格拉底之问"我们应该如何活着"到亚里士多德的"圆满"再到康德的"至善"，进而再到追求"最大多数人的最大幸福"的功利主义，历代的哲学家们对幸福是什么以及如何获得幸福的问题给出了各自不同的解释。而"福利"所具有的价值判断意义，既决定了福利经济学所承载的任务是追求人类的幸福，也决定了它与伦理学发展的密切联系。对其思想渊源的探寻，将有助于更加深刻和全面把握其理论内涵。

　　在社会科学发展史上，经济学与伦理学是有着深厚历史渊源的两大学科，两

---

① Longman Dictionary of Contemporary English, Longman, 2003. 1872.

② Longman Dictionary of Contemporary English, Longman, 2003.1414,1867.

者的关系经历几个大的发展阶段：从中世纪之前政治学、伦理学、政治经济学三位一体，到与伦理学联合的古典经济学，然后是试图疏远伦理学的现代主流经济学。20世纪70年代以来，经济学对伦理学产生了复归的趋势，这种情况，从很大意义上也体现了人类社会科学的一种认知过程。本章主要考察福利经济学的伦理学思想基础——古典功利主义。具体说，本章将从三个方面进行分析：首先以经济学与伦理学的关系为线索，回顾功利主义产生之前经济学的福利主义传统；其次将系统梳理福利经济学的哲学基础——古典功利主义理论的产生背景以及主要思想；最后是对古典功利主义思想的理论进行评价。

第一节　经济学的福利主义传统

一、古希腊时期的福利思想

在西方，从古希腊到中世纪，有关经济学的内容一直从属于政治、伦理和神学研究，经济学的合理性只存在于它作为伦理学的组成部分方面。

英文经济学"economics"一词源自希腊语，"eco"（"家务"）和"nom"（"规则"），原意为家计管理。经济这个词最早出现是在苏格拉底（Socrates，469BC—399BC）的门徒——希腊哲学家色诺芬(Xenophon, 约430BC-354BC）的著作《经济论》中，这部《经济论》是目前流传下来的古希腊最早的经济专著，它集中反映了色诺芬的经济思想和对经济活动的相关主张。在这部著作中，色诺芬论述了以家庭为单位的奴隶制经济的管理，因此也译作《家政论》。把"家政"作为"经济"，这一方面反映出古希腊经济研究范围的局限性，另一方面也说明经济研究只从属于伦理学的这样一种地位。但是，在这部著作当中，色诺芬已经借苏格拉底之口表达出朦胧的福利思想：

"同一种东西是不是财富，要看人会不会使用它，例如，同一支笛子，对于会吹它的人是财富，对于不会吹它的人，则无异于毫无用处的石头……对于不会使用笛子的人来说，一支笛子只有在他们卖掉它时才是财富，而在保存着不卖时就不是财富……财富是人能够从中得到利益的东西。"[①]

这段谈话表明色诺芬的两个认识：首先，财富是具有使用价值的东西，它的

---

① 〔古希腊〕色诺芬(Xenophon).经济论 雅典的收入.张伯健,陆大年译.北京:商务印书馆,1961.3.

意义在于能够给人带来好处，能够增加人的福利。其次，交换的目的在于获得具有使用价值的东西，并最终给人带来福利的增加。"优秀的主人"应当管理好自己的财产，达到增加福利的目的。也就是说，经济的最终目的，是为了增加人的福利。

苏格拉底另外一位著名的门徒是柏拉图（Plato， 427BC-347BC），在他的政治哲学经典《理想国》中，借老师苏格拉底之口表达了更进一步的社会福利思想。在这本对话录当中，柏拉图构建了一个按照正义原则组织的、各个阶层分工明确、各司其职的最好的城邦，个体的幸福通过参与城邦的生活而得以实现。

"我们建立这个城邦的目标并不是为了某一个阶级的单独突出的幸福，而是为了全体公民的最大幸福……当前我认为我们的首要任务乃是铸造出一个幸福城邦的模型来，不是支离破碎地铸造出一个为了少数人幸福的城邦，而是铸造出一个整体的幸福城邦。"[①]

尽管《理想国》是一部政治哲学著作，西方学术界对其关于正义的论证也一直存有争议。但上述谈话明确表达了这样的思想：构筑最好的城邦，最终的目的是追求全体公民的最大幸福，并特别强调不是少数人的幸福，而是一个整体的幸福城邦。通往最好的生活的路径是通过城邦整体的幸福来实现全部个体的幸福。此外，柏拉图的社会分工理论表明，社会分工的必要性在于它能够使人们从事合乎他本人天赋和性情的工作，因而生产出更多更好的产品，最大限度地促进社会福利和个人福利。一方面，这是一种从使用价值的角度对社会分工所做的分析，另一方面，它也间接地反映出一种追求"最大多数人的最大幸福"的福利最大化的思想。

柏拉图的弟子亚里士多德（Aristoteles,384BC-322BC）是古希腊哲学、伦理学、政治学、政治经济学的集大成者。他把幸福称作"eudaimonia"，即"至善"，是"生命的一种合于完满的实践活动"。幸福不是一种状态，而是一种实践，幸福本身就是目的而不是达到善的手段。在《尼各马可伦理学》这部西方伦理学奠基之作当中，他指出：

"幸福是万物中最好、最高尚(高贵）和最令人愉悦的……不过，如所说过的，幸福也显然需要外在的善。因为，没有那些外在的手段就不可能或很难做高尚(高贵）的事。许多高尚(高贵）的活动都需要有朋友、财富或权力这些手段。

---

①〔古希腊〕柏拉图(Plato).理想国.郭斌和,张竹明译.北京：商务印书馆,1986.

……一个身材丑陋或出身卑贱、没有子女的孤独的人，不是我们所说的幸福人。……所以如所说过的，幸福还需要外在的运气为其补充。这就是人们把它等同于好运的原因。"①

然而，幸福并不能只依靠快乐感或是单纯的名声和荣誉而获得。在各种善之间，"存在着一个由低到高的秩序：最低级的善如财富，它们并非自身为善的东西，仅仅作为获得更高级的善的条件或工具而为人欲求"②。也就是说，财富并不是目的，而是达至幸福的条件或者工具。

亚里士多德对经济问题的论述散见于他的《政治学》和《伦理学》这两部著作当中。他所定义的"经济学"解决的是主仆、夫妻、父子三部分组成的家庭内部经济问题，经济问题的分析方向要由一个道德背景来决定，对经济交换活动采取较为鄙视的态度。他说治产（财富）有两种方式，一种是同家务管理有关系的部分（农、牧、渔、猎），合乎自然；另一种是指有关贩卖的技术（经商），不合自然。前者属必需，是值得称道的，后者在交易中损害他人的财货为自己牟利，应受到指责。

亚里士多德把经济学科与人类行为的目的联系起来，指出了经济学对财富的关注。但在深层次上，经济学的研究还与人们对财富以外的其他目标的追求有关，包括对更基本目标的评价和增进。③而这也正是福利经济学要关注的问题。因此，印度学者阿马蒂亚·森认为（Amartya Sen），经济学研究必须要与伦理学和政治学研究结合起来的观点，在亚里士多德这里已经得到了说明和发展。

二、古罗马时期的经济福利思想

古罗马时期的经济福利思想与基督教伦理思想有着密切的联系。早期基督教的教义严格遵循耶稣的诚令"爱人如己——无论何事，你希望别人怎样待你，你也要如何待人"。反对富人剥削，宣扬基督再次降临人间并建立人人平等、普遍幸福的王国，基督教社团实行财产公有制和平均主义的分配原则。这些思想和实践活动反映了人们对社会福利的普遍追求，也为以后的福利分配方式提供了一种可

---

① 亚里士多德.尼各马可伦理学.转引自.张志伟.西方哲学智慧.北京：中国人民大学出版社,2009.1059.

② 张志伟.西方哲学智慧.北京：中国人民大学出版社,2009.

③ 阿马蒂亚·森.经济学与伦理学.北京:商务印书馆,2006.9.

选择的参考依据。为抑制商业活动中的不等价交换，著名早期基督教思想家奥古斯丁（Saint Augustine）明确提出了公平价格的概念。他说："我知道有这样的人，即当购求抄本时，看见卖主不知抄本的价值，而他却自然而然地给予卖主以公平价格。"所谓"公平价格"实际上是指不受市场约束、不受市场变动影响的平均价格，也有人将这种价格称为真正价格。这种建立在道德规范下的"绝对公平"价格，与当时自然经济占有主导地位的社会经济背景相符合。

三、中世纪时期的经济福利思想

11世纪以来，伴随着商业和贸易的发展，人与人之间的关系越来越受到商品市场、价格以及行情的影响，教会的道德原则受到很大的冲击。经院哲学家们开始越来越关注市场交换的伦理基础——公平价格，并且开始意识到市场交易的福利方面。

中世纪最著名的哲学与神学泰斗托马斯·阿奎那（Thomas Aquinas, 1225-1274）发展了奥古斯丁提出的公平价格理论。阿奎那的公平价格理论是以两种因素作为基础的。一是阿奎那的老师亚尔贝兹·马格努（1193-1280）在注释亚里士多德的《论理学》一书时提出的，即商品的价格应与生产物品所耗费掉的劳动量相一致。它能够为生产者提供生活必需品，使商人得到足够的交易利润，使购买者获得必需品，各行各业能够维持发展，由此实现社会秩序的不断再生产。阿奎那在接受他的老师马格努的观点时，加入了主观因素对公平价格的作用，"类似于现代经济学家称为完全竞争市场中的长期价格"。①即认为价格取决于人们对商品效用的评价。如果购买者认为某种东西特别有用并迫切需要，就会出高价购买，一匹马的价格与一名奴隶价格的高低取决于当时哪个对购买者更为有用。物品的价格不是取决于它在自然界的位置，而是取决于它们对人的用处。这种公平价格理论明显加入了交换的过程，因此，经济史学家会说市场价格的分析开始于经院思想家。

特别需要指出的是，13世纪的经院思想家还意识到了市场交易的福利方面。英国僧人托马斯·米德尔顿（Thomas Middleton）和苏格兰神学家邓斯·苏科特斯

----

① 丹尼尔 R·福斯菲尔德. 现代经济思想的渊源与演进. 杨培雷等译. 上海：上海财经大学出版社,12.

(Duns Scottus) 提出，买卖双方都是市场交易的受益者，否则他们便不会进行交易。买、卖以及市场交换显而易见能够增进个人的福利。①

通过对中世纪之前经济思想以及福利思想的梳理，可以得到以下结论：首先，中世纪之前，经济思想一直是被"植入"对伦理道德和神学研究之中，经济观点隶属于伦理学和神学，经济活动是以伦理为标准，经济思想只有被哲学家们在讨论伦理或神学问题时附带提起。"财富"这个古典经济学的核心概念在当时没有独立的地位，在古希腊哲学家那里，财富是被作为通往善生活或者幸福生活的一种补充，是作为工具或者手段存在的。而中世纪的经院哲学家们则更加注重人类灵魂的救赎并贬低追求财富的商业行为。这也许就是许多现代经济学者断言古希腊和中世纪没有严格意义的经济学的原因。其次，可以看到的是，无论古希腊、古罗马还是中世纪，哲学家和经院思想家们都表达出人类追求幸福生活、追求社会福利的美好愿望，对苏格拉底问题"人应该怎样活着"的回答在他们的理论体系当中都占有重要的地位。并且，在个人幸福与集体幸福的关系问题上，他们大都主张个人幸福建立在集体幸福的基础上。第三，在经济生活当中，人们已经渐渐意识到商业活动能够增进社会福利，并且出现了最初的类似效用价值理论的思想。综合以上结论，一方面使我们能够更加清晰地看到历史上经济学与伦理学之间的紧密联系，同时也表明福利经济学所探讨的主题思想和核心概念在中世纪之前就已经出现了。

第二节　福利经济学的伦理基础——功利主义

从 15 世纪末开始，伴随不断的地理大发现，欧洲的船队开始出现在世界各地，大量的资本以真金白银的形式从"新大陆"和东方流向了欧洲。一批大、中城市得以发展壮大，同时，民族国家的兴起极大地摧毁了贵族和教会的势力，欧洲出现了资本主义的萌芽，西欧的封建制度进入了瓦解期。

社会经济生活发生了巨大的转变，基于权利和义务的经济体系被以追求利润为目标的市场经济体系所取代，市场交易行为不再仅仅是个人行为，而是成为社会经济生活的组织系统。新经济不仅催生了新的社会生态，也催生了新观念。中

---

① 丹尼尔 R·福斯菲尔德. 现代经济思想的渊源与演进. 杨培雷等译. 上海：上海财经大学出版社, 14.

世纪之前在意识形态中占有统治地位的宗教伦理观念告诉人们，要从道义上对他人负责，正如一则宗教寓言故事当中所表现的：僧人在不知情的情况下低价购买了一只银质圣餐杯，在得知他付出的价格远远低于这只杯子的实际价值以后，马上返回罗马付给卖家足够的钱来补偿。[①]随着商品经济的发展，宗教的伦理道德观念受到巨大的冲击，市场经济承认个人利己行为的合理性，遵循弱肉强食的丛林法则，要想在竞争中获胜，必须具备精明的头脑和逐利的本性，对人的评价标准从道德水准变成了财富的多少。

这种转变提出了一个新经济秩序下的道德问题，即如何协调个人利益与社会利益？社会学家开始重新构建人类和社会的关系。15-16 世纪的文艺复兴运动提倡理性和科学的观点，16 世纪的宗教改革极大地削弱了关于自然和社会的宗教学说。17-18 世纪数学与自然科学的发展催生了近代理性主义的自然法则。这使得欧洲整个的精神气质已经发生了重大的变化。

18 世纪末到 19 世纪初，产生了系统的功利主义或称效用主义（Uti1itarinaism），倡导"最大多数人的最大幸福"。1789 年，英国哲学家兼经济学家边沁（Jeremy Bentham，1748-1832）出版了《道德与立法原理导论》，成为功利主义学说的重要著作，经过约翰·斯图亚特·穆勒（John Stuart Mill，1806-1873）的发展完善，功利主义不仅成为西方伦理思想的最重要的一支，对当代人类思想产生了巨大的影响，并且参与到政治、经济、立法等社会领域的改革，在这些领域建立了权威的思想地位，功利主义的影响一直持续到今天。

而在经济学领域，在近代理性主义思潮影响下的纯客观追求在一定意义上催生了经济学转变为一门具备自身逻辑的社会科学。18 世纪的重农学者和苏格兰的思想家们的著作中包含了对经济行为的描述，也包括对经济活动的规范的研究，即与社会政治价值观相联系的一整套主张。这说明，经济学在试图竭力摆脱伦理、宗教和习俗的干扰，为经济学谋得科学合法地位，把政治经济学视为可以通过纯粹的经济要素（工资、利润和地租）来分析的财富的科学。另一方面，古典经济学家们还坚持着经济学和道德哲学的联系，在他们的经济研究过程中，学科的独立性、科学性和互相联系性并非是矛盾的。[②]

功利主义"最大多数者的最大幸福"的道德主张，通过效用计算为经济学和

---

① 引自福斯菲尔德.现代经济思想的渊源与演进.杨培雷等译.上海：上海财经大学出版社，2003.14.

② 汤剑波.重建经济学的伦理之维.复旦大学，博士学位论文，2004.

道德判断提供了一个便捷的出发点，因此成为古典经济学的基本哲学预设。正如罗尔斯（John Rawls,1921-2002）所言，"那些伟大的功利主义者像休谟、亚当·斯密、边沁和穆勒也是第一流的社会理论家和经济学家；他们所确立的道德理论旨在满足他们更宽广的兴趣和适应一种内容广泛的体系"①。旧福利经济学的奠基人霍布斯、马歇尔以及创立者庇古同样都是功利主义者。

由于功利主义丰富的思想内涵以及蕴含在理论自身当中的逻辑矛盾，在发展应用过程中，不同时期不同领域的学者对效用的概念给予了不同的解释，特别是对"效用"这个功利主义的核心概念赋予了不同的内涵和外延，反过来也促进了功利主义本身的发展。特别是在经济学领域，比较典型的是旧福利经济学的基数效用和新福利经济学的序数效用的争论。尽管新旧福利经济学的思想基础都是建立在古典功利主义的基础之上，但在运用过程中由于对效用的不同理解，其研究方法、研究范围以及理论主张产生了很大的差异。为了能够准确把握福利经济学理论演进背后的思想精髓，我们有必要对以边沁（Jeremy Bentham，1748-1832）和穆勒（John Stuart Mill,1806-1873）为代表的古典功利主义进行系统的考察。

一、古典功利主义产生的社会背景和理论渊源

（一）古典功利主义形成的社会基础

马克思指出："推动哲学家前进的，决不像他们所想象的那样，只是纯粹思想的力量，恰恰相反，真正推动他们前进的，主要是自然科学与工业的强大而日益迅速的进步。"②作为一个学说体系，古典功利主义的产生有着鲜明的时代特征，边沁的伦理学著作《政府片论》和《道德与立法原理导论》分别出版于1776年和1789年，处于英国大工业发展时期和法国大革命前后。功利主义的出现和发展与当时的政治、经济、社会等变革有着密切的关系，是资本主义经济在自身发展过程中形成的各种社会关系在思想领域的反映。

1. 经济社会背景

如前所述，中世纪之后，欧洲社会经历了从生产关系到社会关系的一系列历史变革，主要有以下几个方面：

① 罗尔斯. 正义论. 何怀宏,何包钢,廖申白译. 北京:中国社会科学出版社, 1988.1-2.
② 马克思恩格斯选集. 第4卷. 北京:人民出版社,1972. 122.

最初为资本主义萌芽和发展提供现实社会条件的是十五六世纪发生在英国的"圈地运动"。圈地运动造成了两个方面的后果，一是社会上出现了大量因丧失土地和生产资料而无家可归的贫困农民和人口，他们后来为逐渐兴起的资本主义工厂式生产提供了产业后备军和廉价劳动力;二是新兴资产阶级因获得土地而完成了资本的原始积累，变成新贵族，成为促进资本主义革命的领导力量。这些新兴力量的崛起也为英国社会的基本利益冲突埋下了种子。

18世纪中叶，以瓦特发明蒸汽机为标志，经济领域的革命——工业革命首先在英国爆发，随后传遍欧洲再到北美直至全世界。资本主义完成了从工厂手工业向机器大工业过渡的阶段，生产力水平获得极大提高，伴随着城市化进程和工业污染的出现，资本主义生产关系确立了它的统治地位，率先完成工业革命的西方资本主义国家逐步也确立起对世界的统治。

资本主义市场经济逐渐代替中世纪封建社会的经济模式，与此同时也形成了新的阶级对抗和利益冲突。土地贵族和金融贵族依然控制着国家土地、粮食、原料等统销大权。前者主要是封建旧贵族，他们通过圈地运动和挤垮小绅士而发家，以资本主义方式经营土地，属于农业资产阶级;后者是在殖民地的掠夺和经营中致富的商业资产阶级。他们是国家的主要债权人，掌握着国家主要的经济命脉，为了保护自己的既有利益不受损害，他们拼命抬高原材料、地租以及粮食价格，阻碍工业资产阶级的经济发展和利益要求;同时推行重商主义理论，为关税保护政策辩护，资本主义经济的自由发展受到限制和阻碍，私人利益的至高无上还没有得到公开的肯定。

作为工业革命的最大受益者和社会财富的最大持有者，新兴的工业资产阶级已经成为经济活动中最活跃的力量，在经济活动中处于强有力的地位，为了争取经济权利，争取自由贸易和自由竞争，需要一种理论来为私人利益辩护。功利主义伦理学从哲学和伦理学的高度确认了个人的合理利益，规定政府及法律的一切活动的最高准则就是实现最大多数人的最大幸福，把由普遍的个人利益所组成的公共利益看作衡量行为是否合理的标准，成为资产阶级反对封建残余和贵族势力的有力的理论武器。

2. 功利主义的政治社会背景

经济实力对比的变化导致了政治权力的争夺和思想观念的变化，经济领域的矛盾和斗争延伸到政治领域。

1688年，英国爆发资产阶级以夺取政权为目的的"光荣革命"，结果是立宪制政体取代了专制王权。尽管这次变革并不彻底，实质上是资产阶级新贵族和部分大土地所有者之间达成的政治妥协，资产阶级并未实现政治上的主导权，但"光荣革命"却为资本主义经济的发展和社会变革创造了有利条件。

随着资本主义经济的发展，英国社会逐渐形成了较为成熟的社会阶级结构，包括工人阶级、工业资产阶级、土地贵族与金融贵族阶级。三大阶级间的主要矛盾：一是工业资产阶级和工人阶级联合起来与封建贵族势力之间的矛盾，二是工人阶级与工业资产阶级之间的矛盾。其中资产阶级与保守贵族在政治上的斗争尤为激烈。新兴资产阶级强烈呼吁重新分配政治权力，要求改革议会选举制度，与保守贵族展开了争取议会选举权和政府控制权的斗争。

英国实行议会制政体，议会分上下两院，上院代表的是大贵族的利益，下院是在财产基础上按照选区划分进行选举。议会中能代表工业资产阶级利益的议员屈指可数，新兴工业城市连选区都未开辟。因此，新兴工业资产阶级的经济和政治诉求都无法得到满足。解决途径只有通过改革议会选举制度。

边沁的功利主义学说响应资产阶级的政治要求，提倡实行政治上的民主。他将人的平等要求视为功利原则的核心，认为平等体现了自然法，而民主是保证公共福利的一项必要措施，并且提出四点具体主张：以立法院取代贵族院；实行男子普遍选举权，取消财产资格制；国会一年选举一次；采用无记名方式选举。

总之，功利主义伦理学主张"最大多数人的最大幸福"，政治上主张平等、博爱、自由、民主，经济上确立了私人利益的合法地位，主张自由贸易，反映了工业资产阶级的愿望，为工业资产阶级的社会改革运动提供思想武器和理论指导，顺应了工业资产阶级革命的时代需要。这也是它产生伊始就能够得到重视，并迅速在政治、经济、法律等领域取得权威地位的根本原因。可以说，19世纪英国社会的重大改革都脱离不了功利主义思想的影响。当时，功利主义不仅是一个学术上的流派，而且以实际行动参与到工业资产阶级争取经济权利、反对谷物法、拥护自由贸易的斗争中，展开了一场影响程度深、持续时间久、涉及范围广的综合性社会改革运动——功利主义运动。

与功利主义携手并肩出现的是以亚当·斯密、大卫·李嘉图为代表的古典政治经济学。斯密在《国民财富的性质和原因的研究》一书中，用经济学的语言"国民财富最大化"解释了"最大多数人的最大幸福"这一功利主义原理，并说明了如何在自利的韧性基础上达到功利主义的根本途径，即通过公平竞争来获得效率的市场经济体制，从而为经济学奠定了功利主义的伦理框架。①他认为，应把经济看作国家的本质和目标，国家通过制定经济制度的手段对经济进行操控是不正确的，最适宜发展经济的是工业上的自由竞争和自由贸易。事实上，英国古典政治经济学整个地贯穿着功利主义原则，二者在基本理论上相互交叉，功利论是其"自照不宣的前提"、"政治经济学是这种功利论的真正科学"。②

（二）功利主义的理论渊源

作为一种伦理学理论，功利主义思想渊源最早可以追溯到古希腊时期的伊壁鸠鲁的快乐主义学说，但对古典功利主义产生重大和直接影响的，是近代英国经验主义哲学家和法国唯物主义哲学思想。尽管观点不尽一致，以下学者一般都被认为持有功利主义思想特征，他们分别指：霍布斯、洛克、哈奇森、孟德维尔、休谟、斯密、卢梭、爱尔维修以及霍尔巴赫等，而边沁则在综合前人理论的基础上构建了古典功利主义的基本框架。

1. 快乐主义学说

功利主义学说的思想渊源最早可追溯到古希腊时代，在苏格拉底哲学、昔勒尼学派、德谟克利特的幸福论、亚里士多德伦理学，特别是伊壁鸠鲁的快乐论那里，都可以找到功利主义思想的源头。苏格拉底是道德义务论的先驱，但他的思想中也包含着功利论色彩。比如，他说人如果了解自己就会享受许多幸福，昔勒尼学派的亚里斯提卜师发展了苏格拉底的这一思想，成为倡导快乐主义的先驱，他们认为快乐是衡量一切价值的尺度。此后，德谟克利特从原子论出发论证了自己的幸福论，成为后世快乐论者区别快乐的量与质的思想渊源之一。伊壁鸠鲁继承和发展了德谟克利特幸福论，他的主要论断是：快乐是人类生活的出发点和最终目的。他说："我们的一切取舍都从快乐出发；我们的最终目的乃是得到快乐。"③较之肉体快乐，精神的快乐更为持久、稳定、深刻，精神的快乐高于肉体的快乐。痛苦往往是源于对欲望的不满足，所以他极力主张把欲望降到最低限度，只有这样才能保持平静的心境。伊壁鸠鲁等人的快乐主义，成为边沁功利主义的哲学人性论基础。

---

① 徐大建.功利主义:译者序.上海:上海世纪出版集团,2007.6-7.

② 马克思恩格斯全集.第13卷.北京:人民出版社,1960.479;转引自.王文华.边沁功利主义溯源探究.江西师范大学学报(哲学社会科学版),2004.

③ 周辅成.西方伦理学名著选辑.北京:商务印书馆,1987.103.

2. 近代英国经验论哲学

经验主义哲学是近代英国和法国唯物主义哲学的主导思潮，主张从人直接的感觉经验而非理性思维出发观察世界，一切知识的取舍最后要诉诸人的日常经验而不是诉诸人的理性或者上帝。在伦理学领域，经验主义哲学注重对人性的考察和道德心理的分析，并且都以经验分析法为基础。经验主义哲学家推崇联想主义心理学，善于从自己的感觉经验出发关切其他人的心理感受。这"为功利主义在伦理学和社会科学之中的兴起扫除了信仰的障碍并奠定了认识论的基础"[1]。

培根是近代英国经验论哲学的鼻祖，在伦理学领域，他认为以前的伦理学注重研究德性本身，没有重视对人的情感研究，忽视现实的个人与他人、个人与社会的关系，没有合理地把个人幸福和公共幸福结合起来。他的"全体福利说"，认为每一种事物都包含有双重的善，即事物作为整体的善和作为整体组成部分的善，整体的善高于部分的善，认识到社会利益对个人利益的重要性。为功利主义的发展指出了一个方向。

培根之后的洛克是以其著名的"白板说"为人所知。他反对道德的先验性，认为行为之所以具有德性是由于它的有利性，事物之所以有善、恶之分，只是就其与苦、乐的关系而言：所谓善就是能引起或增加人快乐的东西，恶就是能产生或增加人痛苦的东西。他的这些有关功利主义思想的论述在边沁和穆勒理论中都得到体现。

培根之后，伦理学围绕利己与利他的问题展开了一场激烈的争论，这场争论为功利主义的产生提供了直接的契机。争论双方，一方以霍布斯、洛克、曼德威尔为代表，正如曼德威尔在著名的《蜜蜂的寓言》当中所宣扬的观点——"私恶即公利"；另一方以亨利·莫尔、昆布兰、沙甫慈伯利、哈奇逊等为代表，主张道德的基础在于仁爱，致力于在自我、他人和公共利益之间寻求沟通。哈奇逊更提出了"最大多数人的最大幸福"原则。

休谟是苏格兰学派的核心人物，在《人性论》当中，他提出了许多对边沁有重要影响的思想，他认为，快乐或痛苦的感觉才构成为道德善恶的根源，而且道德情感本身就蕴含着快乐和痛苦的感觉，因而具有功利的性质。"正义之所以得到赞许，确实只是为了它有促进公益的倾向。"[2]休谟是联想主义的先驱，他的哲

---

① 徐大建. 功利主义：译者序. 上海：上海世纪出版集团，2005.5.
② 休谟. 人性论. 关文运 译. 北京：商务印书馆，1981.662.

学和伦理学在很大程度上运用了联想主义心理学原理，即通过分析自己的心理过程来考察知识和道德，这种反躬内省的联想主义思维方法是古典功利主义依据的重要方法论之一。它的思想为功利主义奠定了认识论和伦理学基础。

3. 法国唯物主义哲学

功利主义伦理学的另一支思想源流来自以爱尔维修、霍尔巴赫等人为代表的18世纪法国唯物主义哲学，他们在哲学方法论上继承和发展了英国经验主义感觉论，发展出自己的功利主义伦理学说。主要表现在以下几个方面：一是确认趋乐避苦是人之本性。爱尔维修反对把道德原则看成是先验的、永恒不变的"天赋道德论"，认为根本不存在天赋的善、恶或正义观念，不同民族或同一民族的不同时期及其不同阶层间都具有不同的道德原则，道德原则因时因地因人发生变化，只有"利益"永远是支配人的行动的唯一准则。所谓"利益"就是人们的物质要求和精神追求。道德与"利益"结合构成美德。第二，在个人利益和社会利益的关系问题上，爱尔维修主张个人利益要以社会公共利益为前提，道德是追求"最大多数人幸福"的科学。在个人利益如何与社会利益相一致的问题上，爱尔维修将其诉诸人的理性判断，以约束个人利益的方式来追求个人利益，达到与社会利益的统一。最后，充分肯定环境、教育和立法、奖惩对人的作用，这些思想后来在边沁和穆勒的理论当中得到了具体化。

二、古典功利主义的理论建构

（一）功利主义几个基本概念的翻译及词源

（1）"功利主义"的翻译名称选择："功利主义"在英文原著中是"utilitarianism"[①]，目前出现过的中文翻译主要有三种："效用主义"、"功利主义"、"功用主义"。其中，"功利主义"的使用最为普遍，也是中国最早的翻译用法，目的在于与我国传统义利观相联系，使理论便于推广和被接受。目前，宋希仁、王海明、李德顺、唐凯麟等著名伦理学者在各自著作中都使用"功利主义"。然而，从词根"utility"的原意以及理论体系的主旨来看，译作"效用主义"似乎更加贴合。与本理论在经济、法学、政治学、管理学、教育学等各学科的实际应用当中的翻译也更加统一。第三种用法"功用主义"大多出现在台湾学

---

① John Stuart. Mill: Utilitarianism. Canada: Broadview Press, 2000.

者的文献当中。在这里，我们选择"功利主义"的译法，取自约定俗成。

（2）"功利主义"一词的词源：功利主义思想体系的创立者边沁并不是"功利主义"一词的首创者，而是由理论体系的完善者穆勒提出的。穆勒特别说明这个词并非由他创造，而是在一份教区年报上偶然"拾得"的。[①]

（3）"效用（utility）"的词源："效用"概念源自大卫·休谟。休谟在其著作《道德原则研究》中曾多次提到这一概念。比如："公共的效用是正义的唯一起源，对这一德性的有益后果的反思是其价值的唯一基础。"边沁受此启发创立功利主义原理，但"功利"一词被作为重要的伦理学原理来使用则始于边沁，"功利原理是在《政府片论》中，作为一项无所不包和至高无上的原理首次公之于世的"。而在经济学领域中，"utility"往往按照其原意译作"效用"[②]。

（4）"最大幸福原理（the principle of the greatest happiness for the greatest numbers）"的词源："最大幸福原理"是功利主义创立者边沁的座右铭。并以此补充取代自己的"功利原理"。"最大多数者的最大幸福"最早出自哈奇逊的《对我们的美与美德观念的探讨》一书（1753 年出版），他曾被一些学者誉为古典功利主义的先驱之一。最大幸福原理是功利主义的核心思想。[③]

（二）古典功利主义的理论构建

1."趋乐避苦"的人性论

任何一种道德标准的建立须先基于对人性进行相应考察，对人性如何理解，就会提出何种道德标准，因为道德标准最终要借助于一个实体的人来作为承担者，并且最终对人的行为进行约束和评价。不同的人性论基础，会导致对人应当做什么、能够做什么、怎样去做的不同结论，不同的人性论观点对不同伦理学说的理论建构起普遍的预制作用。因此，对于人性的认识，就必然成为确立道德标准首要考虑的问题。

古典功利主义哲学家继承经验主义的哲学传统，从感觉经验而非理性思维出发确立其人性论，他们认为：人和其他动物一样都是自然界的产物，趋利避害是人的天性，也是大自然赋予人的本能。快乐与痛苦是最基本的人类感觉，人类一切行为背后的最初指引者和最终推动者就是"追求快乐和避免痛苦的欲望"。"趋乐避苦"是人类普遍的、共同的本质属性，人们做什么或者不做什么、这样

[①][②][③] 参见 王文华. 边沁功利主义溯源研究. 江西师范大学学报（哲学社会科学版），2004（11）.

做或者那样做最终都是为了获得快乐或减少痛苦，人类一切行为的动机与合理性的依据都根源于此。因此，功利主义将苦乐原理作为其理论基石。

在《道德与立法原理导论》一书中，边沁开篇就申明了自己的人性论观点："自然把人类置于两位主公——快乐和痛苦——的主宰之下。只有它们才指示我们应当干什么，决定我们将要干什么。是非标准、因果联系，俱由其定夺。凡是我们的所行、所言和所思，无不由其支配：我们所能做的力图挣脱被支配地位的每项努力，都只会昭示和肯定这一点。一个人在口头上尽可以声称绝不再受其支配，但实际上他照旧每时每刻对其俯首称臣"。①在这里，边沁赋予快乐和痛苦无限的支配力量，无论人们做什么或不做什么、选择用这种方式或者那种方式行事，都是受快乐和痛苦的驱使；追求快乐是人类行为的最初动机和最终目的，人们一切行为都是为了获得更多的快乐或减少痛苦和不幸；人类的其他一切义务、正义、责任、德性也都与快乐和痛苦有关，假如没有快乐和痛苦的因素，所有一切都将会失去意义。在这一体系下，快乐与痛苦成了'善'与'恶'的代名词，亦即能给人们带来快乐的就是善的，能给人们带来痛苦的就是恶的。

这种将快乐作为人生最高目的的人性论招致了许多批评，甚至被嘲讽为猪的学说。古典功利主义另一位代表人物——穆勒同样认为人的本性就是追求快乐，趋乐避苦是人类行为的唯一动机。他说："唯有快乐和解除痛苦是值得欲求的，所有值得欲求的东西之所以值得欲求，或者是因为内在于它们之中的快乐，或者是因为它们是增进快乐和避免痛苦的手段。"②对于批评，穆勒借伊壁鸠鲁学派之口反驳说："把人性说得堕落不堪的人不是他们自己（功利主义者），而正是那些指责他们的人；因为这种指责假定，除了猪所能享有的那些快乐之外，人类再无其他的快乐能够享受……人们之所以感到，将伊壁鸠鲁派的生活比作禽兽的生活是一种贬抑，正是因为禽兽的快乐是说明不了人类的幸福概念的。人类具有的官能要高于动物的欲望，当这些官能一旦被人意识到之后，那么，只要这些官能没有得到满足，人就不会感到幸福。"③这里蕴含着一个事实：道德的产生与人的本性是密切关联的，人的趋乐避苦的本性是人追求道德的目的所在。

穆勒对人性做了进一步的说明，他认为：人性从根本上讲应该包括感性与理

---

① 边沁.道德与立法原理导论.时殷弘 译.北京:商务印书馆,2006.58.
② 穆勒.功利主义.徐大建 译.上海:世纪出版集团,上海人民出版社,2005.7.
③ 穆勒.功利主义.徐大建 译.上海:世纪出版集团,上海人民出版社,2005.8-9.

性两个部分，感性的部分包括人的欲望和情感，理性的部分主要指人的意志。人是一个拥有本能欲望和自利情感的统一体。本能的欲望使人天生具有一种追求快乐避免痛苦的趋向。这是人性中最基础的构成部分，是人性的主流。但人与动物的根本区别在于，人是具有理性和意志的能力的存在物，意志能够控制和调节欲望冲动的力量。感性成分与理性成分一起构成了人性。欲望使人们根据自身的特点及需要去自由地追求自己的权利和决定自己的行为，追求自身的利益、幸福和快乐。意志让人不可能随时按照自己的欲望行事，在追求利己行为的时候还应该把社会公共利益放在考虑范围内。因此，穆勒一方面认为唯有快乐和免除痛苦是值得欲求的目的，另一方面特别强调社会共同体的幸福："我必须重申，构成功利主义行为对错标准的幸福，不是行为者本人的幸福，而是所有相关人员的幸福。"①

总之，古典功利主义继承了古希腊时期伊壁鸠鲁快乐主义学说"趋乐避苦"的人性预设，把追求快乐和免除痛苦的人类共同本性作为最基本的理论前提。苦乐原理因而成为功利主义的理论基石，功利主义理论的核心思想功利原理、最大多数人的最大幸福原则都是在这个"趋乐避苦"的人性预设下推演的。

2.功利原理

"功利原理"是古典功利主义的核心理论，与伊壁鸠鲁只关注个人快乐的快乐主义不同，边沁和穆勒将快乐主义原理提高到"功利主义原理"的层次，包含了更加丰富的内容，其中包含了关于快乐的分类和计量、关于快乐的不同质的界定、快乐和幸福的区别以及快乐、功利、善恶关系的论述、个人幸福与公共福利的关系理解。尽管穆勒在某些具体原则上对边沁的理论有所发展，但两者都遵循功利主义学说的基本逻辑和理念，在基本理论观点上保持了一致。

(1) 边沁的功利原理。在《道德与立法原理导论》开篇中，边沁开宗明义地指出："功利原理是指这样的原理：它按照看来势必增大或减少利益有关者之幸福的倾向，亦即促进或妨碍此幸福的倾向，来赞成或非难任何一项行动。我说的是无论什么行动，因而不仅是私人的每项行动，而且是政府的每项措施。"②而所谓功利，"是指任何客体的这么一种性质，它倾向于给利益有关者带来实惠、好处、快乐、利益或幸福（所有这些在此含义相同），或倾向于防止利益有关者遭

---

① 穆勒.功利主义.徐大建 译.上海:世纪出版集团,上海人民出版社,2005.17.
② 边沁.道德与立法原理导论.时殷弘 译.北京:商务印书馆,2006.59.

受损害、痛苦、祸患或不幸（这些也含义相同）;如果利益有关者是一般的共同体，那就是共同体的幸福，如果是一个具体的个人，那就是这个人的幸福。"①

因此，当一项行动增大共同体幸福的倾向大于它减少这一幸福的倾向时，就可以说是符合功利原理的;同样，若要判断一个政府的措施和行动是否符合功利原理，也是看其行动和措施之增大共同体幸福的倾向是否大于其减少共同体幸福的倾向。这里隐含了两层意思，首先：个人与政府都要置于功利主义标准的考量之下，政府只是一个特殊的行为者或主体，它与个人一样需要按照功利原理行事；其次，判断主体行为道德的正确与否在于行为的后果——快乐或是痛苦。

个人以及个人的"趋乐避苦"似乎是不辨自明的，关键在于什么是共同体以及什么是共同体的利益？边沁解释说："共同体是个虚构体，由那些被认为可以说构成其成员的个人组成。共同体的利益是什么呢?是组成共同体的若干成员的利益总和。不理解什么是个人利益，谈论共同体利益便毫无意义。"②很显然，在边沁看来，个人利益先于共同体利益，是共同体利益的始源和基础。而共同体的利益是个人利益的简单加总。

为了进一步证明以功利原理为基础的道德和立法理论的科学性和可操作性，在阐明功利原理的基本原则后，边沁用了大量的篇幅对快乐和痛苦进行了精致的分类和繁复的论证。包括了苦乐的来源、种类及强度，甚至还有计算公式。但是，边沁在试图估算快乐和痛苦的值时，似乎只注重快乐和痛苦的量，虽然也将快乐和痛苦区分为不同方面，但忽视了质的方面。

对快乐的计量，边沁给出了一套复杂的计算公式。对单独一个人来说，一项快乐或痛苦的值多大多小，他认为依据这项快乐的强度（即行为所带来的快乐的感觉的强烈程度）、持续时间（即快乐感觉延续的时间的长短）、确定性或不确定性（即快乐的感觉是真实的还是虚假的）、邻近或偏远（即快乐的感觉是眼前可以获得的还是从一个更长远的时间来看它是可以得到的）这四种情况来判定。边沁称这四种情况为"估计每一项快乐或痛苦本身时所要考虑的情况"。③此外，为了估算每项行动究竟造成了多大的快乐或痛苦，还必须考虑这种行动所引起的快乐或痛苦的丰度和纯度。所谓丰度，是伴随快乐或痛苦而产生的相同的感觉；所谓纯度，则是伴随快乐或痛苦而产生的相反的感觉。对于一群人来说，除以上六

①② 穆勒. 功利主义. 徐大建 译. 上海:世纪出版集团,上海人民出版社,2005. 17.
③ 穆勒. 功利主义. 徐大建 译. 上海:世纪出版集团,上海人民出版社,2005. 87.

项外，还要加上一项广度，即受到苦乐影响的人数。按照以上标准，先计算一行为中每个人所受苦乐的大小，然后加总得到所有利益相关者快乐的总和与痛苦的总和，对比二者的大小，从而完成对快乐和痛苦的大小比较。

在计量之后，边沁对快乐和痛苦进行了分类。他提出14种不同的快乐种类，如感官的快乐、财富的快乐、技能的快乐、和睦友好的快乐等，并把对应的痛苦分为十二类。他认为这种分类穷尽了人类所有快乐和痛苦的类型，也就是说，如果一个人在无论何种情况下感到快乐和痛苦，那么这快乐和痛苦或者可归诸其中的某一类，或者可分解为若干类。他认为无论快乐还是痛苦都有简单和复杂之分，复杂的苦乐是由简单的苦乐组成的，一种复杂的苦乐可以分解成几种简单的苦乐。显然，边沁对苦乐原理的研究显示出一定的实证性，从而为具有实证性科学性质的心理学研究提供了依据。

但是，边沁认为不同类型的快乐之间不存在低级和高级之分，而只存在数量上的区别，快乐和痛苦的不同是由于引发它的诱因不一样，而非快乐和痛苦本身质的不同。小孩的图钉游戏的快乐与大人从诗中得到的快乐性质上是一样的，把不同质的快乐看成在性质是一个东西，是边沁的基本的重要论点。

（2）穆勒的功利原理。穆勒继承了边沁"功利原理"的基本思想，认为增加快乐和免除痛苦是人类唯一的目的和欲求，是唯一的"善"。他说："行为的对错，与它们增进幸福和造成不幸的倾向成正比。所谓幸福，是指快乐和免除痛苦；所谓不幸，是指痛苦和丧失快乐。"[1]只有幸福本身是唯一可以自成目的并被人类所欲求的东西;主张以快乐作为生活追求的目的和检验一切行为的标准，把功利主义原理作为道德理论的基础。但是，穆勒并未停留在边沁对功利主义伦理学阐述的高度，而是对其进行了修正和发展，主要体现在以下几个方面。

第一，穆勒在捍卫边沁功利主义的基础上，对快乐的质和量进行了区分。他认为精神的快乐高于物质的快乐，快乐不仅有量的差异，更有质的差异。他说："理智的快乐，感情和想象的快乐以及道德情感的快乐所具有的价值要远高于单纯感官的快乐。……承认某些种类的快乐比其他种类的快乐更值得欲求更有价值，这与功利原则是完全相容的。荒谬的倒是，我们在评估其他各种事物时，质量与数量都是考虑的因素，然而在评估各种快乐的时候，有人却认为只需要考虑

---

① 穆勒.功利主义.徐大建 译.上海:世纪出版集团,上海人民出版社,2005.13.

数量这一个因素。"①对此，穆勒有一段名言："做一个不满足的人胜于做一直满足的猪；做不满足的苏格拉底胜于做一个满足的傻瓜。如果那个傻瓜或猪有不同的看法，那是因为他们只知道自己那个方面的问题。而相比较的另一方面即苏格拉底之类的人则对上方的问题都很了解。"②

那么，如何在不同质的快乐之间进行比较呢？穆勒说，一种快乐除了在数量上较大之外，能够使其更有价值的答案是："如果所有或几乎所有对这两类快乐都有过体验的人，都不顾自己在道德感情上的偏好，而断然偏好其中的一种快乐，那么这种快乐就是更加值得欲求的快乐。"③他举例说，几乎没有人会为了能够尽情享受做禽兽的快乐而甘为低等动物;没有聪明人愿意变成傻瓜;受过教育的人不会愿意成为无知之徒;有感情有良心的人不会情愿堕落为卑鄙自私的人。④

事实上，穆勒把如何确定快乐的质诉诸一个"有资格的"人的偏好和判断。在他看来，快乐的质是一个相对模糊、不易明确说明的东西，同一快乐放在不同的人身上会有不同的体验，只有把确定权交给一个有资格、有权威的裁决者才是最好的方法。他说，除了亲身经历者的感受和判断外别无他法，"对于那些真正胜任的法官给出的裁决，我的理解是不可能再有上诉的"⑤。

在这里，我们看到，在提出区分快乐的质的同时，穆勒提出了以偏好来判断功利的思想，不同的是，穆勒将其诉诸一个"有资格的"人。

第二，穆勒对幸福和快乐这两个概念进行了区分。在边沁那里，快乐、幸福、利益被看作是完全同质的概念。穆勒对此提出了异议，相比快乐，他更加重视幸福的价值。他认为道德的最终标准是幸福而不是快乐。幸福是一种持久的、平和的状态，而快乐则具有短暂性和兴奋性。他说："假如幸福意指一种持续不断的兴高采烈，那显然是不可能的"。⑥真正的幸福"不是指一种狂欢的生活，而是指生活中痛苦少而短暂，快乐多而变动不居，积极主动的东西远超过消极被动的东西，并且整个生活的基础在于，期望于生活的不多于从生活中能得到的，这样一种生活，对于有幸得到它的人来说，是永远值得称之为幸福的"⑦。可见，

---

① 穆勒.功利主义.徐大建 译.上海:世纪出版集团,上海人民出版社,2005.8-9.
② 穆勒.功利主义.徐大建 译.上海:世纪出版集团,上海人民出版社,2005.10.
③④ 穆勒.功利主义.徐大建 译.上海:世纪出版集团,上海人民出版社,2005.9.
⑤ 穆勒.功利主义.徐大建 译.上海:世纪出版集团,上海人民出版社,2005.10.
⑥ 穆勒.功利主义.徐大建 译.上海:世纪出版集团,上海人民出版社,2005.13.
⑦ 穆勒.功利主义.徐大建 译.上海:世纪出版集团,上海人民出版社,2005.13.

穆勒并非反对快乐在功利主义中的地位，只是更加强调幸福，认为幸福具有比快乐更广泛的内涵并且内在地包含了快乐本身。

与此同时，穆勒对满足和幸福也做了区分。他认为，幸福不等于满足，满足并不一定幸福。他举例说，越是才华横溢的人就越感到这个世界的不完美，但是由于他看到了事物的两面，获得了更多的认识和体验，因而是幸福的。故此强调"宁为苏格拉底，不为一个满足的白痴"。

第三，穆勒对边沁思想的补充还包括他对自由与正义等概念的论述。他认为，个人的幸福与他的精神和个性的自由发展是分不开的。穆勒的自由观是建立在他的幸福观的基础之上的，自由理论与功利主义并没有冲突之处，个人自由的实质是指能够不受外界强制、按照自身条件去自主地追求自己的生活目标。一方面，功利主义并不否定自由的价值，在《论自由》中，他指出人的自由乃是一种可以由功利主义确证的价值。另一方面，个人的自由必须约制在这样一个界限上，就是必须不使自己成为他人的妨碍。另外，个人的自由和行为不能影响到社会的整体利益。

关于正义，边沁认为正义完全服从于功利的命令，穆勒虽然也采取了正义的标准必须以功利为根据的立场，但他认为，正义的基本成分是权利受到侵害与抱负的欲望，起源于自卫冲动和同情心。人们之所以需要正义，是出自对于人类至关重要的安全利益的保护。正义的重要性在于禁止他人的权利而满足人的安全的需要。但是，不同人在不同场合对正义有着不同的看法，当正义的标准相互冲突时，只能采取功利主义的原则。

总之，穆勒在边沁功利主义思想基础上所做出的推进，进一步完善了古典功利主义的理论内涵，但由于对幸福以及高级快乐的强调，他的功利主义招致了一些批评者的抨击，被认为背离了边沁功利主义的"快乐主义"原理，是一种折中主义的"幸福主义"原理。事实上，边沁对"苦乐"的量化或实证研究具有鲜明的形而下色彩，而穆勒对"幸福"的研究则显示出更强烈的形而上学的哲学思辨色彩。

3. 最大多数人的最大幸福原理

继功利原则之后，边沁在《政府片论》中又提出"最大多数人的最大幸福"原则，并将之作为自己一生的座右铭。这样做的原因在于"功利"的观念与"幸福"、"快乐"的观念之间缺乏足够明显的联系，这一点令他感觉如同障碍，非常严重地妨碍了功利原理得到人们的接受和认可。而"幸福"和"福乐"比"功利"一词能更清楚明白地表达快乐与痛苦的概念，最大幸福原则能够清楚地指明

"苦"与"乐"的观念，更容易引导人们考虑到受影响的利益的数目，因而更能简单有效地说明功利原则的实质。因此，他提出最大多数人的最大幸福是判断行为正确与错误的唯一标准。

在个人幸福与公共幸福的关系这个问题上，边沁究竟更加强调社会利益还是个人利益，学者们的观点不尽一致。主流的观点认为边沁坚持的是一种合理利己主义的原则。霍布斯从人性本恶的自然主义人性论出发，构建了粗陋的合理利己主义，而英国情感论者认为利己主义与社会性同为人的根本属性，人性中的自利情感与公众情感是互补互动的。法国唯物主义者爱尔维修则主张一种合理利己主义与公益论相混合的观点，要求将个人利益与公共利益紧密结合起来，认为公共福利、社会公益是最高的道德原则，个人利益神圣不可侵犯。在此基础上，边沁构建了自己的合理利己主义原则，即强调以个人利益为出发点，以社会利益为归宿，并注重两者的和谐与统一。

一方面，边沁明确地把个人利益置于首位。"共同体的利益是道德术语中所能有的最笼统的用语之一；因而它往往失去意义。在它确有意义时，它有如下述:共同体是虚构体，由那些被认为可以说构成其成员的个人组成。那么，共同体的利益是什么呢?是组成共同体的若干成员的利益的总和"，"不理解什么是个人利益，谈论共同体的利益便毫无意义"。[1]这说明，个人利益是社会共同利益或共同体利益的基础，处于核心的位置。另一方面，他反对那种根本不考虑他人或公共利益的唯我主义或极端利己主义。由于个人生活在共同体中，他的行动无论如何都会与共同体的利益发生联系、产生影响，因此个人在追求私人利益和幸福时就不能不同时考虑他人或社会共同体的幸福和利益。

在这种原则指导下，边沁认为，经济行为的自私性是自然的、理性的，社会福利最大化正是在"享乐主义"的精打细算下实现的。因为只要每个人都实现自己利益的最大化，那么共同体也就实现了利益的最大化。

那么，个人利益与社会利益的和谐是如何实现的呢？边沁认为，一方面，个人具有自利动机的同时，还具有同情或仁慈这样纯粹的社会性动机，这可以说是个人利益与社会利益的一种"天然和谐"。另一方面，社会利益和个人利益并不是完全地"天然和谐"，每个人追逐自己的私人利益目标并不会自然地使公共利益最大化，这时就需要道德和法律的奖惩来使个人行为与公共利益一致，这可以

---

[1] 边沁.道德与立法原理导论.时殷弘译.北京:商务印书馆,2006.59.

说是一种"人为和谐"。人们的行为总是为了获得自己最大的快乐，而要达到这个目的，他们的行为也必须为了所有人的最大快乐。这样做的前提条件是，符合大众利益的个人行为会得到奖赏，损害公共福利的行为则会受到处罚。

可以说，道德戒律和法律措施是功利主义的基础和幸福最大化原理赖以存在的根据。在这一点上，边沁偏离了严格的古典自由主义立场，而"悄悄地把干预主义的强调带进了自由放任的传统之中"①。人类社会是有人们自己创造的制度安排架构起来的集体，这是不容否认的事实，通过制度安排可以决定人们行为的结果，从而保证人们生活得更好。根据这种功利原则，创造福利的主体不仅仅是个人，政府也可以通过履行职责来增进社会幸福。

穆勒也将功利原理与最大幸福原理看作同一概念，但与边沁更重视个人利益不同的是，穆勒更肯定社会共同体的利益和幸福。他说："构成功利主义行为对错标准的幸福，不是行为者本身的幸福，而是所有相关人员的幸福，而这一点是攻击功利主义的人很少公平地予以承认的。功利主义要求，行为者在他自己的幸福与他人的幸福之间，应当像一个公正无私的仁慈的旁观者那样，做到严格的不偏不倚。功利主义伦理学的全部精神，可见于拿撒勒的耶稣所说的为人准则。'己所欲，施予人'，'爱邻如爱己'。构成功利主义道德的完美理想。"②在这里，穆勒明确地把社会幸福和利益放在了个人私己的幸福和利益之上，个人的追求与实现个人利益必须限定在共同利益范围之内，并以使共同利益得到最大化实现作为功利主义的终极目标，当二者发生冲突时个人应当为了集体利益做出适当的牺牲。但是，牺牲本身并非目的，"功利主义唯一赞成的自我牺牲，是为了他人的幸福或有利于他人幸福的某些手段而做出的牺牲"③。可见，自我牺牲必须是要有条件的，这就是应该建立在对他人或者人类共同体的幸福的促进之上。无谓的自我牺牲不仅是对个人价值的埋没，更是对人类尊严的亵渎。

个人利益和公共利益的边界在哪里？他说："大多数善的行为都不是为了世界利益，而是为了世界福利由之构成的个人利益；在这些场合，最优道德的人也只需考虑有关的个人，只有一事除外，即必须确保自己不会为了有关个人的利益损害其他任何人的权利或合法期望……任何人都只有例外时……才有能力成为一

————————
① 福斯菲尔德.现代经济思想的渊源与演进.杨培雷等译.上海：上海财经大学出版社，2003.75.

②③ 穆勒.功利主义.徐大建译.上海：世纪出版集团，上海人民出版社，2005.17.

个公众的施主……而在任何其他情况下，他必须加以考虑的还是私人的功利，只是少数几个人的利益或幸福。"①在这里，穆勒为个人与社会权利之间划定了一条界线，为社会对个人的合理干涉提供了一个必要的限度。个人的行为只要不涉及他人的利害，个人就有完全的行动自由，不必向社会负责，他人也不可对此干涉;只有当个人的行为危及他人的利益时，个人才应接受社会或法律的惩罚。

个人利益和社会利益如何能够达到一致? 穆勒提供了两条途径:一是法律和社会安排应尽可能让个人幸福和利益与全体利益趋于和谐;二是教育和舆论对人心的塑造有很大影响，应充分利用其影响力，在每个人心中建立起自身幸福与全体幸福之间的密切联系。

4. 后果论

动机与效果的关系在伦理学史上是一个古老的命题。在《道德与立法原理导论》中，边沁用了很大的篇幅来论述这一问题。边沁的基本观点是：动机构成人类行动的原动力，也是形成行动意图的原因，后果处于因果链的终端，是实质性的所在。动机无所谓好坏，行为在道德上的评价完全由它们的后果来决定。

他说:"动机一词，在它就一个有思想的存在物而被使用的最广泛的意义上，是指任何能有助于产生、甚或有助于防止任何一种行为的事情。"②边沁把人类的行动分为身体行动和心灵行动，进而把心灵行动分为智力的和意愿的。智力行动被称为纯粹思辨动机，是只限于思索范畴的动机。因为它仅停留在理解上，不影响在它之外的行动，对这种后果可能包含的任何快乐或痛苦都没有什么影响，因此它不是实质性的行动。边沁重视的是作用于意愿的动机，被称为实践动机，因为实质性的行动有产生快乐或痛苦的倾向。他对实践动机的定义是:"据设想，它通过影响一个有意识的存在物的意愿，起了促使后者在任何场合去行动或自愿不行动的作用。"③边沁认为，一个动机无非是以某种方式产生作用的快乐或痛苦。任何动机都可以导致任何一种行动。而 "快乐本身就是善，撇开免除痛苦不谈，甚至是唯一的善。痛苦本身就是恶，而且确实毫无例外，是唯一的恶。否则，善恶、好恶这几个词就毫无意义。每一种痛苦和每一种快乐，都是如此。因此，接下来顺理成章和无可争辩的是，不存在任何一种本身是坏的动机"④。动

---

① 穆勒. 功利主义. 徐大建 译. 上海:世纪出版集团,上海人民出版社,2005.19.
② 边沁. 道德与立法原理导论. 时殷弘 译. 北京:商务印书馆,2006.148.
③ 边沁. 道德与立法原理导论. 时殷弘 译. 北京:商务印书馆,2006.149.
④ 边沁. 道德与立法原理导论. 时殷弘 译. 北京:商务印书馆,2006.152.

机本身无所谓好坏，从同样一种动机当中，可以产生好的行动，也可以产生坏的行动，也可以产生不好不坏的行动，因此就必须要根据其实际后果来确定动机的好坏。结论是：行为动机的好坏对道德性质的评判无关紧要，只有行为后果才能决定行为的道德性质，其程度的好坏取决于所有好的后果和有害后果之间的差额，即后果的总和。这就是许多当代西方伦理学家将功利主义与"最大利益净余额"等同的原因。同时，这种观点似乎对美国的行为主义心理学也不无影响，后者是在批评冯特内省心理学的基础上开始行为主义研究的，当然，它也直接影响到马斯洛人本主义心理学有关动机的研究。

穆勒与边沁一样赞同后果论的原则，要求将功利主义作为评价行为是非善恶的唯一标准，认为除了行为结果其他因素都不能作为评价行为善恶的依据，否则将会影响道德标准确定的客观性。但是，在后果评价的标准上，穆勒针对边沁的简单利益计算法的缺陷，对其所谓效果论进行了新的解释。

他认为，想人们真正把握行为是非善恶的标准，关键不是强调利益的量的计算，而是要把道德标准作为行为的指南，借助道德标准对行为进行必要的预测。行为的正当与否与产生幸福或不幸的倾向或趋向有关。凡是产生或趋向于产生幸福的行为都是正当的，都具有道德价值。反之，行为虽然没有直接产生不利后果，但由于它蕴含着不利后果的出现，在道德上也是不合理的。显然这在客观上拓宽了道德标准适用范围，使得功利主义的道德标准不仅适用于衡量人们已经发生的行为结果，而且能为尚未发生的行为提供一种指导。很清楚，这从另一个角度上论证了功利主义道德标准的客观有效性和包容性，即该标准不但可以直接衡量行为的效果，而且还可以成为指导行为的原则，除此，还在一定程度上也蕴含着对该行为的结果的规约。能带来幸福的行为肯定具有道德价值，但即使行为不能直接带来幸福，但只要倾向于或蕴含着幸福的产生，也同样具有道德价值。这种主张摆脱了单纯根据快乐的量及其实际后果来考察行为的正当与否的局限，而强调行为结果趋势或倾向的道德价值也使得功利主义的道德标准具有更大宽容性，较之于边沁的效果论温和了许多。

关于动机和效果的关系，穆勒认为，道德标准必须具有客观性，才能够在实践中真正被人把握。动机与效果的关系在现实生活中通常并不统一。人的思想是变动不居的，即使是同一个行为，在行为前、行为中、行为后的思想状况也是不一样的。根据行为的动机去考察行为，实践中会使人无法把握。义务论将行为的善恶界定在行为的动机上是不科学的，必然导致在实践中陷入危机。因此，穆勒认为，要区分对行为者和对行为本身的评价，功利——即行为的后果才是道德的检验标准。

第三节　古典功利主义评价

古典功利主义产生于英国资本主义成长时期，站在资产阶级利益的角度，对功利主义伦理思想尤其是"最大多数人的最大幸福"做了系统论述。尽管功利主义伦理思想家各自的具体思想内容及其研究方法特征有所差异，但在理论内容上与逻辑方法上都有着较为系统的伦理表达和清晰的逻辑线索，对西方伦理学史的发展做出了巨大贡献，成为后来任何一种思想学说都不能轻易绕过的思想高峰。同时，也不能否认其理论还具有某种局限性，亦即在实践中存在着不能克服的困境。

一、功利主义的优点与贡献

（1）从理论意义上看，功利主义最突出的优点是简单明了。通过"最大多数人的最大幸福"原理，它将复杂的道德问题变得非常简单和可操作，从而为道德判断提供了一个便捷的出发点。在功利主义者看来，决定一个行为正当与否的条件非常简单，只需要考察这个行为是否能够为绝大多数人带来最大幸福。如果答案是肯定的，那这个行为就是道德的，否则就是不道德的。在现实生活中，我们经常会面临各种道德义务之间的冲突，这是义务论所无法解决的难题，因为义务论的道德义务要求是绝对的，在任何条件下都有效。而当不同道德义务发生冲突时，功利主义可以为我们提供一个选择原则，就是看哪个原则更有利于增加幸福总量？在冲突的情况下就选择更加有利于增加幸福总量的原则。

（2）以非道德的善（最大幸福）来判断道德的善。功利主义以"幸福"概念为基础，试图从非道德的善（行为的效果）推出道德的善（人们约定俗称的道德约定），并且将非道德的善看成是第一性的，可以为道德的原则和道德的义务提供辩护。道德的原则和义务实际上是在人们长期的生活中所形成的一种约定俗成的默契，功利主义用一个非道德的价值来为一个道德的行为或道德属性进行辩护，为道德提供了有力的辩护，而使之避免陷入循环论证。同时，它也可以为历史上的各种道德和各个不同文化的道德提供一个客观的评价基础。同一个文化在不同时期有不同的标准，不同文化在同一时间也有不同的标准，而以非道德的善来评价这些不同的标准，一般来说相对中立和客观。

（3）为公共政策的制定提供指导原则。一方面，功利主义可以为一些新出现的道德问题提供指导原则。道德是人们在长期生活过程中，通过经验形成的一种约定俗成的默契，但是当社会生活中出现新现象，比如克隆人，没有道德现成道德规则帮助解决的问题时，功利主义可以提供指导原则，那就是看它是否有利于社会利益。另一方面，功利主义有可能纠正单纯强调道德的善所可能带来的弊病。比如，福利主义的推行是基于一种道德的善，但是过度的福利主义会养懒汉，导致社会效率低下，反而降低了社会福利，比如希腊的经济危机就被认为与过度福利主义有关。而功利主义的应用有可能纠正这种由于单纯强调道德的善所带来的弊病。

（4）从历史意义上看，以"苦乐原理"为基础的功利原则本身有着特别强烈的关注实际利益的直接现实性特点，为个人奠定了追求各种利益的合理性。"苦乐原理"把能否满足人的需要，增进人的幸福作为判断道德合理性的终极标准，把道德目的落实到人的幸福、快乐上，在一定程度上可以唤醒人们内心深处的本性意识，弘扬自己的个性，追求个人价值的最大实现。

基督教神学占统治地位的中世纪所倡导的幸福观是以来世作为自己生活和价值选择的依据的，以上帝为自己唯一的追求和信仰的对象，要求人们在现世生活中应该节制自己的欲望，向上帝忏悔是人类获得幸福的唯一途径。政治、宗教、伦理、道德等都受制于宗教神学的支配。古典功利主义摒弃了基督教神学幸福观神秘性与虚幻性，明确站在快乐主义立场上彻底批判了禁欲主义，强调快乐和痛苦是人类行为的主宰者，主张最大限度的快乐才是人类道德的最终评判者，人类一切活动最终都应该反向自身，以人类自身的幸福为一切价值选择的最终依据。在提倡禁欲主义、压抑人性的中世纪，无疑是一面系统化宣扬人性解放和思想启蒙的旗帜，是一种历史的进步。

（5）古典功利主义理论在社会政治、经济、法律等上层制度建设方面都起了重要作用。通过对功利概念和原理的阐述，揭开了依附于政治权力的人与人之间关系的面纱，确立了物质利益在道德中的基础地位。马克思指出："功利论至少有一个优点，即表明社会的一切现存关系和经济基础之间的联系。"[①]功利主义提倡合理的'利己主义'，揭示了道德与人的经济利益之间的客观联系。一方面，它从个人利益出发，从人的自私本性出发，把一切关系归结为功利关系，把道德

---

① 马克思,恩格斯.马克思恩格斯全集.第 3 卷.北京:人民出版社,1972.484.

的善恶与快乐幸福相联系，鼓励人们积极追求个人利益；另一方面，它并不主张极端的个人主义，力求把个人利益同社会利益结合起来，努力弥合'个人利益'与'社会利益'的对立，从一定程度上，它体现了经济与伦理对社会发展的不可或缺以及二者的紧密联系。

古典功利主义是随着启蒙运动时期新兴资产阶级的利益诉求而产生的，其理论内容在一定程度上反映了社会经济关系在社会发展和改革中的基础地位。功利主义者承认物质利益在社会生活中的基础地位，所以它主张以经济利益为依据，对社会政治制度、法律制度进行改革和完善，主张议会改革，为新兴资产阶级争取议会选举权，鼓励经济贸易自由化，承认合理追求个人利益的正当性，认为任何好的法律或政治制度都应该以实现"最大多数人的最大幸福"为目的，评判政府行为和措施的唯一方法就是看能否给利益有关者带来最大的幸福。他们代表新兴资产阶级的利益，批判旧制度的专制、独裁、垄断，以资产阶级的要求为要求，主张改革社会上不利于资本主义经济自由发展的制度或法律，推动和实现了资本主义经济的大发展，同时也顺应了历史的潮流。

二、古典功利主义的缺点与局限性

（1）功利主义理论论证的逻辑缺陷。首先，功利主义混淆了"实际上被欲求的"和"值得欲求的"两个方面。从而用"实际上被欲求的"来定义善，试图用一种自然属性来给一种不可分析和界说的属性进行定义，犯了一种自然主义谬误。[①]功利主义原理的基石是趋乐避苦的人性论，其逻辑起点是每个人事实上追求自己的幸福，但是，从每个人事实上追求自己的幸福无法推出幸福就是值得欲求的，在"是什么"和"应该是什么"之间，存在一个不可跨越的鸿沟。其次，从个人实际上追求自己的幸福推不出个人实际上追求公众的幸福。功利原则强调的是"最大多数人的最大幸福"，意指公众幸福是每个人都应当欲求的，但是功利主义并没有对此给予具体证明。即便每个人在实际上欲求公众幸福的不同部分，它们的加总也无法推出一种存在于一个人身上的对公众幸福的欲求。如果不存在对公众幸福的实际欲求，那么公众幸福是值得欲求的命题就无法得到成立。[②]

---

① 穆勒.功利主义.徐大建译.译者序.上海:世纪出版集团,上海人民出版社,2005.16.

② 穆勒.功利主义.徐大建译.译者序.上海:世纪出版集团,上海人民出版社,2005.15.

（2）在个人与集体之间，功利主义有可能会导致忽视或否认个人正当的权利和利益，或者导致超道德的义务要求。功利主义是建立在个人和社会的类比推理基础上的。按照这种推理，如果一个人牺牲自己的一部分幸福，能够换来更大更长久的幸福是合理的，那么一个社会牺牲自己的一部分幸福，以实现更大更长久的幸福，也是合理的。这意味着，为了社会的长远幸福，也可牺牲短期的、局部的幸福，但是其缺陷在于个人的牺牲和受益都是同一个主体，而社会的牺牲和受益则是不同的对象，因此，这个类比并不能成立。①在很多情况下，它会导致对个人权力和利益的忽视。比如伦理学家关于"器官移植"的思想实验：医院里有五位病人等待器官移植来拯救自己的生命，一个健康的年轻人也在医院看病，他的器官可以用来拯救这五个人的生命，医生能够为了拯救这五个人而牺牲这一个人的生命？如果这样做，显然侵害了这个年轻人最基本的生命权利。

事实上，经济学的效率原则正是建立在这样一个基础之上的，效率原则追求的是社会效用总量的最大化，把社会经济总量作为最终的衡量标准，一方面漠视利益在个体之间的分配，导致极端的贫富分化，另一方面，也必然造成对特定个人权力和利益的侵害。可见，个人幸福与社会幸福二者之间并不具有逻辑的必然性。为社会谋幸福是个人幸福实现的途径，需要前提条件来保障，功利主义思想家将其诉诸道德、立法和政府的干预机制，然而，这些思想无论在理论上还是实践中，都没有得到彻底的证明。因此，它是功利主义思想内部一条巨大的鸿沟。

（3）在决定一个行为正当与否时，行动的效果并非唯一要考虑的因素，快乐也不是幸福唯一的内在价值。对一个行为的判断可以分为三个部分，行为的动机或者意图，行为本身和行为的结果。功利主义主张把行为的结果，即是否带来最大多数人的最大幸福来作为评价行为正当性的唯一标准，认为关注的首要问题不是人的善恶，而是行为的道德正误，忽略了行为本身也是行为主体所导出的某种结果。在现实当中，怀有善良动机的行为却导致社会利益受损的情况并不鲜见，在功利主义看来，这些行为都是错误和不道德的。这样的判断显然会导致对人类美德精神的忽视和对功利的工具性手段的极度推崇。一方面，功利目的至上性会导致无视一切、不择手段的价值倾向；另一方面，将美德作为一种功利的手段，以功利性目的证明手段的善，将贬损人们日常生活中的美德意义。黑格尔在谈到伊壁鸠鲁的学说时，曾发表过如下意见："如果感觉、愉快和不愉快可以作为衡

---

① 陈真.西方伦理思想史.网易公开课.

量正义、善良、真理的标准，可以衡量什么应当是人生目的的道德标准，那么，真正说来，道德学就被取消，或者说，道德的原则事实上就成了一个不道德的原则了。我们相信，如果这样，一切任意妄为都将可以通行无阻。"①

（4）快乐并非幸福唯一的内在价值。快乐对人生当然是有重大意义的，然而它并不具有唯一性。而功利主义者认为，大众的幸福和快乐是唯一值得我们追求的，唯一具有内在价值的。事实上，快乐只是一种心理感受，本身要受到主客观很多条件的限制。比如诺齐克的"快乐机"思想实验。假定科学家设计出一台大脑刺激机能给你任何你希望的体验，假定每隔两年可以重新选择自己的生活，你是否会愿意和这部快乐机度过一生？如果快乐的确是我们所期望的唯一的终极价值，那么就会愿意与这部机器度过一生。可是大多数人都不愿意选择这样的生活，因为它给人的生活是虚假的。人们希望过真实的生活，探讨真实的世界，如果把自己的一生交给快乐机，等于选择了某种自杀，正常人都不会做这种选择。把快乐作为唯一的内在价值，等于将快乐作为独立于主体之外的价值，反而远离了人的幸福。

（5）功利主义的局限还在于其抽象人性论的假设。任何一种理论体系与方法，都有一个理论预设的问题，关键在于如何确定与说明这一理论预设。功利主义者指出人类的一切行为无时无刻不受快乐和痛苦主宰，对于为什么只有快乐和痛苦是人类的主宰却未能作有效的说明。边沁的说明是：他看到在现实生活中人们总是力求获得快乐并远离痛苦，所以追求快乐的事实表明"趋乐避苦"就是人类的普遍共性，这很显然是立足于人类的感觉经验事实得出的结论。进而他指出功利原理是其他一切原理的起点，而用以证明其他一切事物的东西其本身是无法被证明的。穆勒对此的证明同样是采取经验主义的方法："只有人真正看见这个东西才能证明这个东西是见得到的；只有人真正听到这个声音才能证明这个声音是听得见的。"②可见，边沁和穆勒都没有向我们提供一个有力的证明。

马克思在《资本论》中尖锐地批判了古典功利主义的人性论预设，他说："假如我们想知道什么东西对狗有用，我们就必须探究狗的本性。这种本性本身是不能从"效用原则"中虚构出来的。如果我们想把这一原则运用到人身上来，想根据效用原则来评价人的一切行为、运动和关系等，就首先要研究人的一般本

---

① 黑格尔. 哲学史讲演录. 第三卷. 北京:商务印书馆,1983.73.
② 穆勒. 功利主义. 徐大建译. 上海:世纪出版集团,上海人民出版社,2005.35.

性，然后要研究在每个时代历史地发生了变化的人的本性。"②可见，趋乐避苦的人类自然本性不能把人与动物区别开来，处在社会关系中的人的真正本性存在于人的社会性中，社会性才是人区别于动物的根本属性。马克思主义立足于唯物史观、从现实的人和人的实践活动出发科学地揭示了人的本质。在《1844年经济学哲学手稿》中，马克思说："一个种的全部特征、种的类特性就在于生命活动的性质，而人的类特性恰恰就是自由的有意识的活动"③。

② 马克思,恩格斯. 马克思恩格斯全集. 北京:人民出版社,2009.
③ 马克思. 1844年经济学哲学手稿. 中央编译局 编译. 北京:人民出版社,2002.

第三章　福利经济学思想的理论演进

在经济学的发展史上，福利经济学的诞生是比较晚的，原因是早期经济学只是关注物质产品的生产、分配、交换和消费问题，而且压倒一切的问题是数量的不足，所以经济学家们的关注焦点是如何扩大社会财富。但是随着社会财富的扩大，人们逐渐发现仅有社会财富的扩大，而社会分配不公，人们的主观幸福、社会福利并没有得到提高。于是，人们就要求有一种理论或分析框架，对现实经济状况进行合理性评价，福利经济学就应运而生。

第一节　庇古福利经济伦理思想

一、庇古福利经济伦理思想产生的历史背景

思想家生活的历史背景是其思想萌芽生长的土壤，也是对其生活时代的社会、经济和文化现象的真实反映。

19世纪末20世纪初，随着资本主义的发展，英国的政治发生了重大的变革。西方的资本主义正处在一般垄断资本主义向国家垄断资本主义过渡时期。伴随着第二次工业革命的到来，对资本主义带来了巨大的冲击。在第一次世界大战结束后，虽然英国获得胜利，但是战争带来的死伤和债务使得资本主义市场极其混乱。英国作为第一个工业化国家的地位受到来自其他国家的冲击，再加上经济危机后带来的长期经济大萧条，工业和贸易上的损失使英国的经济雪上加霜。资产阶级变本加厉地剥削工人阶级，资产阶级与工人阶级的矛盾不断恶化。资产阶级为了应对经济上的危机和政治的动荡加强了对国家机器的控制。1867年马克思出版了《资本论》，为国际工人运动提供了理论武器，特别是他在书中揭露了资产阶级对工人的赤裸裸的剥削。在政治领域，工人运动异常活跃，资产阶级与工人阶级的矛盾越来越尖锐。

庇古就是成长于这一大的社会经济背景下。青年时代，庇古在剑桥大学拜英国著名的经济学家马歇尔为师，并成为其思想的追随者，后来成为宣传马歇尔经

济学思想的重要人物之一。在剑桥学习和工作期间，庇古以敏锐的眼光和独特的视角观察着当时的社会生活和经济状况，准确地抓住了当时英国主要的社会经济问题。在当时的资本主义制度下，人被当成生产的工具。庇古对福利的关注就是因为他看到了以下问题：其一，在庇古生活的年代还没有最低工资标准这一说法，因此，工人劳动所得不能得到制度上的保障。贫穷的人们每日做着超负荷的体力活，他们所获得的报酬仅足以维持温饱的生活，有的甚至难以糊口。在那个年代企业主甚至联合起来故意压低工人工资以获取更多的利润，而处于弱势的贫困的人们没有能力反抗这种不道德的行为。其二，他们的居住环境和工作环境都十分恶劣，有时候贫困的人们为了赚取较多一点儿的工资不得不加班，长时间的超负荷工作会使他们体力严重透支，再加上居住环境和饮食条件都非常差，这样一来，对他们自身的健康有着非常大的影响，甚至还会影响到子女的身心健康。其三，长久以来自由贸易和自由放任的政策使英国经济获得巨大利益，然而在经济大萧条时期，由于产业结构的不合理、资本主义经济发展模式的弊端以及来自国外同行业的竞争，使整个社会逐渐涌现出大量失业人口。这些失业人口的生计无法得到保证，他们处于极其艰难的生活条件之中。

庇古认为，"劳动者的骚动"的根源在于对工资率的不满和对社会地位的不满。现代的资本主义制度越来越多地剥削了工人的劳动成果和自由，使贫富悬殊已经十分严重的社会问题变得更为尖锐。在这一时期，资产阶级为了满足其统治需要，为了调和与无产阶级日益尖锐的矛盾，在政治上通过议会改革和法律改革来缓和社会矛盾。有许多激进的思想家提出阶级斗争的实施方案，在工业组织方面工人以公会的形式联合起来，推举工人代表监督纪律和工厂的组织；在民主权利上通过民主选举议会来负责管理工厂。显然，这些阶级斗争的愿望受到了严重的打击，在实行过程中困难重重。在阶级斗争的过程，由于工人的罢工和激烈的工人运动，从实际上来看福利是受到了损害的，然而，庇古却认为人们的总福利增加了，使资产阶级感受到了巨大的压力，他们不得不正视工人们的权利，也不得不放弃部分利益，即使那些原本就是从劳动者工资中剥夺而来的。

这一切让庇古看到了生活在贫困阶层人们的强烈不满以及迫切改变现状的愿望，他们的无力挣扎与呻吟触动了庇古的心灵，勾起了他内心深处对穷人的强烈关怀。庇古对穷人的同情与关怀毫无保留地体现在他的福利思想上，希望他的福利经济思想能使资本主义制度本身进行自我修正，也希望他的福利经济思想能够引导社会给予穷人更多的帮助。

庇古生活的时代，西方国家由于贫富差距悬殊引发的社会经济和政治问题，使资本主义制度陷入困境之中。资产阶级经济学家为了改变现状，纷纷提出改良资本主义制度的经济思想。其一，最著名的就是帕累托提出的"最优状态"法则，为了达到社会福利最大化，资源的配置必须达到最佳状态。这一理论后来成为庇古福利经济思想的重要基础概念。庇古根据帕累托最优原则，分析到只有社会中的每个人的福利都有所增加社会总福利才能增加，进而提出"福利最大化"的理念观点，并成为福利经济思想的核心思想。其二，庇古的老师马歇尔在《经济学原理》一书中提出了"消费者剩余"思想，庇古继承了老师的这一观点，并提出了判断福利的标准，成为其福利经济思想的重要分析工具。

二、庇古福利经济伦理思想的主要内容

庇古在充分总结和吸收了前人思想的基础上，提出了极富伦理色彩的福利经济思想。1920 年，庇古出版了其代表作《福利经济学》一书，建立了一套比较完整的福利经济学体系，构建了福利经济思想的基本纲要，这标志着旧福利经济学的形成，庇古也因此被称为"福利经济学之父"。

（一）从财富增长到福利增加

庇古将西方经济学对于财富增长的注意力转移到国民福利的增加方面，使增加社会福利成为经济增长追求的目标，这本身就代表着一种伦理进步。他提出的社会福利理论，后来成为西方国家制定社会保障政策的依据。

庇古以前的经济学家基本上都采用"满足"、"快乐"等词，很少用"福利"概念，庇古是首位在经济学前加上福利二字的经济学家。第二次世界大战后，西方世界较有影响的英国福利经济学家李特尔在其著作《福利经济学述评》一书中指出："值得注意的是，在庇古以前'福利'二字是很少使用的。经济学家多半使用'满足'这个字……正像我们已经提出的，'福利'这个术语（包括像'社会利益'、'社会益处'这样一些词在内)，同'快乐'这个术语比较起来，它的伦理意义要大得多，它的叙述意义要小得多。……我们宁愿说，福利经济学是从庇古开始的。在他以前，我们有'快乐'经济学，在'快乐'经济学以前，我们有'财富'经济学。斯密毕竟写的是国民财富而不是国民福利。我不认为这个区别是微不足道的。'这会增进社会福利'、'这会增进社会快乐'和'这会增进

国民财富'三个词语的含义是不相同的。"①具体说来，在庇古以前的古典经济学家中，亚当·斯密在其著作《国富论》中指出，经济学研究对象是国民财富，因而亚当·斯密的经济学说被称为"财富"经济学。"边际革命"的先驱者杰文斯认为，经济学为快乐与痛苦的微积分学。而"福利"这个术语同"快乐"这个术语比较起来，其伦理意义要大得多。

庇古认为，福利经济学是研究增进世界或某一国家经济福利主要影响的学说。庇古在其著作《福利经济学》一书中，对福利概念提出了两个命题："第一，福利的要素是一些意识形态，或者说是意识形态之间的关系；第二，福利可以置于较大或较小的范畴之下"。②按照第一个命题，庇古认为：一个人的福利寓于他自己的满足之中；这种满足可以由于对财物的占有而产生，也可以由于其他原因（如知识、情感、欲望等）而产生；全部福利则应该包括所有这些满足。但庇古又认为，含义如此广泛的福利是难以研究的，也是难以计算的，因此他把研究的主题局限于能够计量的那种福利，即"能够直接或间接用货币尺度衡量的那部分社会福利。这部分福利可称为经济福利。然而，就严格的意义而言，经济福利并不能与其他福利相分离，因为'能'用货币计量的部分是什么，完全要看对'能'字的意义的理解而定，有'很容易的能'，有'相当困难的能'还有'非常困难的能'。……所以经济福利与非经济福利之间并无精确的界限存在，只可以用货币尺度来建立一种概略的区别。而依此所定的福利大致可以作为经济学研究的主题"③。"本书的目的即是研究在实际现代社会中，对经济福利发生影响的某些重要原因。"④

在庇古的著作中我们可发现，庇古认为的福利主要有两种：一种是广义的"福利"，是指人们所获得的全部福利，不仅指人们从物质产品消费中得到的满足，甚至包括所处的社会环境状况，庇古称之为"社会福利"或"国民福利"；另一种是狭义的"福利"，是指全部福利中可以用货币计量的那部分福利，庇古称之为"经济福利"。对于经济福利和社会总福利的关系，庇古认为，尽管经济福利并不能充当总福利的指数，但是，这并不说明研究经济福利不能为总福利提

---

① 李特尔.福利经济学评述.北京:商务印书馆,1965.90–91.

② 庇古.福利经济学.上卷.朱泱,张胜纪,吴良健 译.北京:商务印书馆,2006.16.

③ 庇古.福利经济学.上卷.朱泱,张胜纪,吴良健 译.北京:商务印书馆,2006.16.

④ 庇古.福利经济学.上卷.朱泱,张胜纪,吴良健 译.北京:商务印书馆,2006.16–17.

供信息。"虽然整体是由许多不同部分组成的，因此不可能由任何一部分的变化来测度整体的变化，然而部分的变化却总是可以通过自身对整体的变化产生影响。""因此，当确定某一因素对经济福利的影响较另一个因素更为显著时，这一因素对总福利的影响也可能更为突出。"[①]在庇古看来，经济福利和社会总福利二者是正相关的。

庇古采用边际效用分析来计算经济福利，他认为：效用就意味着满足，一个人的经济福利就是由效用构成的。而满足可以用一个人为避免失去某种满足或快乐而愿意支付的货币量来计量，即，满足或效用是可以用单位商品价格来计量的。最后增加的单位商品所取得的效用，叫作边际效用。从商品的边际单位所得到的效用越来越少，被称为边际效用递减规律。在假定货币边际效用不变的同时，庇古还假定不同的阶级所支出的货币量与所得的满足量是相同的。他说："可以认为，一定量的东西不但在任何一个人与其他一个人之间，而且在不同集团代表成员之间，都得到同量的满足。"[②]正因为假定货币的边际效用对于不同的人是相同的，从而满足数量也就与货币数量成比例。

在个人经济福利的计量解决后，庇古用国民收入来表示全社会的经济福利。庇古认为，经济福利和国民收入这两个概念是对等的。在这里，庇古接受了马歇尔关于国民收入的基本论点。马歇尔认为："一国的劳动和资本作用于它的自然资源时，每年生产一定的纯商品总量，其中有的是物质的，有的是非物质的，各种服务也包括在内。而'纯'这个限制词，是指补偿原料和半制成品的消耗以及机器设备在生产中的耗损和折旧。必须从总产品中减去这种种消耗，我们才能求得真正收入或纯收入。国外投资所提供的纯收入也必须包括在内。这就是一国的真正的纯收入，或国民收益。当然，我们可以按照一年或按某一时期计算这种收益。国民收入和国民收益这两个名词是可以互用的。"[③]"凡普通不算作个人收入的一部分者，也不能算作国民收入或收益的部分。"[④]马歇尔关于国民收入的这些表述对于庇古的经济福利而言，是很重要的，因为国民收入被看成是个人的有代价的收入的总和，被看成是"可供分配的各种享受之新来源的总和"。[⑤]庇古认

---

①庇古.福利经济学.上卷.朱泱,张胜纪,吴良健 译.北京:商务印书馆,2006.17.

②庇古.福利经济的几个方面.美国经济评论,1951.292.

③马歇尔.经济学原理.下册.朱志泰,陈良璧 译.北京:商务印书馆,1981.196-197.

④马歇尔.经济学原理.下册.朱志泰,陈良璧 译.北京:商务印书馆,1981.197.

⑤庇古.福利经济的几个方面.美国经济评论,1951.197.

为，"一般说来，任何国家的经济因素并不是直接影响其经济福利的，而是通过经济学家所称的国民所得或国民收入来影响的。正如经济福利是总福利中可以直接或间接地用货币尺度度量的那部分一样，国民收入也是可以用货币衡量的那部分社会客观收入，其中包括国外收入。所以经济福利和国民所得这两个概念是对等的，对它们之中任何一个概念的内容的表述，也就是对另一个概念的内容的相应表述。"①庇古用国民收入来表示全社会的经济福利，从而把对全社会经济福利的研究转变成对国民收入的变动与分配情况的研究，这样就必然导出国民收入增长意味着经济福利增长的论断。

为了实现福利最大化的目标，解决社会贫困的问题，庇古提出了两个基本命题：国民收入总量越大，社会经济福利就越大；国民收入分配越是均等化，社会经济福利也就越大。从现在的角度看，前者可看作是效率问题，后者可看作是公平问题。

（二）国民收入增长与社会资源最优配置

庇古认为，国民收入总量的增加是促进经济福利的主要因素。一个社会如果要增加国民收入总量，就必须增加满足社会需求的社会产品量；而要增加社会产品量，就必须使生产资源在各个生产部门中的配置能够达到最优状态，否则就不能最大限度地增加国民收入总量。要彻底解决贫困问题，就必须增加社会生产；增加社会生产最根本的就是要使社会的资源得到最优配置。

庇古关于社会资源配置的学说是在对马歇尔提出的内部经济和外部经济概念的基础上作了进一步的论述。马歇尔认为："在较为仔细地研究了任何一种货物的生产规模的扩大所产生的经济之后，我们知道，这种经济分为两类：一类是有赖于工业的一般发展，一类是有赖于从事这种工业的个别企业的资源及其经营管理的效率，就是说分为外部经济与内部经济两类。"②庇古在这些概念的基础上进一步提出了"边际社会纯产值"和"边际私人纯产值"两个概念。

所谓的"边际私人纯产值"是指增加一个单位的投资后，投资者收入有所增加的值。它等于边际私人纯产品乘以价格。而边际私人纯产品是指厂商每增加一个单位生产要素所增加的产量。"边际社会纯产值"是指社会因增加一个单位生产要素所得到的纯产值。它等于边际社会纯产品乘以价格，而边际社会纯产品则

① 庇古.福利经济学.上卷.朱泱,张胜纪,吴良健译.北京:商务印书馆,2006.38.
② 马歇尔.经济学原理.上册.吴良璧译.北京:商务印书馆,1981.324-325.

是指社会每增加一个单位生产要素所增加的产品。

在庇古看来，边际社会纯产值就是在投资者所得到的边际私人纯产值之外，再加上因这种生产而使社会上其他人可能得到的利益或损失。关于边际私人纯产值和边际社会纯产值的关系，庇古作了说明：如果在边际私人纯产值外，其他人还能得到利益，如建成一条公路使附近土地的价值得到增加，那么边际社会纯产值就大于边际私人纯产值。反之，如果其他人受到损失，如工厂喷出煤烟而对社会有害，那么边际社会纯产值就小于边际私人纯产值。庇古把前者叫做"边际社会收益"，把后者叫做"边际社会成本"。

庇古正是利用边际产值分析方法和有关的边际产值概念，提出了自己的社会资源配置学说。庇古以完全竞争作为分析社会资源最优配置的出发点。他指出，在完全竞争条件下，生产资源可以完全自由转移，也可以完全分割；投资者消息灵通，能够完全掌握市场情况；投资者为了谋求自身利益，可以使得各方面所投入的资源的边际社会纯产值趋于相等，并且每一方面的价格都等于边际（社会）成本。这样在庇古看来，资源配置就可以达到最优状态。也就是说，当边际私人纯产值和边际社会纯产值相等以及这二者相等而得出的边际社会纯产值在一切生产部门都相等时，就表明社会资源达到最优配置，相应地国民收入达到最大量。

庇古认为，在上述情况下，虽然边际私人纯产值和边际社会纯产值的背离是很小的，但是仍然有趋于背离的情形：在社会上，有些部门的边际私人纯产值大于边际社会纯产值，另一些部门的边际私人纯产值小于边际社会纯产值。如果客观上存在着二者的背离，应当采取什么样的政策呢？庇古提出了国家干预必要性的论点。

（三）收入均等观和财产转移论

在国民收入分配问题上，庇古发展了马歇尔的观点。马歇尔在研究福利与国民收入关系问题时，主要是从增加国民收入、增加国民产品的数量方面来考虑的。马歇尔甚至认为，要达到增加福利这一目标，增加国民收入与国民收入分配的改善二者之间的矛盾会变得更为突出。马歇尔写道："从国民收入的增长取决于发明的不断进步和费用浩大的生产设备的不断积累这一事实出发，我们不得不想到，使我们驾驭自然的无数发明差不多都是由独立的工作者所创造的……此外，我们不得不想到，国民收入的分配虽有缺点，但不像一般所说的那样多。实际上英国有许多技工的家庭，美国这种家庭甚至更多(尽管在那里曾发现了巨大的宝藏),它们会因国民收入的平均分配而受到损失。"①因此马歇尔的结论是:"财富的不均,虽没有往往被指责的那样厉害,确是我们经济组织的一个严重缺点。通过不会伤害人们的主动性,从而不会大大限制国民收入的增长的那种方法而能减少这种不均,显然是对社会有利的。"②

庇古作为马歇尔的学生,对马歇尔的学说作了进一步论述。在福利与国民收入分配问题上,庇古认为:在很大程度上,影响经济福利的是:第一,国民收入的大小,第二,国民收入在社会成员中的分配情况。庇古认为,在研究国民所得分配的变化与经济福利的变化之间的关系时,应当注意的是在任何时期由任何人所享受的经济福利是依靠其消费所得而不是依靠其所赚取之所得;一个人愈富有,他可能用来消费的部分占其总所得的比重愈小。例如一个富人的总所得是一个穷人所得的20倍,其消费所得可能仅是穷人的5倍。所以,当把较富的人的任何所得向较穷的人身上转移时,因为这是以牺牲富人较不迫切的需要以满足穷人较迫切的需要,它必定能够增加总满足的数量。庇古认为:由虚荣创造的需求,耗费大量的精力和耗费少量的精力同样能获得相同的满足。仅仅是由于存在大量财富,才使得满足这种需要必须耗费很多精力而不是很少精力。实际上,个人常希望表现得比他人双倍富有,也就是说,保有的财富和物品(珠宝、衣服、花园、奢侈品、房屋等)是其他人所保有的双倍的价值。如果前者有10件而后者仅有5件,与前者有100件而后者有50件,是一样能获得满足的。所以,富人的所得所产生的满足中,大部分来自于相对数量而非绝对数量。假如所有富人所得均减少,他们的满足并不会减少。③因此,如果收入分配由富人转移给了穷人,富人所遭受的经济福利的损失,远较穷人经济福利的增加要小。

庇古最后得出这样的结论:只要国民所得的全部并未减少,则在相当的范围内,以富有阶层所享有的所得同等数量的减少为代价,任何贫困阶层所享有的真实所得的增加,实际上必定产生一项经济福利的增加。庇古在为《美国经济评论》所写的一篇文章中表达了他对福利经济学的见解,他写道:"在福利经济学中有两个命题,粗浅地说,即第一,对于一个人的实际所得的增加,会使满足增大;第二,转移富人的货币收入于穷人会使满足增大。"④在这两种情况之中,如

---

① 马歇尔.经济学原理.下册.朱志泰,陈良璧译.北京:商务印书馆,1981.363-364.
② 马歇尔.经济学原理.下册.朱志泰,陈良璧译.北京:商务印书馆,1981.364-365.
③ 庇古.福利经济学.上卷.朱泱,张胜元,吴良健译.北京:商务印书馆,2006.101-102.
④ 庇古.福利经济的几个方面.美国经济评论,1951.293.

果一种情况朝着有利的方向变化，而另一种情况没有发生不利的改变，那就能够认为经济福利增加了。庇古说：一般来说，国民收入增加，而不减少穷人在其中占有的绝对份额，或者使穷人占有的绝对份额增加，而不减少国民收入，都一定会增加经济福利。如果使得其中之一的数量增加，却使另一方的数量减少，那么对于经济福利的影响就不明确了。①庇古的这些论述表明，在他看来，要判断任何一个因素对经济福利是有利的还是不利的，首先研究这个因素对国民收入所造成的利益或损害，以及它对穷人实际收入所产生的利益或损害。这样，庇古很自然从对经济福利的分析转入对国民收入分配问题的分析。

在国民收入分配方面，庇古主张通过收入的转移，以增加社会总福利。庇古根据边际效用递减规律得出：一个人收入愈多，货币收入的边际效用愈小；收入愈少，货币收入的边际效用就愈大。并由此推出：如果政府一方面采取征收累进所得税、遗产税之类的措施，另一方面采取一些社会福利设施，将货币收入从富人那里"转移"给一些穷人，那么就可以增加货币的边际效用，从而使国民福利总量增加。庇古举例说：假如有一个富人和十个穷人，富人拿出一英镑，并把它给予第一个穷人，总满足量就增加了。但是富人还是比第二个穷人富，所以再转移一英镑给第二个穷人，就又增加了总满足量。如此转移，直到原来的富人不比其他任何人富裕为止。他还说道：如果人们的心理状态不因收入的多少而有所不同，那么实际收入的效用递减规律就是有效的。②庇古这里所强调的"转移"实际上是国民收入公平分配的基本途径。

庇古认为，为实现分配结果的公平，必须将国民收入从富人手中向穷人那里转移。他认为，这种转移是最重要的，而且它代表着分配向有利于穷人一方的改善。庇古认为从富人那里向穷人转移收入有四种形式：

第一种形式：自愿转移。庇古指出：单纯的公共理想常引导富人在他们生前将他们的财富自愿地捐献给为穷人谋利的事业。这种自愿转移是由富人举办娱乐、教育、保健等福利事业，或举办一些为资产阶级自身利益服务的科学和文化机构。庇古对这种转移方式大大赞扬，他认为这种转移会增加经济福利，会使国民收益增加，因为这种自愿转移表示人们为了让穷人的必需得到满足，他们愿意牺牲的等待与努力增加了，他们为获得更多的资源以致力于这一事业的欲望增强

① 庇古.福利经济学.下卷.朱泱,张胜元,吴良健 译.北京:商务印书馆,2006.669.
② 庇古.福利经济的几个方面.美国经济评论,1951.299-300.

了。①但是庇古也感到，仅仅依靠富人自愿转移收入给穷人是远远达不到社会所需要的总量的，因此还需要政府对收入强制性的转移。

第二种形式：强制转移。所谓的强制转移就是征税，主要包括征收累进的所得税和遗产税。对于强制转移对经济福利和国民收益带来的影响，庇古作了具体的阐述。庇古认为实行强制转移可能带来的影响主要有：第一，可能驱使由工作中能获得高额所得的人去国外生活和工作，而不留在课税的国家；第二，可能驱使储蓄能力大的人投资于国外而不投资于课税的国家；第三，可能引起能获得高额所得的人虽继续留在本国，但将比没有课税时能做的工作要少。要消除这些可能带来的影响，庇古认为最好的办法是对纳税者实行均等牺牲的原则，因为，只有当所得税的税率不论其所得怎样，对所有的纳税者均有同等牺牲时，那么他们所选择的工作数量将不会因征税的预期而发生变化。"如此分配税额，即要求所有人做出同等牺牲，则能确保对产业或企业的最小压抑。如果在任何情况下实行同等牺牲，就没有人会因收入或所得的大小，或因进入这个或那个职业有不同的所得税而感到压抑。"②因此，为了给穷人足够的收入以消除贫困，但又要使国民收益不受到损失，就必须使对富人所征之税符合均等牺牲的原则。

第三种形式：直接转移。就是举办一些社会保险和社会福利措施，如养老金、免费教育、失业保险、医药保险、房屋供给等。

第四种形式：间接转移。对于穷人最迫切需要的食品（如面包、马铃薯等）的生产部门和生产单位，由政府给予一定的补贴，促使这些部门和企业降低这些食品的价格，使得穷人受益，或者由政府对工人住宅的建筑进行补贴，以便降低房屋造价，降低房租，使穷人受益，或者由政府补贴垄断性的公用事业，以便降低服务价格。

人们传统观念认为，任何由公共基金给予援助的预期都将导致贫民的懒惰和浪费。但庇古强调，不论是实行哪一类收入转移措施，都要防止懒惰和浪费，以便国民收益增大。为此，庇古竭力主张训练那些身强体壮的低收入工人，让失业的技术工人学习新技术。庇古主张政府提供公共卫生设施，向贫民子女提供免费的教育服务等。但庇古同时强调，国家免费提供上述服务或设施时并不会降低穷人对追求货币收入的强烈欲望，也不会因此而减少他们的劳动。"有充分的理由

---

① 庇古.福利经济学.下卷.朱泱，张胜元，吴良健译.北京:商务印书馆,2006.735.
② 庇古.福利经济学.下卷.朱泱，张胜元，吴良健译.商务印书馆,2006.739-742.

可以相信,如果把适当数量的资源从较富的人那里转移给较穷的人,并把这些资源投资于穷人,以便使他们更有效率,那么这些资源由于增强能力而在额外生产上所得到的报酬率,是会大大超过投资于机器厂房的通常的利息率的。"①

但庇古反对实行像施舍性救济这样的收入转移。他认为,最好的补贴是那种能够鼓励工作和储蓄的补贴,并且在实行补贴时应该附有下列条件,即先确定受补贴者自己挣得生活费用的能力,再给予补贴。例如,一个人在一定年龄以前能够从事劳动,能够按收入的一定比例从事储蓄,这就是一个标准;凡能达到这个标准的人,政府才给予补贴;如果超过标准,则增加补贴。庇古认为,这样的补贴不仅没有救济性质,而且还能鼓励人们多工作,多储蓄,结果有利于增加经济福利,增加国民收入。根据这种标准,庇古认为,对那些低能力的人,孤寡年老病弱的半劳动力,只要他们多少做些工作,就可以给予少许补贴;至于那些有能力而不工作的人,则不应当得到补助。因此庇古反对实行无条件的补贴,包括实行普遍养老制度,或者按最低收入水平给予穷人以普遍的补贴的制度。他指出,如果按这种方式实行补贴,那就会使某些有工作能力的人完全依靠救济,而不愿工作,这就会减少经济福利,减少国民收益。但是,庇古又提出,如果在给穷人转移收入时,附带有防止的条件,则会减少这种转移对经济福利和国民收益增长的损害。例如,为那些没有足够收入或失去工作的人寻求救济寻找工作,特别是鼓励人们去做以往不习惯或不喜欢做的工作,这时,将有助于增进经济福利和国民收益。

(四)国家干预思想

萨缪尔森在其代表作《经济学》中明确指出:"不要认为新古典经济学者是自由放任的笃信者,少数人是,但大多数人不是。自从工业革命以来,总的说来,伟大的经济学家对资本主义的不平等是持批判态度的。在第一次世界大战前后,剑桥经济学者庇古强调了反对自由放任的理由并赞成政府行动:他指出,在缓和不平等、抵消垄断扭曲以及纠正外部经济效果方面,政府是必要的。"②当然,庇古的这种批判是以不触动资本主义制度为前提条件的。

1.产业和平

庇古一直以来都很关心产业和平的问题。在庇古看来,产业和平是指劳资双

① 庇古.福利经济学.下卷.朱泱,张胜元,吴良健 译.商务印书馆,2006.749.
② 萨缪尔森.经济学.下册.萧琛等 译.北京:中国发展出版社,1992.1279.

方不发生冲突而引起罢工或关闭工厂，双方之间的和谐一致。庇古认为，当某一产业的部分或全部劳动力与设备，因为罢工或工厂关闭而被闲置时，无疑将导致国民收益和经济福利的损失。并且由这种冲突或纠纷所造成的损失，常常扩展到其他的产业。因此，任何能使纠纷得以缓解，产业和平得以维护的行动，必然有利于增加国民收入和经济福利。

庇古认为引起产业纠纷的原因主要有两种，一种是由工资问题而引起的，另一种则是由于职权问题而引起的。对于解决这些纠纷的方法有很多种，庇古认为主要有三种，前两种都带有自愿的性质。这两种自愿性的措施分别自愿协商解决和调停与仲裁。自愿协商解决无疑是解决纠纷的最好办法，但也不可能解决所有的纠纷。而调停是由第三方来调停，并以仲裁为最后解决手段。参与调停的可以是社会声誉很好的局外人，或者是非政府的委员会，或者是政府有关部门属下的专门委员会。与前两者相比较，附属于国家机构的委员会具有更大的优势。但是，对于一些不容易解决的纠纷，仅用调解的方式是不能得到解决的，必须求助于国家强制力量的干预。庇古主要讨论了四种方式，并列举了大量的事例来证明。第一种政府可采用的干预方式是"最简单最温和的"，是为争执双方制定条款，当双方愿意遵顺时就开始接受强制裁定的束缚。如制定法律要求任何产业工会或雇主协会都有义务在调解无效时执行强制裁决的结果。第二种政府干预的方式是使得雇主和劳动者组织，在由代表雇主和劳动者主体的协会所订立协议推广到一地区或全国的整个行业时，能获得政府的协助。如若某一产业中没有工会或雇主委员会，当全部成员中 3/5 以上的多数达成某一协议时，政府有权要求全体成员都必须遵守上述协议。第三种国家干预的方式是依据法律，在法律所准许的罢工及工厂关闭核准以前，强制将产业争执提交于某些法庭处理。第四种政府干预的方式是通常了解的强制仲裁。强制仲裁一般以罚金及监禁作为对不服从者的惩罚。庇古指出，虽然没有一项法律关于禁止或处罚的规定能确保纠纷不会发生，但是，它们作为一种能推进友好谈判的机构或机制，将会增进和平解决的希望。①

2. 公平工资

前面已经说过，引起产业纠纷的两大主要原因中，其中第一大原因是工资的问题，因而如何解决好工人工资的问题，能否使工人工资达到公平对于维护产业

① 庇古.福利经济学.下卷.朱泱,张胜元,吴良健 译.北京:商务印书馆,2006.457-468.

和平具有重大的意义。对于在工人工资中的公平，庇古是这样认为的：如果在所有地区及职业中支付给劳动者的工资等于其劳动的边际净产品的价值——为目前的目标，不考虑个人与社会净产品之间的可能差异——并且如果所有等级的劳动者在不同地区及职业间的分配能使前面广义的国民福利为最大，则在不同的人的工资间将形成某种关系，这一关系我称之为公平。在这里庇古实质上是指出了什么是公平的工资率，即在考虑到对劳动的需求的非连续性之后，则劳动者的工资应与其他有同等困难、并需要同等的天赋和才能及相应的训练费用的劳动者在所有产业中有同等的工资标准。接着庇古又说道：在不完全相似的人之间，公平意为对于附带的利益及不利经调整后，能与效率成比例的工资；劳动者的效率，以其边际净产品乘以该产品的价格加以计算。①

庇古阐述了不公平工资的两种主要的表现，一是某些地区或产业中，工资虽然可能等于该处劳动者边际纯产品的价值，但并不等于其他地方同样劳动者边际纯产品的价值；二是劳动者的工资低于雇用他们的厂商所提供的边际纯产品的价值，劳动者是被剥削的。对于前一种情况，庇古认为国家干预的影响是双重的，并不一定能增加国民福利。因为在这种情况中尽管存在着不公平，但并不存在剥削，因为这种不公平可能是因为劳动力转移的费用阻碍了该处的劳动者向其他工资率高的地区或产业的转移。在这种情况下，国家干预对增进国民收益的影响是多重的，既有可能起积极的作用，也有可能损害国民收益的增加。对于第二种情况，由于存在着剥削，因此为消灭剥削而进行的外部干预，对于增进国民所得的利益具有主要作用。这是因为，强迫降低某一特定地区或产业中的工资，该处所雇用的劳动者数量将大为减少，其劳动的边际纯产品的价值将比别处大。这种厂商的边际私人纯产值大于社会边际纯产值的现象，将阻碍国民收益实现最大化。因此，国家干预将有利于国民收益的扩大。另外雇主从剥削中得到额外好处，这些大于社会边际纯产值的现象，将诱使他花费更多的精力于欺诈劳动者和消费者，根本无心改善企业内部的组织管理和推进企业的技术进步。因此，国家干预将迫使企业主放弃依靠不公平的雇用员工来追求利润，转向依靠企业管理和企业的技术革新和进步来实现更大利润。庇古还特别强调女性在工资中所存在的不公平，并提出通过国家干预来消除两性之间的不公平工资现象。

对于贫困人口来说，工资是其生活的全部来源。只有当工资得到提高，足以

---

① 庇古.福利经济学.下卷.朱泱,张胜元,吴良健 译.北京:商务印书馆,2006.571-572.

满足其物质方面的需求，他们的福利水平才能得到提升。庇古认为，国民收入增加时，应该把提高工人的工资放在首位。在现实生活中，劳资矛盾并不能达到理想的状态，有时甚至达到无法调停的局面。庇古认为工人与企业之间关于工资的问题是可以通过自愿协商来解决的。当然，这种自愿也并不是企业主随意定的。在任何特定行业中，工资相当于一般行业的工资就是公正的。工人的工资标准应该以其是否能维持生活为准则。"在工资较低的任何职业里，不管相对于这个职业工作的效率程度是不是公正的，工资应当提高到足以使普通工人得到适当的生计。"[1]在庇古看来，推行"公正"的工资标准有利国民收入的增加，他认为付给工人的工资越公正，那么人们之间财产增加的速度和总量将逐级趋于平等，这样一来，社会的贫富差距也会减小。在庇古看来，建立最低工资标准才是消灭工资不公正现象、提高工资的最有效的方法。所以庇古认为，"旨在强使工资提高到公正水平的干预行动必然对国民所得有利"。[2]

3. 防止和限制垄断

庇古强调利用国家干预在防止和限制垄断方面所起的作用。庇古认为，"在垄断势力可能通过企业联合的发展而出现的产业中，政府可以以防止垄断势力的出现为目标，或以如果其已经出现则加以摧毁为目标，"进行必要的国家干预。庇古还详细分析了以上两种目标实施干预的效果究竟何种更优的问题。他认为，以防止垄断势力的出现为目标，禁止企业的联合可能对国民收益产生比准许企业联合更为有害的影响。因此，政府应采取第二种政策，即允许企业联合，但尽力防止联合企业在有关产业取得垄断权力。用保留潜在的而非实际的竞争的方法，使得联合企业为自身的利益着想不敢运用其垄断权力。如让它们预期，若产量被人为限制而价格提高到能产生超额利润时，新的竞争者将出现，则联合企业就不会使价格超过合理价格。相应的政府政策是，对使用威胁方法使潜在竞争者退出者，加以严惩。此外庇古还分析研究了政府以价格管制垄断以及由政府公营企业经营自然垄断产业的可行性。在价格管制方面，政府可以对不合理的定价行为作一般性的规定，至于不合理的具体内涵可留给法院裁定。

4. 外部经济问题

庇古强调由于外部经济问题引起的边际私人纯产值与边际社会纯产值背离

---

① 庇古.福利经济学.下卷. 朱泱,张胜元,吴良健 译. 北京:商务印书馆, 2006.621.
② 庇古.福利经济学.下卷. 朱泱,张胜元,吴良健 译. 北京:商务印书馆,2006.577,623.

时，需要国家干预。庇古认为出现这种情况的背离主要是因为一种商品的生产会使第三者（他既不是这种商品的生产者，也不是这种商品的消费者）由此得到免费使用的利益或受到无补偿的损失。并举例道：一家吐黑烟的工厂虽然能够使厂商获利，但却污染着附近地区的空气，使附近住户的卫生条件恶化，因而使投入的资源的边际社会纯产值小于边际私人纯产值。庇古认为，由于这一类背离是因外部经济而引起的，它们不像前一类背离那样发生于订约者双方，所以不能采用修改契约的办法来加以补救。因此为增加国民收益，必须对正常的经济秩序实行特殊干预行为。这些干预的行为主要是：健全法律，依法维护私人边际纯产品与社会边际纯产品趋于一致，对边际私人纯产品大于边际社会纯产品的生产用途和生产领域进行征税，补贴于边际私人纯产品小于边际社会纯产品的生产领域，使其用于各种用途的边际社会纯产品趋于相等。

随着资本主义经济的发展，生态的恶化和资源枯竭，使环境污染成为一个不可回避的问题。在庇古看来，造成环境恶化现象的根本原因是没有克制欲望。他认为，人生来就是有很多的欲望，满足和不满足是通过欲望和厌恶传递的，但是欲望的满足和预期是有差别的，因为我们对未来缺乏未卜先知的能力。所以，"在实际生活中，欲望与满足之间的这些差异对经济福利所造成的伤害，表现在它们阻碍了新资本的创造力，并怂恿人们用光现有的资本，为目前的较小利益牺牲未来的较大利益"[1]。假设在日常生产和生活中，每种生产要素都能得到最大的利用，不存在"浪费"现象，那么环境恶化将会得到遏制。然而，现实的社会并不是像我们假设的那样的有理性。这种较差的对预期欲望满足的判断能力，造成了我们偏重于现在的利益，而忽略了对未来欲望的满足。也就是说，这有可能造成大量的自然资源的浪费，我们为了眼前的某些小的利益而大肆开发自然资源，以致损害了未来的欲望满足，甚至可以说是牺牲了子孙后代的欲望满足。如对最好煤层的急功近利式的开发，使得较差但仍有开采价值的较好煤层被掩埋起来而无法得到开采；捕鱼活动中不考虑鱼的产卵期，从而使某些种类的鱼面临绝种的威胁；农业活动中的掠夺式经营，以致耗尽了土壤的肥力；等等，这些都是这方面的例证。因此，庇古认为对人们的行为进行一定的节制是有必要的，对自然资源合理配置对于社会来说是非常重要的。

在庇古眼里，资源的保护应该是政府的责任，因为"政府是其现在公民的受

---

[1] 庇古.福利经济学.上卷.朱泱,张胜元,吴良健 译.北京:商务印书馆,2006.34.

托人，也是未出生一代公民的受托人"①。社会的发展以合理的资源分配为前提，政府应该干预和限制自然资源的开发，通过政府的调节而促进社会福利达到总体的目标，使整个社会的经济福利得到良性的发展。所以，庇古提出"由于我们对未来的不合理轻视，以及由于我们更偏爱我们自己而不是子孙后代，因此，政府应在某种程度上对未来的利益加以保护"②。庇古特别强调了在资源配置中政府的作用。政府可以通过税收、制定法律和公债等方法来合理配置自然资源，这是一笔很大的财政收入，可以将这些财政资金用于投资，投资所获得的收入用于社会公共服务事业，这也将会使社会经济福利增加。

庇古提出的解决外部性的税收方法，被称为"庇古税"方案。即用税收手段迫使企业实现外部性的内部化：当对一个企业施加一种外部成本时，应对它征收一种税，该税收等于该企业生产每一单位产品所造成的外部损害，即税收恰好等于边际外部成本。即污染者必须对每单位的污染活动支付税收，税额等于负的外部性活动对其他经济行为者造成的边际外部成本，即边际社会成本与边际私人成本的差额。通过征收这样一种税收，污染者便将负的外部性内部化。庇古税可以达到资源有效配置，污染者权衡保持污染水平所支付的税收和减少污染少交税所获收益，控制成本小于税率，则污染减少，直到二者相等时，达到污染减少到帕累托最优水平。

庇古认为，只有人们改善了自我的生活状态和合理控制自我欲望，把有限的资源用在生产力的发展上，实现资源的最大化利用，社会才能良性地发展下去。这种自我的约束不仅仅是针对资本家，也是每一个社会成员需要自觉履行的。这不仅仅增进了当代人的福利，也为我们的后代保留了福利的必备条件。

第二节　新福利经济学说

19世纪30年代，资本主义世界爆发了经济危机，庇古的福利经济学已经不能继续适应垄断资产阶级的需要。新福利经济学，是指20世纪30年代以来，资产阶级经济学家为适应新的历史条件下垄断资本主义发展的需要，对旧福利经济学进行的修改、补充和发展。旧福利经济学继承了英国效用主义伦理学的传统，

---

① 庇古.福利经济学.上卷.朱泱,张胜元,吴良健 译.北京:商务印书馆,2006.36.
② 庇古.福利经济学.上卷.朱泱,张胜元,吴良健 译.北京:商务印书馆,2006.36.

认为社会应该使整体福利总和达到最大，但是另一方面也指出，收入的边际效用是递减的，所以有利于穷人的收入分配可以提高整个社会的福利，这意味着应该把富人的一部分收入转移给穷人，西方经济学家对此是最为忌讳的。而得出这一结论的前提是收入的边际效用递减，因此，许多西方经济学家把矛头指向了边际效用。这些问题在 20 世纪 30 年代引起了一场大争论，争论的结果是旧福利经济学被取代，新福利经济学开始流行。[①]森把新福利经济学的流行时期限定为1939~1950 年，是指从 1939 年希克斯的《价值与资本》出版，到 1951 年阿罗不可能定理提出之前为止。新福利经济学的主要经济理论包括以下几个方面：

一、效用序数论

用效用序数论代替效用基数论，是新福利经济学对旧福利经济学修正和发展的一个主要表现。旧福利经济学认为，可以用某种计量单位表示效用的大小，并且效用在人们之间是可以比较的，因此，每个人获得的效用之和，便构成全社会效用的总和，即社会福利。

1932 年罗宾斯出版了《论经济科学的性质和意义》一书，对庇古的福利经济学进行了以下几方面的批判：首先，罗宾斯否定了个人间效用比较的可能性。"没有办法能够检查出，在和 B 比较之后，A 的满足的大小。……内心省察不能使 A 衡量 B 的心理活动，也不能使 B 衡量 A 的心理活动。因此，没有办法对不同人的满足加以比较。"[②]其次，个人效用是一种主观评价，是不科学的。凡是从事研究"应该是什么"的经济政策问题的福利经济学都是主观评价，这和研究"是什么"的实证经济学应当是加以区别的。第三，经济科学是中立的，"凡是使我们说明政策好坏的经济学都是不科学的"[③]，福利经济学不是经济学家所应当研究的固有科学。

罗宾斯对旧福利经济学的批判在当时经济学界引起了很大反响。在批判过程中，罗宾斯借用了一个重要的分析工具即帕累托提出的"最优状态"概念。帕累托在分析最优状态时又采取了同时代的英国经济学家埃奇沃思使用的"无差别曲

① 参见姚明霞.福利经济学.北京:经济日报出版社,2005.13.
② 罗宾斯.经济科学的性质和意义.朱泱 译.北京:商务印书馆,2000.139- 140.
③ 罗宾斯.经济科学的性质和意义.朱泱 译.北京:商务印书馆,2000.149.

线"和"契约曲线"的概念。

埃奇沃思在运用边际效用学说"研究各个人力求达到自己的最大效用以及各个人彼此之间的协议"时，应用几何图形画出无差别曲线和契约曲线，表示两个人各有一种商品在完全竞争的交换中达到最为有利的状态，这种分析方法为帕累托所采用。

帕累托为了避免效用计量和加总的困难，提出了以"偏好顺序"来代替效用计量。即认为只要根据在市场上观察到的消费者行为——对于不同商品组合的同等、较多或较少偏好，就可以确定各个人在既定的价格和收入条件下所达到的最大偏好状态。这样，就可以应用无差别曲线，以偏好顺序来表示各个人和全体的最大满足。帕累托给"最大偏好状态"下了一个定义：最大偏好状态就是这样一种状态，它的任何微小的改变，必然使有些人的偏好增多和另一些人的偏好减少。后来，资产阶级经济学家把以"偏好顺序"表示满足的理论叫作"效用序数论"，即只有次序先后才是表现财富效用的合理方法，效用只能用第一，第二，第三……顺序数目来表示。比如说，消费者对外衣的偏好胜过对面包，对面包的偏好胜过对苹果的偏好等。

效用序数是以假定消费者对于各种物品或各组物品都有一种偏好作为前提的。效用序数论被认为是一种比效用基数更广泛和更能反映消费者行为的分析方法。

根据效用或满足不能相加而只能有水平高低的效用序数论，新福利经济学家得出结论：一个人达到最大的满足，不是指达到最大的满足总量，而是指达到最高满足的水平。因此，效用序数论者所说的一个人福利的好坏，就是指无差别曲线的高低。这是效用序数和效用基数的区别。不仅如此，效用序数论者认为效用不能相加，一个人所得的效用总量无法比较，各个人得到的效用或满足究竟是大还是小，也是无法加以比较的，如富人和穷人从不同收入所得到的效用或满足无法比较。这是新福利经济学得到的直接推论。由此，新福利经济学也就否定了庇古的福利总和，实际上是否定了庇古理论中的收入再分配的内容。他们认为，对于收入分配问题，各个人可有不同的判断，无法科学地加以论证。这实际上是承认社会原有的收入分配状况是符合"道德标准"的，从而也就理所当然地从福利经济学中舍弃了分配问题。①

---

① 刘钧.西方福利经济学发展浅探.中央财经大学学报, 2001(3).

二、帕累托福利标准

帕累托说："当某种分配标准为既定时，我们可以遵照这种标准，研究何种状态会使集体中各个人达到最大可能的福利。让我们考虑任何一个特定的状态，并且假定在适合所包括的关系方面做一很小的变动，如果这样做以后，每一个人的福利都增进了，显然新的状态对每一个人就更有利；相反，如果所有人的福利都减少了，则新的状态对于每一个人就没有利。但是，另一方面，如果这种小变动使一些人福利增进，而另一些人福利减少，那么对于整个社会来说，就不能认为这种改变是有利的。因此，我们规定最大偏好状态是：在那种状态，任何微小的改变，除了某些人的偏好依然不变而外，不可能使所有人的偏好全增加，或者全减少。"①希克斯把它作了重新表述，成为西方经济学界所广泛接受的一个价值标准——帕累托标准。帕累托标准指出：如果从一种社会状态到另一种社会状态的变化，使至少一个人的福利增加，而同时又没有使任何一个人的福利减少，那么，这种变化就是好的，就是人们所希望的。

在帕累托看来，由于效用无法确切计量，因此国民福利应该是全社会每个个人福利的集合，而并非总和。尽管效用无法计量，但对它却可以进行排列，以此表示消费者选择的次序。在这一论题的基础上，帕累托得出结论：社会的经济福利就是个人效用的排列与组合，而不同的排列与组合便构成了不同的福利状况。按照这一思路，他继续考察庇古曾经考察过的问题，即如何检验国民的经济福利是否得到了增进？由于个人收入无法作为检验福利的标准，他撇开了收入分配对福利最大化的影响问题，只探讨资源配置对福利最大化的影响。最后，他得出结论：在既定的收入分配下，检验一个经济社会的福利是否增加的标准是，如果生产和交换情形的改变，使得社会中一些人的境况变得好些，而其他人并未变得坏些，社会福利才能说是增进了；而如果一些人的境况变好了，但另一些人的境况却变坏了，就不能说整个社会的福利增加了。这就是著名的"帕累托最优条件论"。

新福利经济学家对帕累托最优条件进行了修改、补充，提出交换的最优条件和生产的最优条件，企图说明在什么条件下才能达到最大社会福利。他们认为：交换的最优条件，指在完全竞争的市场经济中，交易双方通过交换而使彼此都能

---

① 厉以宁等.帕累托政治经济学教本.1984.85.

得到最大满足的条件。其条件是，在一定的收入、价格和爱好的基础上，对任何商品的交易双方来说其边际替代率（即两种商品的边际效用的比率）是相同的；生产的最优条件，指在完全竞争的市场经济中，生产要素最有效率地被分配使用在各种产品的生产上，从而使社会的全部产品最有效率地生产出来所必需的条件。其条件是，任何两种生产资源的组合的边际技术替代率（即在保持固定的产量水平时，每增加或减少一种生产资源的投入量所必定减少或增加另一种生产资源的投入量，它等于投入的两种生产资源的边际产量或边际产值之比）是相同的。新福利经济学认为，当整个社会的交换最优条件和生产最优条件都同时得到满足时，那么整个社会就达到了最优状态。为了达到最大社会福利，生产的最优条件和交换的最优条件相结合，生产上的边际转换率（指为了增加某一产品产量的单位数而必须牺牲的另一产品产量的单位数的比率）必须等于消费上的边际替代率，这就意味着，生产资源在各个部门的配置情况不仅从生产的角度看是最有效率的，而且从各种产品的数量组合来看也符合社会成员的需求。

三、补偿检验理论

"帕累托最优条件"是以收入分配状况既定为前提的。按照帕累托的最优概念，如果在收入分配为既定的情况下，对现状的改变使一些人福利增加而使另一些人福利减少，就不能认为这种改变是有利的。但是，在现实生活中，任何经济变革都可能使一方得利，而使另一方受损。即使得利的人占多数，情况变糟的是少数人，那么按照帕累托最优条件的标准，要求一些社会成员经济地位的改善不能造成其他社会成员经济地位的恶化，这种变革也是不可取的。这样，其实就否定了改变经济政策以增加社会福利的说法，使得新福利经济学的理论陷入了死胡同。为了从死胡同中寻找出路，美国经济学家卡尔多和希克斯重新对福利标准进行了考察，提出了所谓的"假想补偿原理"。

1. 卡多尔—希克斯的假想补偿原理

卡尔多—希克斯的理论认为，如果按照帕累托最优条件的标准，要求一些社会成员经济地位的改善而不能造成其他社会成员经济地位的恶化，那就会否定改变经济政策以增加社会福利的说法。因为经济政策的改变意味着价格体系的改变，而任何价格体系的改变，都会使一方得利，另一方受损。但是如果通过税收政策或价格政策，使受益者补偿受损者后还有剩余，这也就增加了社会福利，就不失为正当经济政策。而如果得不偿失，受益者的所得补偿不了受害者的所失，或者所得等于所失，受益者在向受害者补偿之后自己没有剩余，那么，这种经济变动便是不足取的。

希克斯十分推崇卡尔多的观点。他首先肯定了卡尔多的福利标准是可以成立的，但他对于卡尔多提出的假想补偿检验的说法，仍认为不够完善，有加以修补的必要。这是因为，卡尔多提出的"补偿"事实上并不一定能够实现，因为实际补偿由受益者决定，如果受益者不对受损者做出什么实际补偿，那么补偿就只是一种"假想"。所以，希克斯发展了卡尔多的福利检验标准，他指出，实际上，不必要求每一次经济变动之后受益者都要向受害者做出补偿，补偿可以自然而然地进行，这一次经济变动中的受益者可能在下一次变动中成为受害者，反之，这次的受害者下次则可能成为受益者。因此，在长时期的一系列政策改变之中，人们的受益与受害彼此可以相互抵消，所以补偿不必次次进行，只要假定损失终会得到补偿就可以了。希克斯进一步指出，只要一个社会的经济活动是以追求效率为导向的，国民收入就会是不断增长的，在经过一段相当长的时间后，几乎所有人的境况都会好起来，只不过有先有后，有快有慢而已。

以"假想的补偿原理"为基本内容的卡尔多—希克斯的福利检验标准，表面上似乎避开了个人的价值判断，使福利经济学有了实证的基础，但实际上却蕴涵着一个特定的思想本质：即一种政策措施的实行，即使将导致贫者更贫、富者更富，但只要它使国民收入总量有所增加，也可以被说成是增进了社会福利。因此，连一些西方经济学家也指出，卡尔多—希克斯理论是使富者愈富、贫者愈贫的理论。

2. 西托夫斯基的双重检验标准

西托夫斯基认为，卡尔多—希克斯的福利标准只是片面地考虑原来的收入分配，而没有考虑到情况改变以后的收入分配。西托夫斯基指出，如果推行一种符合卡尔多—希克斯的福利标准的变革，而补偿没有切实支付的话，那么变革前后的实际收入分配将不相同，因此，卡尔多—希克斯的标准可能还准许相反的变动。对此，西托夫斯基主张对福利的检验必须是双重的，即必须有两个标准。他写道："首先，我们看看在新的情况下是否有可能重新分配收入，以至每一个人都比原来的情况为好。其次，我们必须看看，从原来的情况来研究，仅仅采用收入再分配的办法，是否不可能达到一种对于每一个人来说又比新情况为好的情况。如果有可能出现第一个检验结果而不可能出现第二个检验结果，那么我们就可以得出新情况优于旧情况的结论。如果不可能出现第一个检验结果而有可能出现第二个检验结果，那么我们就可以得出新情况较差的结论。如果两个检验结果都有可能出现或都不可能出现，我们就不能得出一个关于福利的命题。"①西托夫斯基的双重检验标准，既满足卡尔多—希克斯的补偿检验的要求，也满足反转补偿检验的要求。这种反转检验，实际上是要求在维持改变后的收入分配的情况下，使既得利益者能够得到利益。②

3. 李特尔的福利标准

李特尔关于福利标准的学说是对卡尔多—希克斯、西托夫斯基学说的补充或修正。李特尔一方面接受了卡尔多—希克斯以及西托夫斯基的补偿检验论，另一方面又反对他们回避收入分配的做法。他认为，关于分配的道德标准，特别是关于收入分配的价值判断，在福利经济学中是不可回避的。如果说一种政策满足了卡尔多—希克斯标准，就会增加社会的"效率"，那么事实上就是在推荐这种政策，这本身已经表明是一种价值判断。何况卡尔多—希克斯所说的假象补偿也有可能导致收入分配状况更为恶化，就说明价值判断问题是不可能回避的。

李特尔认为，卡尔多标准、希克斯标准和西托夫斯基标准都只能说明一种变化仅仅是一种潜在的改进，是否为真正的改进，还需要考虑分配问题。也就是说，在假想补偿检验之上再加上实际补偿（在这里实际补偿就是指收入再分配），才能使增加福利的标准成为充足的标准。李特尔提出了三重福利标准：第一，卡尔多—希克斯（既得利益能够补偿受损者有余）满足了吗？第二，西托夫斯基（即双重检验标准）满足了吗？第三，收入分配是适当的吗？在前两个标准满足之后，还必须看收入再分配是不是适当的。如果收入再分配不好，那就必须用转移货币收入的办法来补偿。

李特尔的三重标准，被不少经济学家赞赏为具有"稳当的富于常识的素质"，或者被推崇为"对于解决问题有真正的贡献"，当有的经济学家把"好的收入分配"解决为"趋于较为均等的分配"时，李特尔加以否认，他说，新的情况比原来的分配好，只是指在另一个状态下，至少有一个人的境况好些，而没有人的情况坏些；至于为什么说好些，这可能由于分配上的公正，也可能由于其他原因。可见，李特尔收入分配上的公正是指不损害效率的公正。在收入分配问题上，李特尔虽不比庇古走得更远，但是表达了经济学家试图改变现实社会中收入分配失调状况的良好愿望。③

---

① 西托夫斯基.略论经济学中的福利命题.经济研究评论,1941.86-87
② 刘钧.西方福利经济学发展浅探.中央财经大学学报,2001(3).
③ 刘钧.西方福利经济学发展浅探.中央财经大学学报,2001(3).

四、社会福利函数理论

现代对社会福利函数的讨论最初是由美国经济学家伯格森在 1938 年提出，并由萨缪尔森在 1947 年加以进一步说明的，伯格森和萨缪尔森提出的福利函数被称为伯格森—萨缪尔森的社会福利函数。社会福利函数论是在批判继承补偿原则的基础上形成的一种新福利经济学体系。社会福利函数论既不像补偿原则论者那样企图回避收入分配问题，更不像庇古那样主张收入均等分配或李特尔那样把"较好的再分配作为福利标准"，而是强调收入分配问题应和其他问题一样，要由一定的道德标准去决定。

社会福利函数论者认为，社会福利函数是社会所有个人的效用水平的函数，社会福利的数值取决于影响福利的所有变量。如果函数中任何一个厂商因组合生产要素而能使生产效率增加，或者有任何一个人因消费品的增加而使满足程度增加，而其他厂商的生产效率和其他人的满足程度仍然不变，那么社会福利就有所增加。当社会福利增加到不能再增加的地步时，社会福利就达到了最大化。这就是帕累托最优状态的实现。

按照社会福利函数理论，根据个人偏好和道德准则所得出的交换和生产的最优条件，只构成"最大福利"的必要条件，而不是达到"最大福利"的充分条件。要达到唯一的最优位置，除了满足必要条件以外，还必须满足充分条件，这个充分条件是，关于理想的收入分配的确定。萨缪尔森说："从一个人享有一切利益的一种情况，经过某些中间的情况，到另一个人享有一切利益的情况之间，存在着无数个最优位置。如果没有一定的福利函数，即如果没有关于个人间的效用比较的假定，就不可能决定这些位置中究竟哪一个是唯一最优位置。"[1]也就是说，国民收入增长及分配问题都是通过个人的效用水平影响社会福利的重要因素，只有根据社会每个成员对自己效用的确定，才能实现社会福利的最大化。经济效率是最大福利的必要条件，合理分配是最大福利的充分条件，只有公平与效率问题得到同时解决，社会福利才能达到最大化。

萨缪尔森认为，"一个体系的所有经济变量的函数，是作为表征某种道德信念的。这种信念可以是一个仁慈的、暴君的、完全唯我主义者的、善心善意者

---

[1] 萨缪尔森.经济分析的基础.费方域等 译. 北京：商务印书馆,1992.244.

的、厌世者的、国家的、种族的或集团思想的、上帝的等等。"①可见，萨缪尔森
的既定的收入分配的道德原则是指社会制度方面的因素，但是具体是什么没有明
确说明。这也就是说，社会福利函数论在形式上考虑了收入分配对社会福利的影
响，但它毫无实际意义。因为，社会福利是由个人福利组成的，决定于社会所有
个人的收入分配，而所有个人对什么是合理分配都有各自的偏好，必须从所有个
人偏好次序推导出社会偏好次序才能确定最大社会福利。显然，这样的社会福利
函数是很难建立的（阿罗不可能性定理）。再者，对什么是最优分配状况，不同
阶级的看法是不同的，他们认为收入分配要由道德、信念或者由国会和政府去决
定，而资产阶级国家所决定的分配必然是有利于垄断资产阶级，这是不言而喻
的。这也就为当时的垄断资产阶级制定政策提供了依据。

第三节　福利经济学思想的困境及伦理新发展

流行于 20 世纪三四十年代的新福利经济学在五六十年代受到了阿罗不可能
性定理所带来的严重质疑。作为新福利经济学的理论基础，帕累托标准有一个缺
陷，即它只是一个关于效率的标准，根本不涉及分配问题。新福利经济学为了弥
补这一缺陷，采取了两种方法：一种是提出了其他的福利标准，但是对这些标准
的争议较多；另一种是提出社会福利函数。社会福利函数是新福利经济学中一个
重要概念，它试图指出社会所追求的目标应该是什么，应该考虑哪些因素：是某
些人的利益或效用，还是所有人的利益或效用？当人们之间的利益或效用相冲突
时，应该如何处理这些不同的利益或效用？遗憾的是，阿罗于 1951 年提出的阿
罗不可能性定理指出，阿罗所定义的社会福利函数即阿罗社会福利函数是不存在
的。这使得福利经济学在整个五六十年代里，陷入了"福利经济学无用"的悲观
主义困境之中。同时，福利主义受到了严重的质疑。

一、阿罗不可能性定理

伯格森—萨缪尔森的社会福利函数是一种一般化的函数，对于函数的具体形
式没有任何的规定，因而不能用来确定特定的福利函数。这是因为，作为组成社

---

① 萨缪尔森.经济分析的基础.费方域等 译.北京:商务印书馆,1992.221.

会福利的个人福利，还要取决于社会上各个人的收入分配问题。收入分配不同，各个人所消费的各种商品数量就不同。但是由于社会成员的看法和评价标准不同，必须根据社会各个人对于全社会福利的各种情形的评价，以及根据个人的偏好次序，才能导出全社会所有的人的一致的偏好次序，然后才能确定社会的最大福利。在这里显然存在着如何从各个人福利的偏好次序推导出全社会所有人一致的偏好次序的问题。那么是否有一种系统化的方法可以获得一种具体的伯格森—萨缪尔森福利函数呢？美国经济学家阿罗肯尼斯·阿罗从 1951 年开始对这个问题进行了论证。他提出了一种不同的社会福利函数，即阿罗社会福利函数。

阿罗提出了著名的阿罗不可能性定理。阿罗认为，试图在任何情况下从个人偏好次序推导出社会偏好次序的想法是不可能实现的。这是因为个人偏好是复杂的、多种多样的，个人偏好显然不能作为社会选择的一种充分依据。实际上还存在着第二个判断准则，这就是把个人判断的总和作为福利判断的准则。但是阿罗指出，必须给予福利判断的规则以下列条件：①全部可供选择的社会条件能够有一种排列的顺序。必须存在这样一种排列的顺序，才能对于可供选择的各种个人偏好进行社会选择。②社会选择不会导致这样的结果，即还有任何一个人根据自己的偏好次序而宁愿采取另外一种选择。③不会有任何人不顾社会上其他任何人的偏好，而使自己的偏好成为社会的偏好。④假定存在着若干可供选择的对象，那么要在这些对象中进行社会选择，这种社会选择就只能依序于个人对若干可供选择的对象的偏好次序。即使提出了一般的道德标准作为分析的前提，还必须根据一定的道德标准确定社会偏好次序。最后，阿罗不得不承认：如果排除个人之间的效用比较，那么在从个人偏好向社会偏好过渡的过程中，能使社会偏好得到满足而又能代表广泛的个人偏好次序的方法，唯有强制或独裁方法。①阿罗不可能性定理最终证明，建立包括社会经济各方面的社会福利函数是不可能的，解出其唯一最优极大值就更是不可能的。

阿罗不可能性定理提出之后，整个西方福利经济学界受到了很大的震动。不可能性意味着：阿罗式的社会福利函数是不存在的，西方福利经济学试图根据个人偏好推导出社会偏好的努力是在做无用功。它使福利经济学家最终认识到，新福利经济学存在严重缺陷：帕累托标准本身忽视社会成员之间存在效用冲突或者利益冲突，如果出现效用冲突，则无法作出判断，无法进行社会排序。因此，福

---

① 刘钧.西方福利经济学发展浅探.中央财经大学学报,2001(3).

利经济学要发展，就不能再走新福利经济学的老路，不能再依赖帕累托标准。这样，阿罗不可能定理既成为新福利经济学的终结者，同时也成为福利经济学的新起点。

二、相对福利经济学说

杜生贝在其 1949 年出版的《收入、储蓄与消费者行为》一书中提出了相对收入理论。他认为，一个人的消费支出不仅受到自己收入的影响，而且受到周围人的消费行为及其收入和消费相互关系的影响。根据杜生贝的理论，一个人从他的消费支出得到的效用是他现期支出同他人的支出比率的函数。相对福利学说便是在杜生贝这种相对收入学说的基础上发展起来的，他们的主要观点如下：

第一，福利与快乐是一回事，一个人对自己的收入和福利的评价不仅仅取决于收入的绝对水平，而且还取决于与别人的收入相比较的水平。对快乐的理解是相对的，这个概念因人而异。随着个人收入的增长，自己并不一定会感到比过去快乐，他可能感到快乐，也可能感到更不快乐，关键在于别人的收入是不是也有所增长。如果大家的收入水平都提高了甚至高于自己，那么个人并不感到自己的幸福增大了。所以，传统理论的福利随收入增加而增加的命题并不成立。

第二，既然福利是相对的，福利与个人收入水平之间并无直接的联系，由此得到的政策含义之一是：普遍提高国民收入的政策措施并不能增加国民的福利；政策含义之二是：缩小国民之间收入差距的政策措施也不能增加国民的福利，因为除非全体国民的生活水平完全一样，否则总有人感到不满足。

第三，随着个人收入增长，个人的欲望也会随之增大。任何已被满足的欲望都创造着新的、未被满足的欲望，后者将带来新的烦恼。所以个人收入增长也不会给自己带来快乐。由此得到另一个政策含义是：欲望无止境，福利满足不了，不必为未来的福利政策目标和规划去操心，更不必为下一代设计什么社会的蓝图，因为这些是徒劳的，下一代人有他们自己的评价标准。

相对福利理论对把国民收入等同于社会福利的观点提出质疑，认为社会福利不一定随国民收入的增加而增加，不同的人会在不同的时间、地点因欲望的满足而感到快乐，所以就无法确定福利水平的统一标准。这种理论对倡导自由竞争的传统经济理论形成了强有力的挑战。它认为，如果一个人的效用水平不仅由他的绝对消费量决定，更由与他人比较的相对消费量决定，那么任何一个人的消费都会造成外部效果，这样传统经济学中人们追求绝对消费量之上的帕累托最优可能就不再是资源的最优配置了。因为当需求已超出生理需求升至心理需求时，个人追求自身利益的自由往往会给他人造成损害，一个人的获益将导致另一个人的损失。

三、次优理论

根据帕累托最优条件论，理应成为西方微观经济学论证的主要目标。经过数代人的努力，西方微观经济学给出一个肯定的答案：以利己为行为动机的完全竞争的市场经济将会导致（帕累托意义下的）最优。这就是说，如果每个消费者都为了自身的效用最大化，每个生产者都追求最大利润，那么在完全竞争的经济中，会使社会达到资源配置的最优状态。然而，现实中的一些情况可能与完全竞争的经济模型全然不同。西方学者承认，存在着诸如垄断、外部性、公共物品等若干导致市场失灵的因素。但他们又声称，在这种情况下，通过适当的微观经济政策可以修正市场失灵的不足之处。如果现实经济无法达到完全竞争经济所要求的条件，结果还会是帕累托最优吗？1956年，经济学家利普赛和兰卡斯特总结前人的理论分析，提出了次优理论，证明在不能全部满足完全竞争模型所要求的假设条件的情况下，即使微观经济政策成功地弥补了现实和假设条件之间的差异，那么政策的执行仍然不能保证帕累托最优状态的实现。

次优理论包含的内容是：如果在一般均衡体系中存在着某些情况，使得帕累托最优的某个条件遭到破坏，那么即使其他所有帕累托最优条件得到满足，结果也未见得是令人满意的，换句话说，假设帕累托最优所要求的一系列条件中有某些条件没有得到满足，那么，帕累托最优状态只有在清除了所有这些得不到满足的条件之后才能达到。通俗而言，假设达到帕累托最优状态需要满足十个假设条件，如果这些条件至少有一个不能满足，即被破坏掉了，那么，满足全部剩下来的九个条件而得到的次优状态，未必比满足剩下来的九个条件中一部分（如满足四个或五个）而得到的次优状态更加接近于十个条件都得到满足的帕累托最优状态。

在一个经济体系中，如果存在一个或多个行为者的行为规则与所需要的行为规则相背离，且"不轨者"的行为又不能改变时，次优问题就存在。"不轨者"是指不按照整体经济所要求的帕累托最优条件办事，对整体经济环境造成危害的经济主体。次优问题的主要来源有：①垄断势力及其差异程度；②未被纠正的外部效应；③税收；④政府干预。这些"不轨者"作为一个经济体系内的经济组成部分，我们没有办法将其驱逐出市场，唯一现实的选择就是考虑到他们的不规则经济行为，尽可能地减少他们的不规则行为对整体经济的影响。只要信息充分，其他经济主体就会针对"不轨者"的行为做出最好的反应。这样一来，由于"不轨者"的不规则行为，其他经济主体的行为将偏离原来的帕累托最优。显然，次优理论针对不可改变的外部扭曲条件，承认这些客观存在的扭曲条件，将这些扭曲看作一个约束条件，然后再求最优解。

利普赛和兰卡斯特认为，有关次优问题的一般理论表明，如果在一般均衡体系中引入一个约束条件，该条件又使得一个帕累托状态无法实现，那么，其他的帕累托条件尽管是可行的，但一般而言，也不再是必要的。换句话说，给定一个帕累托最优条件不能满足，那么，最优状态只能靠偏离其他帕累托条件来得到。由于扭曲因素不同，次优理论的最优解的条件与帕累托最优解的条件不同。帕累托最优解的条件就是完全竞争的均衡点，而次优理论的最优解的条件中，许多不再是帕累托状态。假设有 K 个经济部门，当它们达到帕累托最优时满足 N 个条件。如果其中有一个部门由于外部环境的影响偏离了最优条件，为了实现目标函数最大化（即达到次优值），那么其他 K-1 个部门中，有许多也要偏离最优条件。

次优理论表明，在不可改变的扭曲因素的影响下，如果有充分的信息且执行成本很小，那么将这些扭曲因素加以考虑，就会得到在扭曲约束条件下的最大值解（即次优解）。但是，由于信息的不充分性以及经济产品之间替代和互补的复杂性，我们不可能找到次优条件对应的次优解，从而福利经济学寻找社会福利最大化的目标只是一个空想。[1]

显然，"阿罗不可能定理"和"次优理论"对新福利经济学的打击是致命的。在整个五六十年代里，福利经济学陷入了"福利经济学无用"的悲观主义困境之中。

四、阿马蒂亚·森对福利经济学的新发展及其伦理关怀

西方福利经济学在经过了 20 世纪五六十年代的徘徊时期之后，从 20 世纪 70 年代开始进入了一个大的发展时期。这一时期以阿马蒂亚·森的重要研究成果

---

[1] 吴汉洪.次优理论述评.学术论坛，2002(1).

为起始标志，西方福利经济学家们重新对古老的社会选择问题进行深入的研究，并试图寻找避免悲观的不可能性结论的方法。经济学家有两种可行的理论选择：一是用某些可供选择的条件来放松"阿罗不可能定理"和"次优理论"的前提条件，探索绕过这两大理论的途径；二是否定这两大理论所批驳的新福利经济学的基石——序数效用论，重建福利经济学的价值基础。

20世纪70年代，阿马蒂亚·森等人的研究成果揭示了导致不可能性结论的原因，即阿罗不可能性定理只适用于投票式的集体选择规则，该规则无法揭示出有关人际间效用比较的信息，而阿罗式的社会福利函数实际上排除了其他类型的集体选择规则，因而不可能性的结果是必然的。森认为，采用序数效用的新福利经济学存在着不可克服的缺陷，阿罗不可能性定理揭示了这种缺陷：在缺乏其他信息的情况下，只使用序数效用提供的信息进行社会排序是不可能的，因为序数效用无法提供相对充分的人际间效果比较方面的信息；而使用基数效用却可获得人际间比较方面的充分信息，从而可以得出一定的社会排序。

一些西方学者认为，阿马蒂亚·森的研究导致了"福利经济学议题的转变"。阿马蒂亚·森批判了个人与社会福利水平的是否提高可以通过一揽子生产和消费的商品量来衡量的"福利主义"思想，认为这是福利主义狭隘性的表现。因为，不可能获得对于个人福利的完全信息，如果仅仅只是通过对收入和财富的比较来进行分析，不可能对社会福利做出准确的判断；另外，福利主义价值免谈的原则也对可以运用的信息施加了种种限制，使得诸如压迫、剥削等一些非经济事件没有被考虑，而往往这些事件的影响对福利水平的判断影响很大。由于这样的原因，福利经济学的信息基础相当薄弱，使得对社会福利的判断往往会出现许多错误。因此，福利经济学应该摆脱福利主义的狭隘思想，引入基本价值判断，根据道德和政治等多种因素来评价福利水平的高低及其变化。唯有如此，经济福利上的提升才能被认为是社会福利的增加。

为了比较特定国家分配状况的变化，必须有一些测定福利或收入差距的指标。阿马蒂亚·森提出了"能力"中心观以取代幸福的效用观：个人的幸福是他所能做的各种事情的函数。这样，社会福利水平的提高来自个人能力的培养和个人能力的提高。由于个人满足感具有可量度性和可比较性，在信息充分的条件下它是可以扩展为合理的社会福利函数的范围的，因而社会选择与社会福利之间存在着密切关系，社会选择就是把个人利益、个人判断或个人福利汇总为社会利益、社会判断或社会福利的某种整合概念。他认为经济学不应只研究总产出、总收入，而应关注人的权利和能力的提高。他特别注意到，确切地说不是商品创造了福利，而是形成对商品需求的活动创造了福利。按照这种观点，收入创造了"能力"，所以收入是重要的。但这种能力还依赖于健康之类的许多其他因素，所以测量福利时应该考虑这些因素。森提出，所有构造完善的伦理准则都预先假定人在某个方面是平等的，但人与人之间利用平等机会的能力是不同的，所以分配问题不可能完全解决。在某些方面平等只能意味着在另一方面不平等。在哪些方面我们提倡平等，在哪些方面我们接受不平等，这依赖于我们如何评价福利的不同方面。森认为个人能力构成我们追求平等的主要方面。

森的研究实际上说明，新福利经济学取代旧福利经济学的功过需要重新认识和评价。向效用主义和基数效用理论的回归趋势则是这一时期的主流。西方福利经济学越来越多地借用伦理学的研究成果，对于效用以外的福利问题，例如个人权利、自由、平等、正义等进行研究。福利经济学的伦理学传统被进一步继承和发展。

第四章 公平与效率
——福利经济学的价值冲突

公平与效率是现代经济学和经济伦理学的重要论题，也是福利经济学中的重大问题，贯穿福利经济学研究的始终，从某种意义上讲，福利经济学就是研究如何在效率与公平之间进行权衡的一门学问。效率与公平的最优组合既是福利经济学所追求的基本社会目标，也是它的基本政策目标。从这个角度也可以说，福利经济学也可以理解为研究一个国家如何实现效率与公平，以及在这二者之间如何进行权衡选择的一门学科。

第一节 公平与效率关系理论

一、公平和效率的内涵

1. 公平的含义

公平是人们从古至今一直在讨论的问题。对于公平，学者们从经济学、政治学、法学、伦理学以及社会学等各个角度都有不同探讨。"公平"在英文中有两个单词：Justice 和 Equity，前者词义为"正义、正当、公正、公平、合理"等；后者词义为"同等、平等、均等、公平、公正"等。通常，在西方经济学理论的许多文献中，对公平、平等和正义等问题的研究并不做仔细的划分。一般来说，公平并不是个纯经济学概念，因为对公平问题的不同解释都涉及价值判断，因此它也就更具有了伦理学的意义。

从经济学的角度来考察，公平的含义主要有几个层次：

一是起点公平，是指机会均等，物质起点的均等配置，社会公共资源的均等提供，竞争者大体站在同一起跑线上。罗纳德·德沃金(Fonald Dworkin)在其资源均等主义的理论中提出这个概念，其基本观点是，公平是指机会均等的状态。此外，世界银行《2006 年世界发展报告》也指出，公平不等于收入的平等，不等于健康状况的平等，也不等于其他任何具体结果的平等，而是对一种机会均等状况的探求，公平就是机会均等。

二是过程公平，是指平等对待所有人的个人权利的行为规则，主张严格按照规章制度办事，法律、制度面前人人平等，暗箱操作、权钱交易、寻租和弄虚作假则是过程不公平的表现。罗尔斯关于正义的基本权力原则强调，每个人对其他人所拥有的最广泛的基本自由体系相容的类似自由体系都应有一种平等的权利。法律、制度面前人人平等意味着法律、制度不承认与具体个人的某种社会地位有关的差别。

三是结果公平，是指社会财富和收入上的平等，也就是指社会财富和收入的公平分配。用结果公平来表示分配的公平含义并不明确，比如，就收入分配而言，公平是指收入的均等还是收入差距的合理？就财产分配而言，公平是指财产的均等还是个人之间财产差距的适度？这些都是有争论的。

公平在现代经济学中属于规范经济学的范畴，作为一种价值判断，有着很强的主观性和难调和性。在经济学领域，由于对公平的价值判断不同，形成了多种公平理论。

(1) 功利主义者的效用公平理论。他们把经济福利即总效用作为公平的标准，认为财富分配越平均，福利越大。因为在边际效用递减的前提下，如果所有人的效用函数相同，则国民收入由富人向穷人转移，可以增进社会总效用。

(2) 罗尔斯的公平正义理论。他把"自由原则"和"差别原则"作为公平的标准，认为每个人对最广泛的基本自由应当有同样的权利，同时对境况最差的人群赋予优先地位。

(3) 诺齐克的权利公平（持有正义）理论。他把权利的行使和对权利的尊重作为公平的标准，提出了"不可侵犯的权利"观点，该理论不是从结果的角度而是从程序或形式的角度评价分配公平。

(4) 森的可行能力公平理论。他把能力作为衡量公平的标准，认为以效用和基本商品的满足来判断福利是有缺陷的，因为人的主观愿望与需求具有历史适应性，越是贫穷的人越容易满足。在分析社会公平时，我们应主要考虑一个人是否具备充分的自由去选择他认为有价值的生活的能力，公平应该是可行能力上的公平。

2. 效率的含义

效率是经济学研究的中心议题。关于效率的定义，西方学者的观点较为一致，效率是资源配置效率的简称，即效率是指资源的有效使用与有效配置。效率最早是意大利经济学家帕累托于1906年出版的《政治经济学教程》中提出的，所以效率也就是指帕累托效率或帕累托最优状态。

帕累托效率是指这样一种资源配置状态：在不损害任何一个社会成员境况的前提下，重新配置资源已经不可能使任何一个社会成员的境况变好，或者说，要改善任何一个社会成员的境况，必定要损害其他社会成员的境况。在这种状态下，一个社会的资源配置达到了最大效率，但这并不意味着收入分配是公平的。如果一个经济没有达到帕累托效率状态，那么这个经济体制中存在着一些无效率状态。当产出可以分割时，从理论上讲，帕累托改进将会使得每一个人的境况改善。帕累托效率是建立在以下两个前提之上：第一，一个社会的生产技术和消费者的偏好函数是既定的；第二，一个社会的收入分配状况不变。显然，生产技术、消费者偏好和收入分配的改变会使得资源最优配置的状态相应发生改变。帕累托效率是建设在完全竞争的条件下的，没有考虑垄断、公共物品、外部性和信息不对称等情况。

3.公平与效率的对立关系

公平与效率的关系是西方经济学界探讨的一个领域，是人类社会从古至今未能解决的一个两难命题。公平属于人与人之间的关系的范畴，衡量的标准会随着生产关系的变化而发生变化；效率属于人与自然之间的关系的范畴，衡量标准会随着生产力的变化而发生变化，因此二者之间的区别是显著的。

以西方经济学的观点看，公平和效率这两个政策目标是相互抵触和矛盾的，公平是指社会成员的收入均等化，效率是指资源的有效配置。因为在市场经济条件下，市场起的作用越大，经济效率就会越高，社会成员收入差距就会拉大，难以实现平等。反之，政府干预的作用越大，市场作用越小，收入的分配越平均，经济效率就会越低，无法实现资源的有效配置。因此，实现收入均等化，就会牺牲效率，要提高效率，就会牺牲公平，公平与效率的关系是一个此消彼长的关系。对此，西方经济学界就公平与效率先后次序的关系问题，大致有三种主要观点：

（1）效率优先论。经济自由主义各流派，都强调市场机制在经济增长中配置资源的重要性，把与市场作用相联系的效率作为优先的政策目标，反对政府行政干预再分配的以收入均等化为内容的结果均等，认为这是对社会经济发展的最大损害。

（2）公平优先论。国家干预学派都将公平作为优先考虑的政策目标，他们认为，公平是一种"天赋权利"，效率不仅不代表公平，而且是来自不公平，如果听任市场机制发挥作用，收入就不可能公平分配，因此，应在政府的干预下缩小市场机制调节的范围，推行社会福利事业。

(3) 公平与效率协调论。以美国经济学家阿瑟·奥肯为代表，这种观点认为，公平与效率两个政策目标同等重要，必须兼顾，即如何以最小的不平等获取最大的效率，或以最小的效率损失获得最大的公平，认为公平与效率之间虽然有矛盾，但二者相互妥协是可能的，社会只能在公平与效率、收入平等与机会均等之间达成妥协，即他所认为的"困难的折中"①。

二、福利经济学关于公平与效率关系的基本观点

在福利经济学理论中，收入均等化意味着"公平"，资源有效配置意味着"效率"。福利经济学既要探讨公平问题，又要解决效率问题。公平和效率同时成为福利经济学理论的政策目标。从福利经济学的发展历史看，福利经济学一直是围绕着公平和效率两大主题展开论战。

1. 旧福利经济学既注重效率，又注重公平分配

庇古的旧福利经济学思想一方面强调国民收入增长的效率原则，另一方面也强调公平分配，主张政府可以对市场失灵进行矫正。为了实现福利最大化的目标，解决社会贫困问题，庇古提出了两个基本命题：国民收入总量越大，社会经济福利就越大；国民收入分配越是均等化，社会经济福利也就越大。前者可以看作效率问题，而后者可以看作公平问题。在庇古看来，个人的经济福利是由效用组成的，所有个体的效用总和构成了全社会的经济福利。效用可以计量，不同个体之间的效用可以进行比较。对个体来说，货币收入越多，其边际效用就越小。所以，国民收入分配的均等化有利于社会经济福利的增加。庇古以一元钱对于穷人和富人的不同意义为例来说明这个论点：根据边际效用递减的规律，一英镑对于穷人的边际效用明显大于富人。同样增加一英镑的收入，对于富人微不足道，对于穷人却意义重大。如果将钱从富人手中转移到穷人手中，就会增加效用总和，从而增加社会经济福利。所以，社会贫困问题的原因在于国民收入分配不均，财富应当不断地从富人那里流向穷人，直到边际效用相等为止，这时的社会福利是最大化的。庇古的这一思想可以说是从经济学的角度论证了公平所具有的社会价值。与此同时，庇古指出，尽管收入均等化可以增加效用总量，但是要彻底解决贫困问题，就必须将社会资源进行最优配置以增加国民收入总量。庇古区

---

① 阿瑟·奥肯.公平与效率:重大抉择.译者序言.刘东译.成都:四川人民出版社,1988.5.

分了"边际社会纯产值"和"边际私人纯产值"这两个概念，认为二者相等是达到最优配置的重要条件。这两者之间的关系在一定意义上就是个人收益与社会收益之间的关系。个人收益与社会收益之间经常存在矛盾，会出现个人收益大于社会收益或相反的情形。前者如一些具有环境污染性质的企业，在企业生产获利的同时却由社会承担环境污染的成本；后者如在郊区建立一所大学促进了周边的文化和商业发展，这类情况在经济学中被称为外部性。庇古认为只有个人收益等于社会收益时，资源的配置才是最优的。从他的理论中，我们可以推出：缺乏公平的效率不可能达到人类的最大福利，仅有个人福利而没有社会福利的配置是无效率的，只有社会福利才是评价效率的最终因素。

在庇古以前的经济学家，大多认为机会均等就是公平观点。早在亚当·斯密的"看不见的手"的概念中，每个人追求自己利益的过程中都会有效地增进社会的利益。穆勒更是明确提出了机会和起点均等的经济公平观，他认为："我们必须假定，每个成年男子或妇女都能自由使用和发挥其体力和脑力；生产手段——土地和工具在他们之间公平地分配，这样，就外界条件而言，任何人都处于同一起跑线上。也可以设想，在原先分配时就对自然的损害给予了补偿，并让身体虚弱的社会成员在分配上占些便宜，以取得平衡。但是，这种分配一经实施，就再也不会受干预；各人要靠自己的努力和一般机缘来利用其所分配到的物品。"①这种经济公平观对于破除封建特权思想，保障每个人都有机会依靠自身的努力和运气在市场竞争取得成就，对于促使整个社会经济的发展确实发挥了巨大作用。但是随着社会的不断进步，人们的思想也越来越开明，这种只顾机会均等而不顾结果公平的观点只会使得富人与穷人之间的矛盾越来越深，贫富差距越来越大，必然导致阶级矛盾越来越激烈。正如庇古所认为的产业纠纷只会导致整个"蛋糕"越来越小。因此在市场经济促使社会财富有了巨大增加以后，若继续容忍绝对贫困的现象存在不仅有悖于人类社会的基本道德，而且还会严重制约社会生产力的解放。庇古以"收入分配愈平均，福利愈大"为前提，提出了一系列从富人手中转移收入到穷人手中的政策建议，表明他在承认机会和起点公平的传统公平观的基础上，更进一步提出还必须兼顾结果的公平，这无疑是重大的道德进步。

2.新福利经济学坚持效率导向，忽视分配

20世纪30年代，罗宾斯率先批判旧福利经济学的思想，认为人与人之间的

---

① 约·穆勒.政治经济学原理.上卷.北京:商务印书馆,1991.229.

效用既不可以衡量也不可能比较，庇古所谓的效用比较只是表达了人的某种道德情感或态度，没有任何实质意义。卡尔多等人支持这一观点，指出既然个人之间的效用无法进行比较，那么富人和穷人由不同收入所获得的效用和快乐也是无法比较的，因此庇古的收入均等化理论没有科学依据。更进一步，由于个人效用无法比较，对于不同的收入，个人的判断标准不一样，所以根本无法得出为所有人都接受的合乎道德的收入分配准则。这样一来，他们就把与价值判断相关的收入分配问题从福利经济学中清除出去了。由于这些原因，他们最终选择了只关注效率而不涉及公平的帕累托最优作为衡量福利的准则。在勒纳等人看来，如果一种变革使一个人的福利有所增加，而且其他任何人的情况都没有恶化，它就是可取的。然而，在现实生活中，某种变革往往是在给某些人带来利益的同时，又会给另一部分人造成损失，这种损失是帕累托准则所反对的。为了解决这个问题，自卡尔多开始又提出了一种假想的补偿原则，即认为如果受益者在充分补偿受损者的损失后，状况仍能有所改善时，社会福利就改进了。但他们并非真的主张对受损者进行事实补偿，只是觉得如果效率提高了，所遭受的损失迟早会得到补偿。从质上看，无论是帕累托最优还是补偿原则都没有关注到社会贫困问题，也没有试图去解决这个问题。因为，根据帕累托准则，不管社会财富是否只集中在少数几个人手中，只要在社会经济福利增加的过程中，没有出现人的状况恶化就是合理的；而补偿原则认定，一项经济政策只要增加了国民收入总量，哪怕存在贫富两极分化，也增进了社会的经济福利。在这一点上，与旧福利经济学的收入均等化相比较，新福利经济学则是一种倒退。①

3. 社会福利函数重拾收入分配的经济福利命题

然而，公平与效率问题毕竟是经济学的永恒主题之一，一些福利经济学家也意识到，对福利问题的研究如果抛开收入分配根本就不可能得出有效的结论。李特尔就指出，关于分配的道德标准，特别是关于收入分配的价值判断，是福利经济学必须考虑的一个问题，如果不涉及这一方面，福利经济学就无法谈论什么是福利。为了弥补这一缺陷，伯格森和萨缪尔森在批判补偿原理的基础上，提出了"社会福利函数"理论。社会福利函数论不像补偿原则论者那样企图回避收入分配问题，更不像庇古那样主张均等分配或像李特尔那样把"较好的再分配作为福

---

① 陈燕.一种视角转换:福利经济学的伦理解读.哲学动态,2004(5).
② 厉以宁,吴易风,李毅.西方福利经济学述评.北京:商务印书馆,1984.112.

利标准"，而是强调收入分配问题应和其他问题一样，要由一定的道德标准去决定。补偿原则论以及庇古的福利经济学只是提出要为达到"较好的经济变革"提供福利标准和满足条件，而社会福利函数论则进一步要为达到"最大福利"提出道德标准和满足条件。②社会福利函数论把道德标准作为确定社会福利标准不可缺少的因素，强调公平问题应该和效率问题一样由一定的道德标准去解决。根据他们的理论，经济效率是最大福利的必要条件，而合理分配是最大福利的充分条件，只有公平与效率问题得到同时解决，社会福利才能达到最大化。

20世纪50年代，福利经济学一度由于经济学家阿罗的"不可能性定理"而陷入了"福利经济学无用"的悲观主义困境中。根据伯格森、萨缪尔森的"社会福利函数"理论，社会福利是由个人福利决定的，由个人的偏好次序就能推导出整个社会的偏好次序。这一理论被认为是在帕累托原则下合理地解决了个人福利与社会福利的冲突，也解决了公平与效率的矛盾。然而，阿罗的证明却从根本上动摇了福利经济学的基础。他指出，当社会所有成员的偏好为已知时，要想通过一定程序从个人偏好次序推导出社会的偏好和选择是不可能的。也就是说，个人福利与社会福利之间的冲突是必然的，从个人福利根本推导不出社会福利的最大化，也无法得到一个社会普遍同意的"公平"尺度或公共政策。阿罗不可能定理证明，既要公平又要效率是一种空想，公平和效率是对立的。

4.阿马蒂亚·森的可行能力平等理论的超越

针对阿罗不可能定理问题，阿马蒂亚·森认为，只需将阿罗定理的前提稍做修改，不可能性定理就变成了可能性定理，从个人偏好次序就可能得出社会福利偏好的结果。阿罗以投票为例，得出了"投票悖论"的结果，即不可能性定理。森指出，当所有参与投票的人都同意其中一项选择方案不是最佳的情形下，阿罗的"投票悖论"就可以解决。这一发现为福利经济学奠定了新的理论基础。

与许多福利经济学家的"价值中立"的主观倾向不同，阿马蒂亚·森侧重于对经济问题进行规范分析，并且常用道德范畴研究经济行为。森批判伯格森等人在社会福利函数理论中将社会福利仅仅看成是由个人福利决定的结果，认为除了个人福利之外，还需要考虑到诸如不允许虐待、剥削等道德规范对福利的影响。森还将视线投入社会底层，对一直被主流经济学忽视的贫困和饥荒等问题进行了研究。他认为经济学不应局限于单纯地研究收入和产出，应该更多地关注人的权利和能力，关注保障人类最基本生活的一些条件，让更多人拥有食品、住房，能够接受基础教育和健康医疗等。由于他长期研究发展中国家的贫困和不平等问题，其学说被誉为"经济学的良心"。森在对收入平等、功利主义平等和罗尔斯的"基本善"平等3种平等观进行批判的基础上，提出了"可行能力"平等的观点。森沿着罗尔斯的思路，将其正义论具体化，使之具有可操作性，提出能力平等论，并致力于用定量方法对贫困和公平进行测量和评价。为此他提出了"森不平等指数"，为测量经济分配不平等提供了与现实较为一致的有效方法。

三、当代西方公平与效率理论的论争

20世纪60年代以来，随着凯恩斯宏观经济理论的逐渐失效，人们对国家干预市场经济的理论持怀疑态度，尤其是70年代以"滞胀"为特征的经济危机，使凯恩斯的国家干预经济政策成为众矢之的。第二次世界大战后始于英国的基于高税收的"高福利"被认为导致了经济上的低效率。因为它降低了人们的工作、储蓄和投资的动机；充分就业政策减少了私营部门的劳动力供应；国有化使服务垄断，缺少竞争，而全民福利摧毁了个人自我照顾能力，增强了个人的依赖性。

20世纪70年代初，约翰·罗尔斯向古典功利主义提出挑战，引发了关于自由与平等优先问题的当代论争。罗尔斯强调平等的优先性，这一主张遭到了诺齐克为代表的右翼自由主义的强烈反对和批评，他们要求在社会经济领域要彻底贯彻自由的原则，反对推行人为的平等，强调自由的优先性。而以亚瑟·奥肯为首的公平效率协调论则提出了公平与效率的调和观点。

第二节　公平的优先性——罗尔斯分配正义理论

福利经济学的公平效率观深受古典功利主义的影响，自边沁一直到约翰·穆勒的古典伦理学理论，主要包括自利选择原则和最大幸福原则。功利主义认为追求幸福是出自人的天性，幸福就是追求快乐和避免痛苦，每一个理性人的目的就是为自己谋求最大的幸福，而社会是由个人组成的，作为一个假想的团体，社会的幸福是个人幸福的总和。功利主义在西方近代伦理学和哲学中占有相当重要的地位，对社会经济原则、政治原则、道德伦理都做了许多独到而深刻的论述，是近代以来西方政治、经济社会的主流思想。福利经济学的公平效率理论受到古典功利主义功利原则的深刻影响，以个人心理满足程度为基础，以效用为标准，实质上是一种"效率正义"论。然而，在功利主义的效用计算中很难解决公平分配问题。罗尔斯认为，许多针对功利主义的批评意见常常站在一种比功利主义狭窄

得多的立场上，并没有形成一种能与之抗衡的道德观①。为此，罗尔斯试图提出一种优于功利主义的替代理论，这就是"作为公平的正义"理论。这个正义论主要包括两大正义原则：第一个原则，最大的自由平等原则或自由优先原则，"每个人对与其他人所拥有的最广泛的基本自由体系相容的类似自由体系都应有一种平等的权利"②；第二个原则：差别原则和机会公平平等原则，"社会的和经济的不平等应这样安排，使它们①被合理地期望适合于每一个人的利益；并且②依系于地位和职务向所有人开放。"③这两个正义原则中，罗尔斯认为，第一个正义原则已经实现了，即，人们已经平等地享有其基本自由。第二个正义原则能否实现关键在于差别原则。在一定意义上，罗尔斯的差别原则可视为经济学规范基础的重新发现。罗尔斯提出，公平原则是比效用原则更基本的原则，可以运用差别原则实现对效率原则的超越。这是罗尔斯公平正义理论的核心论点之一。

一、罗尔斯分配正义思想的形成背景

时代背景。罗尔斯正义理论雏形形成于 20 世纪 60 年代正处于四面危机的美国，对外美国被古巴导弹危机、越南战争所困扰；对内社会发展停滞不前、资本主义经济危机夹杂着各类大规模运动，这些都使得人们对当时美国政府及其制度产生了严重质疑。社会正义、人权、资源分配及贫富差距，也就成为层出不穷的各类运动最关心的政治议题。在这种时代背景下，罗尔斯看到了社会问题的症结：财富分配严重不均、政治在受到财富影响的同时也被"富人"主导等，造成这些问题的原因也大都在生活机会或者说生活资源的分配上失去了公平，导致不利于社会稳定的事件频发。而罗尔斯正义论中所探讨的权利的平等自由、机会的平等享有、对弱势群体的有差别对待等热点问题，正好以一种全新的理论模式提出了对这些社会问题的解决方法。

理论背景。罗尔斯的正义理论混合了当时在伦理学理论研究中盛行的功利主义和直觉主义。功利主义在对一国经济发展的刺激上是具有相当的吸引力的。它把最大多数人的最大幸福看成道德和立法的最高和唯一依据，分配的正义标准也是看它能否增加幸福的总量，也就是如果一种分配虽然不公平，甚或侵犯了一部

---

① 罗尔斯.正义论.何怀宏，何包钢，廖申白 译. 北京:中国社会科学出版社,1988.1-2.
② 罗尔斯.正义论.何怀宏，何包钢，廖申白 译. 北京:中国社会科学出版社,1988.60-61.
③ 罗尔斯.正义论.何怀宏，何包钢，廖申白 译. 北京:中国社会科学出版社,1988.61.

分人的利益，但只要它能够增加社会总功利，那么就是可取的。而直觉主义则是在肯定直觉、肯定人不仅仅是快乐的追求者之下强调权利任意侵犯的不容许。罗尔斯的正义理论就是在对两家理论加以扬弃的基础上构建的。可以说，罗尔斯正义理论的形成过程就是他用经自己修正了的社会契约论来替代功利主义的过程。罗尔斯在其《正义论》一开始就很明确地说，"我一直试图做的就是要进一步概括洛克、卢梭和康德所代表的传统的社会契约理论，使之上升到一种更高的抽象水平。借此，我希望能把这种理论发展得能经受住那些常常被认为对它是致命的明显攻击。"①他还说，"我相信，在各种传统的观点中，正是这种契约论的观点最接近于我们所考虑的正义判断，并构成一个民主社会的最恰当的道德基础。"②由此可见，近代社会契约论是其分配思想的一个重要理论基础。

二、罗尔斯对功利主义的批判

罗尔斯在《正义论》中针对的功利主义的主旨是"如果一个社会的主要制度被安排得能够达到总计所有属于它的个人而形成的满足的最大净余额，那么这个社会就是被正确的组织的，因而也是正义的"③。在罗尔斯看来，功利主义的分配观最突出的特征是：将产生最大满足的分配作为正确的分配，而对怎样分配不断增长的利益总额的问题总是抱着冷淡的态度，从而容忍有较大的不平等。对此，罗尔斯主要从以下三个方面对功利主义展开了全面而深刻的批判。

1.功利主义将社会福利总量增长置于优先地位，而忽视了社会的公平问题

罗尔斯在《正义论》中提到："功利主义的突出特征是：它直接涉及一个人怎样在不同的时间里分配他的满足，但除此之外，就不再关心（除了间接的）满足的总量怎样在个人之间进行分配。"④也就是说，在功利主义者眼里，不管在任何社会环境下，只要能最大限度地满足人的理性欲望，那么它就能促成社会合作。这在资本主义发展的初期，对新兴资产阶级进行扩大活动范围的举动十分有利，并且也促进了资本主义生产力发展，但我们不能忽略，这些最终导致了社会贫富差距的拉大，造成了社会的不稳定。罗尔斯对此进行了批评：功利主义单纯

---

①② 罗尔斯.正义论.何怀宏,何包钢,廖申白 译.北京:中国社会科学出版社,1988.2.
③ 罗尔斯.正义论.何怀宏,何包钢,廖申白 译.北京:中国社会科学出版社,1988.22.
④ 罗尔斯.正义论.何怀宏,何包钢,廖申白 译.北京:中国社会科学出版社,1988.25.

的关注于总的社会福利的增长，而并不关注总福利在个人中间如何分配，换句话说就是，功利主义只注重如何将蛋糕做大而没有考虑如何公平地分配蛋糕。在社会生活中，社会成员分配到的权力、义务、财富等，都是在实现最大净余额的前提下得到的。罗尔斯指出："这样，在原则上就没有理由否认可用一些人的较大得益补偿另一些人的较少损失，或更严重些，这难于说为了使很多人分享较大利益而剥夺少数人的自由不是正当的。"[1]罗尔斯强调，基于正义的前提下，社会中的每个人都拥有不可侵犯的权力，在这里的不可侵犯性，即使在拿别人的福利做借口时也是适用的，也可以表述为，"正义否认使一些人享有较大份额的善而剥夺另一些人的自由是正当的，把不同的人当作一个人来计算他们的得失的方式是被排除的。"[2]也即是社会成员平等自由的权利比之于社会福利总量的增长具有优先性，这个观点正是罗尔斯公平的正义理论建立的理论前提。

在罗尔斯看来，功利主义认为行为是非对错的唯一标准在于它是否最大限度地增加了善，在这种情形下，很容易出现为追求更大的总体利益而侵犯个人利益，这是功利主义的致命伤，也是罗尔斯所要拒绝的核心内容。依照罗尔斯的理论观点，他把社会当作一种合作体系，把社会制度当作一种分配结构和体制，负责对社会合作过程中所产生的利益进行公正合理的分配，并以此为出发点，提出了作为公平的正义理论的一些看法：人们在参与社会合作的过程中，在考虑是否选择正义原则作为社会基本制度的指导原则时，都会重视在这种理论指导下的善与利益是如何分配的。但功利主义理论对此并不关注，所以，人们从理性出发，是不会把功利主义作为指导社会分配的首要原则的。

2. 功利主义主张善对正当的优先性

西方伦理学上有两个重要的概念，一是正当（right），一是善（good）。功利主义在伦理学上属于目的论，在它看来，所谓的善是指对社会来说最大的功利，具有相当重要的意义。它"把善定义为独立于正当的东西，然后再把正当定义为增加善的东西"[3]，换句话说，也就是功利主义认为，善是可以独立存在的，不需要与正当结合起来加以判断，更不需要把正当当作参照物来判定某一事物或行为是否为善。而正当在功利主义看来虽然只是增加善的工具，但其在本质上仍具有功利的性质。更详细的阐述如下："这样一些制度和行为是正当的：他们是能

① 罗尔斯.正义论.何怀宏,何包钢,廖申白 译. 北京:中国社会科学出版社,1988. 26.
② 罗尔斯.正义论.何怀宏,何包钢,廖申白 译. 北京:中国社会科学出版社,1988. 27.
③ 罗尔斯.正义论.何怀宏,何包钢,廖申白 译. 北京:中国社会科学出版社,1988. 24.

产生最大善的可选择对象，或至少能像其他可行的制度和行为一样产生同样大的善"。①

在解决善与正当的关系上，罗尔斯指出，功利主义者的观点存在着很多问题，综合说来，主要有以下几个方面：第一，在理论分类上，功利主义属于目的论，在它看来，人们行使某种行为都是为着某一目的，寻求某种结果，在做某一具体行为之前，人们会首先确定一种终极的善，并以这种善来督促、鞭策所要实施的行为，同时，以此作为判定行为是否正当的标准。按照这些，功利主义的思路是：首先把功利作为最高的善，同时，又把正当作为增加善的工具。从这里，我们可以看出，在功利主义者眼里，善比正当优先，正当以善为标准来确定，这就说明，在善与正当的关系中，善是主导者，而正当是否为善则由善来确定。所以，善具有优先性有一个基本前提，那就是，需要有一个大家都认同的善。但是在现代社会中，关于善的看法已经开始多元化，在这种情况下，个人在其理论的支配下所选择的善也是不同的，这样，善具有多元化和不确定性等特点。如果一个社会将此类不确定的善作为制定以及调整基本制度的准则，那么这个社会也带有不确定的色彩。同时，功利主义又认为既然善优先，那就需要考虑所有的善，这样一来，将会引起诸多的问题，整个社会也将更加复杂和混乱。第二，功利主义将善设为优先的地位，这将会导致"使一个人无须参照任何所谓正当来判断事物的善"，从而导致人们实施各项行为以及对待事物的看法不以正当作为评价标准。然而，这样就不符合道德要求了，因为我们一般性的道德往往认为，只有正当才是判定行为或事物是否为善，是否能成为维护公平正义的标准。事实上，任何一种侵害权利或自由的行为都属于非善。第三，作为一种目的论，功利主义首先否定了正当是最大的善。罗尔斯曾说道："如果快乐被认为是唯一的善，那么对快乐的价值的承认和排列就不需要再根据任何正当标准了。"但同时，"如果对各种善的分配也被看作是一种善，也许还是更高层次的善，这一理论就指示我们去创造更大的善（包括在他人中分配的善），它就不再是一种古典意义上的目的论观点了"。按照罗尔斯的说法，功利主义认为正当是一种善，它是独立存在的，且不依赖于任何标准，那么功利主义的道德标准就不仅仅是"最大多数人的最大幸福"，同时也包含了能够享有正当或权利。在这种情况下，功利主义的道德判断就发生了改变，偏离了目的论的轨道，因为古典功利主义的道德判断只有

---

① 罗尔斯.正义论.何怀宏，何包钢，廖申白 译.北京：中国社会科学出版社，1988.24.

一个标准——最大多数人的最大幸福，所以说，在解决正当与善的关系上，功利主义的思路是错误的。

3. 功利主义个人选择原则的扩大化

在功利主义者看来，人们在追求各自利益的过程中，都会不由自主地以自己得到的来比较自己失去的，在这样一种情况下，人们就会放弃眼前一些较小的利益，来实现将来可能实现的较大利益，"正像一个人的幸福是由在不同时刻体验到的，构成个人生活一系列满足形成的，社会也是由属于它的许多个人的欲望体系的满足构成的"。[①]也就是说，作为由许多个人幸福的满足构成的社会也会像个人一样，以其将来可能实现的最大利益来衡量社会成员欲望的满足，从而推进社会全员的幸福。这种推理乍一看有一定的道理：既然一个人能恰当地牺牲眼前的小利而追求大利，并且这种行为是正当的，那么"一个社会，当它的制度最大限度地增加满足的净余额时，这个社会就是安排恰当的"，[②]这个社会也就是正义的。罗尔斯指出，功利主义原则把一个社会的调节原则简单地看成是个人选择原则的扩大的观点是错误的。

首先，社会的存在是个问题。功利主义在其理论中提出了一个"公平观察者"的概念，功利主义把社会想象为一个"公平观察者"，这个"公平观察者"被看成是"把所有人的欲望组织成一种和谐一致的欲望体系"[③]，同时，它又通过这种组织把社会成员当作一个人，而在这里的"公平观察者"被认为是一个理性且富有同情心的人，它能对每个人的欲望的满足做出恰如其分的判断，然后将其归入善的总额的计算中来，由立法者通过调整社会制度来达到善总额的最大增量。而罗尔斯认为这种理解是不对的，因为功利主义忽视了每类事物都有其自身的特性，没有把这类事物与其他事务区分开来。然而，任何一种事物的调节原则是否正确完全取决于这种事物自身的特性。罗尔斯不认为存在一个"社会本体"，所谓社会的整体利益也是人们想象出来的。换句话说社会只是个虚构的概念，现实生活中只存在各个个别的、分离的人。与此相关，个人的权力和利益才是最真实的、基本的方面。

其次，个人选择和社会选择是有差别的。第一，它们选择的内容不同。社会选择是社会成员在进行个人选择之前，对其选择进行调节或指导的原则或基础，

①② 罗尔斯.正义论.何怀宏,何包钢,廖申白 译. 北京:中国社会科学出版社,1988. 23.

③ 罗尔斯.正义论.何怀宏,何包钢,廖申白 译. 北京:中国社会科学出版社,1988. 26.

而个人选择则是在社会选择指导下对自己生活方式以及活动形式的具体选择。换言之，社会选择是一般性选择，它是个人进行选择时的一般标准，是一种抽象性选择，而个人选择则是具体的、现实的选择，这种选择是对他们个人认为是善的东西的选择。由此可见，社会选择和个人选择是一般与个别、共性与个性的关系。第二，个人选择是现实中人们所作出的具体选择。而按照罗尔斯的理解，社会选择不应该是实际发生的具体选择，而应该是人们在理性的指导下所作出的最初选择决定。当然，这种选择也需要理性的设计来进一步解释说明。第三，个人选择和社会选择对其最初环境选择也是不同的。因为，只有当实施选择的人对自己的个人信息，包括地位、背景、欲求以及善观念处于"无知"的境地情况下，他才能作出理性的选择，也就是说，只有选择者处于"无知之幕"下，这样的选择才能称为是公平的。而相比之下，个人选择往往又是在自己已经熟知个人信息的情况下所作出的具体选择。第四，既然个人选择与社会选择的环境不同，那么作为选择者所考虑的问题也是不同的。在进行社会选择时，选择者会考虑他和他的后人如果生活在一种基本社会制度下，那么要采取何种正义原则来调整这个制度，因为他对其个人信息一无所知，所以他就会把自己置于一种最不利的地位。只有把自己列入最不利者的地位，他才能在任何情况下都能保证其基本权利不致丧失，其后人的生活起点也不会被损害。而个人选择则是不同的，在个人选择中，人们总是以其所得衡量其所失，用以实现最大的善，这是在其个人的善观念的指导下所作出的实际的、具体的选择。根据上述对个人选择和社会选择的剖析，罗尔斯认为"功利主义的这种个人利益合成社会利益总和的原则，实质上暗暗抽掉了正义所保障的个人权利而使之让位于对社会利益的计算。"①在罗尔斯看来，功利主义用个人衡量得失的原则去看待社会群体对善的总体追求，其严重后果是用一部分人的不满足来达到另一部分人的满足，或者说以牺牲一部分人的利益使另一部分享受，这就会造成社会严重不平等的存在。

可以说，罗尔斯对功利主义的批判过程，其实也是其理论建构不断完善的过程，正义理论在某种程度上来说，是对功利主义理论的修正和超越。

---

① 龚群.当代西方道义论与功利主义研究.北京：中国人民大学出版社,2002.120.

三、罗尔斯分配正义思想的主要内容

1. 社会基本结构是作为公平的正义的主题

"正义"在西方国家看来，是一种依据多程序和多分析而获得的价值。在该种语境下的"正义"是能够担当社会制度价值体系中的优先价值的价值。据考证，"正义"之"正"至少包括两层意思：亚里士多德等人认为正义是以公共利益为依托，公共利益应该被合理正确地安排，即"正"既涉及公共利益而又蕴含价值判断；"正义"之"义"，则有一种义务的含义，有"必须、肯定"的内容，所以，正义也是对公共利益的一种合理而必须、肯定的安排。或者说，是关于社会生活中好与坏在相关的社会成员中进行分配的问题。①在西方，从苏格拉底、柏拉图、亚里士多德开始，就在传达着正义等同于法律的价值判断。而近现代思想家们逐渐地将"正义"作为评价社会制度好与坏的价值标准。罗尔斯是第一个全面论述正义作为社会制度的首要德行的学者。他在对洛克、休谟、康德等人的正义思想进行分析、概括的基础上，提出了建立在传统的契约论基础上，但又不是一般的沿袭的"公平的正义"理论。

罗尔斯认为，作为公平的正义原则，其主题应该确定为社会的基本结构，"或更准确地说，是社会主要制度分配基本权利和义务，决定由社会合作产生的利益之划分的方式"。而"社会基本结构之所以是正义的主要问题，是因为它的影响十分深刻并自始至终"②。为了证明正义的价值是所有社会制度都应有的首要德行，在社会制度的制定中应该被优先考虑的价值，罗尔斯提出了社会合作的状态。罗尔斯认为，社会合作提出了分配是否正义的问题，从利益创造的角度讲，社会合作能够创造较独自生活更大的利益，所以"合作"为每一个社会成员所接受，但是合作中的每一个人都渴望较多的利益份额分配，这又有必要以正义原则来进行调节。因此，正义原则处理的是分享社会合作所带来的利益时的相互冲突的要求，它适用于个人或团体之间的关系，"是一种公平的协议或契约的结果"③。"一个社会体系的正义，本质上依赖于如何分配基本的权利义务，依赖于在社会的不同阶层中存在着的经济机会和社会条件。"④当一种公平的社会正义

---

① 贾可卿. 分配正义论纲. 北京：人民出版社，2010. 9.

② 罗尔斯. 正义论. 何怀宏，何包钢，廖申白 译. 北京：中国社会科学出版社，1988. 7.

③ 罗尔斯. 正义论. 何怀宏，何包钢，廖申白 译. 北京：中国社会科学出版社，1988. 12.

④ 罗尔斯. 正义论. 何怀宏，何包钢，廖申白 译. 北京：中国社会科学出版社，1988. 7.

被视作"为确定社会基本结构中的分配而提供的一个标准"时，"这个标准不可混淆于确定别的价值的原则，因为社会基本结构和一般的社会安排可能是有效率或无效率的、自由或不自由的等等，就像它们可能是正义的或不正义的一样。"① 这样，罗尔斯就把公平原则作为可以调节社会基本结构的正义原则。

2. 两大正义原则

罗尔斯的"作为公平的正义"理论是在平等的"原初状态"中，为所有社会成员所接受并一致通过的平等的契约。罗尔斯的两个正义原则是他正义理论的核心，是与社会基本结构紧密相连的，它们支配权利与义务的分派，调节社会和经济利益的分配。他的两个正义原则给我们勾画了关于社会基本结构的理想形态。

第一个原则被称为平等自由原则，它关系到确定和保障公民的基本自由，用罗尔斯本人的话说就是："公民的基本自由有政治上的自由（选举和被选举担任公职的权利）及言论和集会自由；良心的自由和思想的自由；个人的自由和保障个人财产的权利；依法不受任意逮捕和剥夺财产的自由。"② 这一原则是要求平等地分配基本的权力和自由。

第二个原则同时包含了差别原则和机会公平平等原则，这一原则关系到社会和经济的不平等，适用于"收入和财富的分配，以及对那些利用权力、责任方面的不相等或权利链条上的差距的组织机构的设计。虽然财富和收入的分配无法做到平等，但它必须合乎每个人的利益，同时，权力地位和领导性职务也必须是所有人都能进入的"③。这一原则认为社会和经济不平等，只要结果是能给每个人，尤其是那些最少受惠者的社会成员带来利益补偿，那么社会和经济的不平等就是正义的。

罗尔斯还为两个正义原则设置了"词典式的序列"，他认为，两个正义原则及第二个正义原则的两个部分之间是会产生冲突的。而这些冲突应该按照"词典式的序列"来处理。也就是说平等自由原则优先于机会公平平等原则和差别原则，而机会公平平等原则又优先于差别原则。

这两个正义原则存在着一些基本要义：

首先，罗尔斯认为最广泛的、最平等的自由对于每一个社会合作者必不可

---

① 罗尔斯.正义论.何怀宏,何包钢,廖申白 译.北京:中国社会科学出版社,1988.9.
② 罗尔斯.正义论.何怀宏,何包钢,廖申白 译.北京:中国社会科学出版社,1988.61.
③ 罗尔斯.正义论.何怀宏,何包钢,廖申白 译.北京:中国社会科学出版社,1988.61.

少。这里所称的自由是一些基本自由，是体系化的权利，而且在现实生活中这些基本自由之间是会产生冲突的，为了使全社会的合作者之间的基本自由达到一种"相容"的状态，每个人的基本自由必须被适当地予以限制，每个社会合作者才能真正地享有基本自由，不被约束的自由不是真正的自由。所以，可以说罗尔斯的正义原则保护的不仅是自由的权利，更是自由的"公平价值"。

其次，正义原则中的第二个原则是罗尔斯设计用于保障社会合作产生的有益品的平等分配权，即利益和财富的分配。虽然初看起来是在允许社会和经济中存在不平等，是个不平等原则，但是该原则本身没有否认允许不平等存在所需的严格条件。当然不是每一个社会有益品都是可以均等分配的，比如每个社会成员的机会、权力、职务和地位这些很难平等分配。因此，一方面，某些不平等是难以避免的，这与与生俱来的差别有关、与自然属性有关；另一方面，为了产生更大社会的效益，从有利于社会进步出发，也不能允许人与人之间的完全的平等。所以，在罗尔斯的正义原则中，在保证了机会公平并且符合受惠最小者也就是在社会中处于最不利地位者的最大利益的基础上，不平等允许存在于社会财富的分配领域中。

罗尔斯的正义理论将社会群体作为关注的对象，其两个正义原则所说的分配是由社会结构决定的分配，不同于把某些特定物分配给某个特定的人，也不是某特定人把某特定物分配给他认识的贫困者。在人们之间为了相互的利益而进行合作的社会中，根据什么标准来确定谁是受惠最少者，谁是最有利者，必然涉及群体之间的比较。所以，罗尔斯提出了"基本善"的概念，他认为，基本善是一个有理性的人无论如何都想要的东西。在这些每个社会合作者都渴望得到并且都认为越多越好的东西中，有些是自然的，有些是社会的，前者比如健康、智力、精力、体格等；后者诸如机会、权利、收入、财富等。"受惠最少者"就是那些对基本善（包括社会基本善和自然基本善)的期望最低的人。

在罗尔斯看来，正义意味着平等，所有的"社会基本善"原则上都应该平等分配，但是并非每一个"社会基本善"都可以平等分配，比如获得某个职位就是不能平等分配的。因此，那些首先能够平等分配的"社会基本善"都应该平等分配，由于自然的属性而不能平等分配的就应该按有利于每一个人，特别是有利于社会最不利者分配。所以正义的第一原则是平等分配的原则。第二个原则是不平等分配的原则。

3.公平原则超越效率原则的分配正义思想

(1) "仅仅效率原则本身不可能成为一种正义观"①。为福利经济学所推崇的效率原则能不能也作为调节社会结构的最基本的原则呢？罗尔斯的回答是否定的。罗尔斯把帕累托最优从特殊的经济结构转用于社会基本结构的分析，认为满足帕累托最优原则的曲线的各点都是效率点，各点之间谈不上谁优谁劣，它们之间不可能排列等级。即"由效率原则确定的次序只是局部的次序"②。效率原则"容许多种有效率的结构，每种有效的安排都比一些别的安排要好，但是，任何有效率的安排都不比另一个有效率的安排更好"③。因此，"效率原则本身并不能选择一种有效率的对特殊产品的分配方式。要在这些有效率的分配中挑选一个，需要采用其他的原则，比方说，一个正义的原则"④。如果运用帕累托最优来分析某种社会基本结构安排，发现没有别的可改善某些人的生活前景而不损害另一些人的前景的再安排方式，那么这种安排显然是有效率的。也就是说，如果我们跟着罗尔斯一起稍稍转换一下思路，把帕累托最优的应用范围扩大到整个社会体系，而不是仅仅局限于经济结构的话，那么，我们会发现在保有原来的效率水平的情况下，仍然存在帕累托改进的社会安排。这就是说，仅仅依靠帕累托效率原则仍然不能确定社会整体安排是否达到最优，这说明效率原则本身不能成为一个独立的正义原则。现在，要在众多有效率的社会基本结构的安排中进行选择，应该"找到一种正义观来选出一种有效率的同时也是正义的分配形式"。罗尔斯确信，"如果我们做到了这一点，我们将超越单纯的对效率的考虑，而且是以一种与它相容的方式超越的"⑤。显然，这是罗尔斯对在公平正义与经济效率之间进行伦理思考的逻辑起点。

(2) 作为公平的正义优先于效率，公平与效率之间不能替代。关于公平与效率之间的关系，是否允许社会由于经济需要而在公平和效率之间进行权衡，要求公平向效率让步呢？罗尔斯的回答是否定的。罗尔斯强调，"在作为公平的正义中，正义的原则是先于对效率的考虑的"⑥，代表正义的分配的效率点一般要比代表不正义的效率点更可取。所有的社会价值——自由和机会、收入和财富、自

① 罗尔斯.正义论.何怀宏,何包钢,廖申白 译.北京:中国社会科学出版社,1988.72.
② 罗尔斯.正义论.何怀宏,何包钢,廖申白 译.北京:中国社会科学出版社,1988.68.
③ 罗尔斯.正义论.何怀宏,何包钢,廖申白 译.北京:中国社会科学出版社,1988.70.
④ 罗尔斯.正义论.何怀宏,何包钢,廖申白 译.北京:中国社会科学出版社,1988.68.
⑤ 罗尔斯.正义论.何怀宏,何包钢,廖申白 译.北京:中国社会科学出版社,1988.71.
⑥ 罗尔斯.正义论.何怀宏,何包钢,廖申白 译.北京:中国社会科学出版社,1988.69.

尊的基础——是社会基本结构中要进行分配的"基本善"，这是"每个有理性的人都想要的东西。这些善不论一个人的合理生活计划是什么，一般对他都有用"①。对这些善，依据正义的第一原则，每一个人都有一种平等的权利。因此，正义原则不允许"人们所放弃的某些基本自由能从作为结果的社会经济收益中得到足够的补偿"，即基本自由和经济社会收益之间不能进行交换。②公平的正义否认一些人分享更大利益而剥夺另一些人的自由是正当的，不承认许多人享受的较大利益能绰绰有余地补偿强加于少数人的牺牲，也不认为所有有效率的社会安排具有同等的正义性。同时，由于公平的正义原则应用于社会基本结构和主要制度，而"社会和经济立法的积累效果就是对社会基本结构的详细说明"，从长远着眼，"一个经济体系不仅是一种满足目前的需要和欲求的制度手段，而且是一种创造和塑成新的需求的方法"③。因此，人类对经济制度的选择必然涉及某种人类善及其实现的制度安排，而这个选择的做出，不仅必须建立在经济基础上，而且必须建立在道德和政治基础上。这时，"对效率的考虑仅仅是决定的一个根据，且常常是较为微弱的一个根据"④。公平正义原则的自由优先权"表现了对各种基本社会善的一个根本的偏爱"，决定了"自由相对于社会经济利益的绝对重要性"⑤。显而易见，在罗尔斯的体系中，公平的正义原则是确定一种制度或一个社会结构正当性的基本规则或整体规则，而效率原则仅仅是为了某个特定目标而被使用的策略或准则。质言之，公平原则具有更基础的地位，而"效率原则在作为公平的正义中处于从属地位"⑥。二者之间不存在交换或替代。

（3）以差别原则超越效率原则。如前所述，效率原则本身并不能独立成为一个正义的原则，必须以某种别的原则对它加以补充或限制以消除其不确定性，必须找到一种正义观，以便能够据以选出一种有效率的同时也是正义的分配形式。罗尔斯认识到，在自然的自由体系和自由至上主义体系中，某些条件和某些背景制度已经限制了效率原则，如果这些条件和约束被满足，那么，根据效率原则进行的分配被认为是可以接受的，或者说被认为是正义的。自然的自由体系的条件

① 罗尔斯.正义论.何怀宏,何包钢,廖申白 译.北京:中国社会科学出版社,1988. 62.
② 罗尔斯.正义论.何怀宏,何包钢,廖申白 译.北京:中国社会科学出版社,1988. 63.
③ 罗尔斯.正义论.何怀宏,何包钢,廖申白 译.北京:中国社会科学出版社,1988. 259.
④ 罗尔斯.正义论.何怀宏,何包钢,廖申白 译.北京:中国社会科学出版社,1988. 260.
⑤ 罗尔斯.正义论.何怀宏,何包钢,廖申白 译.北京:中国社会科学出版社,1988. 63.
⑥ 罗尔斯.正义论.何怀宏,何包钢,廖申白 译.北京:中国社会科学出版社,1988. 310.

主要包括"一种平等自由的背景（由第一个原则指定的）和一个自由的市场经济"，以及"一种形式的机会平等"①。自由至上主义的条件主要是指"对才能开放的前途的主张"、"机会的公平公正原则"、"自由市场的安排"以及"一种政治和法律制度的结构"等。②但在罗尔斯看来，虽然自然的自由体系和自由至上主义体系试图通过上述条件来"超越效率原则"，使它们"节制其活动范围，用某些背景制度来约束它……也诉诸一种程序上的正义"，但是，这两个体系"还是给社会和自然的偶然因素留下了很多余地"③。自然的自由体系的分配方式总是受到自然的和社会的偶然因素的强烈影响，自由至上主义则允许财富和收入的分配受能力和天赋的自然分配决定。罗尔斯认为上述两种分配的方式带有明显的不正义之处和缺陷。因为从道德的观点来看，一个人不能对于他天生的才能和后天所生存的环境负责，所以，一个社会的分配原则如果把这些因素作为分配的标准，很显然是奖赏及责罚人们所具有的某些他们所不能负责的特殊机遇。④

这样，罗尔斯提出用差别原则来超越单纯的效率原则。所谓差别原则，即罗尔斯的第二个正义原则的第一部分，亦即使社会的和经济的不平等的安排，能"合理地期望适合于每一个人的利益"⑤。差别原则适用的就是由于社会地位和机会的不同所带来的社会与经济上的不平等应依什么原则分配的问题。按照差别原则，"虽然财富和收入的分配无法做到平等，但它必须合乎每一个人的利益。"⑥即对每一个人有利，是判断不平等的分配是否正义的准则。那么，怎样判断对社会和经济的不平等的安排对每一个人有利呢？罗尔斯挑出在社会基本结构中处在最不利地位的群体，从他们的地位和观点来判断分配是否正义。"假定存在着平等的自由和公平机会所要求的制度结构，那么，当且仅当境遇较好者的较高期望是作为提高最少获利者的期望计划的一部分而发挥作用时，它们是公正的。"⑦一种对福利的期望值指示着人们的社会地位所展望的生活前景，而作为期望的基础是基本的社会善，人们的期望就是由他们可利用的基本的社会善的指标确定的。因此，地位较好的人一般拥有比地位较差的人更好的前景，即社会各阶层的期望

① 罗尔斯.正义论.何怀宏,何包钢,廖申白 译. 北京:中国社会科学出版社,1988.72.
② 罗尔斯.正义论.何怀宏,何包钢,廖申白 译. 北京:中国社会科学出版社,1988.73.
③ 罗尔斯.正义论.何怀宏,何包钢,廖申白 译. 北京:中国社会科学出版社,1988.79—80.
④ 石元康.罗尔斯.何怀宏,何包钢,廖申白 译. 广西师范大学出版社,2004.59.
⑤⑥ 罗尔斯.正义论.何怀宏,何包钢,廖申白 译. 北京:中国社会科学出版社,1988.61.
⑦ 罗尔斯.正义论.何怀宏,何包钢,廖申白 译. 北京:中国社会科学出版社,1988.76.

是不平等的。由于假定各种期望间的不平等是像"链条式"的联系着的，如果一种利益提高了最底层人们的期望，那么它也就提高了其间所有各层次人们的愿望。①这样，一种经济变动如果符合最不利者的利益，那么，就对社会所有人有利。所以，经济和社会的不平等只有在能改善不利者未来境遇的条件下，才是可辩护的。差别原则力图要说明的是，不平等的分配只有在最不利者看来是可以自愿接受的情况下，才是公平的，否则，就是非正义的。这个原则允许每个社会成员在社会基本结构中的获利是不平等的，但又规定了这种不平等是有限度的。

罗尔斯提出了在差别原则下安排社会经济的不平等的两种正义的方案：完全正义的方案和充分正义的方案。完全正义的方案是最好的安排，"最少获益的那些人的确最大限度地满足了"。充分正义的方案是"增加没有达到最大值的"方案，"所有那些状况较好的人的期望至少对较不幸那些人的福利有所贡献"，或者会提高最底层人们的期望。但是当一种期望或几种期望变得过高时，一种与之相联系的不正义的方案便会产生。因此，"差别原则严格地讲是一种最大值原则"。这个最大值原则要求的是符合最不利者的最大利益，即为"最大最小值"原则。这个最大最小值原则"避免使那些状况较好的人的边际贡献是一负数"②。差别原则的最大最小值满足条件表明，在这样一个社会和经济的不平等安排中，"使任何一个代表人（指社会基本结构中各个阶层的代表人）的状况更好而不使另一个人更差的再分配的确是不可能的，也就是说，最不利的代表人的期望被……最大限度地增加了"。这样，差别原则被确定为与效率原则一致。所以，"差别原则与效率原则是相容的"③。差别原则以一种相容的方式实现了对效率原则的超越。④

4. 关于分配的代际正义

罗尔斯在正义理论中从社会契约论的角度论证了代与代之间的分配正义，也就是其著名的代际正义分配观：现在活着的人不能利用其在时间上的位置来谋取他们自己的利益，必须把正义的储存原则和两个正义原则联系起来。罗尔斯在关于分配的代际正义上通过联系其提出的"最少受益者"而引申出"最少受益代"。就是说他从"最少获利的一代"的观点来确定储存原则。在同代人之间，用平等

---

① 罗尔斯.正义论.何怀宏,何包钢,廖申白 译.北京:中国社会科学出版社,1988.80.
② 罗尔斯.正义论.何怀宏,何包钢,廖申白 译.北京:中国社会科学出版社,1988.79.
③ 罗尔斯.正义论.何怀宏,何包钢,廖申白 译.北京:中国社会科学出版社,1988.80.
④ 柳平生.当代西方经济正义理论流派.北京:社会科学文献出版社,2012.42-48.

自由原则和机会公平平等原则限定对差别原则的运用；在代际，用储存原则来限定差别原则的运用。

罗尔斯认为，每一世代的人为了后代的长远前景都应当进行储备。每一代"不仅必须保持文化和文明的成果，完整地维持已建立的正义制度，而且也必须在每一代的时间里，储备适当数量的实际资金积累。这种储存可能采取各种不同的形式，包括从对机器和其他生产资料的纯投资到学习和教育方面的投资，等等"①。罗尔斯认为，每一世代的人为后代留下的应当是能够增大后代福利的东西。他把储存的种类尽量地放大，从物质生活资料到精神文化等不同种类和形式统统被纳入其中。

对于罗尔斯来说，代际正义也就是处于原初状态下的社会各作者在"无知之幕"的情境下所确立的关于代与代之间分配社会合作所产生"基本善"分配问题。只是这种分配是对于不同时代的社会合作者来说的。当然处于不同时代的社会合作者和处于同时代的社会合作者一样相互之间有责任和义务，现时代的人对"基本善"的分配受制在原初状态中将选择的用以确定不同时代的社会合作者之间的正义原则。这种分配正义的论证进一步为"环境保护"等各类可能对后代人权利的行使产生影响的制度设计提供了理论支持。

罗尔斯的分配正义理论提出的分配原则体现在现实的社会基本制度之中，并设想在保证社会基本结构作为正义背景的前提下，每个人都按照社会公共规则来确定其权利义务，建立其合法期望，确定其应所得。这样分配的正义就是纯粹程序的正义。罗尔斯认为，在现存的制度框架内，按照正义原则来调整政治法律制度和社会经济政策，就可以限制人们之间的冲突，建立起一个正义的社会。罗尔斯提出，分配要按照平等的要求进行，也即以平等作为分配正义的标准。依据正义的分配原则，罗尔斯比较了三种分配体制：自然的自由体系、自由的平等体系和民主的平等体系。这三种分配体制都是以自由竞争的市场经济和财产的私人所有为社会经济前提的，是在承认这样一种市场经济形式制约下的不同分配方案。在罗尔斯所处的时代，资本主义已经发展到福利国家的资本主义阶段，市场经济高度发展，民主政治体制也日益完善，人民的权力意识稳固，自由平等观念深入人心，而他的正义观也是在试图为民主社会的稳固和发展寻找一个道德基础。罗尔斯论证了在公平正义的基本制度结构中，公平原则对效率原则的超越，认为社

---

① 罗尔斯.正义论.何怀宏,何包钢,廖申白 译.北京:中国社会科学出版社,1988.139.

会经济的不平等只有在满足差别原则的条件下才是正当的。但是，罗尔斯这种以差别原则（或最大最小值原则）为实质内容的公平正义论一经提出，立即招来巨大的反响，既有广泛的支持，又有尖锐而有力的批评。

第三节　自由的优先性——诺齐克的持有正义理论

首先与罗尔斯主义产生严重分歧的是当代自由至上主义。这一学术派别最早形成于20世纪二三十年代，到20世纪70年代开始进入蓬勃盛行期。主要代表人物有：哈耶克、弗里德曼、诺齐克、布坎南等。自由至上主义的标志性观点是捍卫个人权利和市场自由。自由至上主义的主要见解是：自由市场在本质上是正义的；人们有权利自由地处置自己的财产和劳动，而通过税收机制进行的再分配是对人们权利的侵犯。自由市场、绝对个人所有权和"最弱意义国家"是该学派的三大核心观点。诺齐克是罗尔斯正义理论最有力的反对者，1974年，诺齐克发表了《无政府、国家和乌托邦》一书，他的正义理论建立在强调对个人自由和权利的维护基础上。

一、个人权利至上——持有正义理论的基石

60年代，凯恩斯主义经济政策和"福利国家"政策带来的负效应使经济自由主义再度成为时代发展的需要，在思想领域的体现便是对"自由"这一政治价值的捍卫。罗尔斯试图通过区分两个领域来调和西方政治理论中长期争论不休的自由和平等的矛盾。他认为，在政治和思想领域应实现平等的自由，即个人的基本权利是不能以任何名义牺牲的；但在社会和经济分配领域，却可以遵循"让社会受益最少者得到尽可能大的利益"，尽管这会损害部分人在经济利益和财富分配方面的权利。

作为彻底的自由主义者诺齐克无法认可罗尔斯的"差别原则"论证的国家对社会分配二次调节的合理性。诺齐克认为政府的职能应是"守夜人"式的。诺齐克提出了"最弱意义的国家"，认为政府的功能及权力只限于防止暴力、偷窃、欺诈以及责成契约之履行等，也就是说，国家的职责只是一个守夜人的职责。任何政府如果拥有比守夜人更多的权力的话，则它一定会侵犯到个人的自然权利。所以他把攻击罗尔斯正义论的矛头指向了国家及其职能，在这个过程中他阐述了其捍卫自由价值的正义理论。诺齐克在《无政府、国家与乌托邦》开篇第一句话

便是："个人拥有权利。有些事情是任何其他人或团体都不能对他们做的，做了就要侵犯他们的权利。"①这表明：个人权利至上是诺齐克全部理论的根基。

诺齐克所坚决捍卫的个人权利主要是指生命权、自由权和财产权。诺齐克认为我们所拥有的权利只能是不受干涉的否定的权利，这种权利在任何时候都被人拥有，其正义就在于"权利边际约束"。诺齐克认为存在着不同的个人，每个个体都对其生命、自由和财产拥有否定的权利。这种权利的拥有使个人不能成为他人的手段、资源、材料和工具。权利决定了我们不仅要禁止牺牲一个人去为另一个人谋利，还要禁止一种家长制的干预——即不准强迫或包办代替别人的生活，即使其目的是为了这个人本身而非他人的幸福。这种观点是康德义务论在诺齐克理论中的体现。诺齐克的权利边际约束的实质便是个人的权利应该被认为是对他人行为的障碍或约束。

诺齐克认为，个人拥有权利，这些权利对未经个人同意而对待他们的方式设置了限制。这些权利及其所包含的限制不是为了产生进一步的善，而是其本身便是根本性的，无论侵犯这些权利有可能给社会造成怎样假定的益处，这些权利都必须先得到尊重。诺齐克认为，社会正义实现的根本途径是让每个人得其所应得，而不是像罗尔斯所说的那样，格外强调公平。他认为，公平与否的关键，就是在这一问题的实现过程中，有没有人的权利受到侵害。这就是他"不可侵犯的权利"的观点。

二、持有正义三原则

诺齐克用"分配正义"作为其正义理论一章的标题，但他认为"'分配正义'这个词并不是一个中性的词，一听到'分配'这个词，大多数人都会想到由某个体系或机制使用某个原则或标准来提供某些东西"②。这种含义和诺齐克所坚持的分配原则有较大的出入。因为诺齐克认为："我们并不是一些由某人来划分馅饼的孩子，这个人最后做一些细微的调整来修正前面粗心的切割。没有任何集中的分配，没有任何人或团体有权控制所有的资源，并决定怎样施舍它们。每个人得到的东西，是他从另一个人那里得到的，那个人给他这个东西是为了交换某个

---

① 罗伯特·诺齐克.无政府、国家与乌托邦.姚大志 译.北京：中国社会科学出版社,1991.1.
② 罗伯特·诺齐克.无政府、国家与乌托邦.姚大志 译.北京：中国社会科学出版社,1991.155.

东西，或作为礼物的赠予，在一个自由社会里，广泛不同的人们控制着各种资源，新的持有来自人们的自愿交换和馈赠……总的结果是众多个人分别决定的产物，这些决定是各个当事人有权做出的。"①所以诺齐克认为他的正义原则应用一个中性的词来表示才更为贴切，所以他使用了"持有正义"来命名其正义理论。

诺齐克的持有正义理论的一般纲要是："如果一个人按获取和转让的正义原则，或者按矫正不正义的原则（这种不正义是由前两个原则确认的）对其持有是有权利的，那么，他的持有就是正义的。如果每个人的持有都是正义的，那么持有的总体（分配）就是正义的。"②由此可见，诺齐克认为正义的问题不是"怎样分配"的问题，而是如何尊重个人的"权利持有"的问题，正义的出发点不是"分"的正当与否，而是"有"的正当与否，正义的规制与约束不是基于"国家"而是基于"个人"达成的。如此，正义的问题，就是国家如何尊重个人正当权利持有的问题，国家之分配正义就变成个人之持有正义。

1. 获取正义原则

一个人在市场上交易某物，其前提条件是要具有对该物的完全权利，只有在此基础上，才能判断这一交易活动是否正当。因此，诺齐克正义理论的出发点是获取的正义。即证明在某个时间内一份特定财产第一次为某个私人所持有是正当的，换句话说，证明事物如何可以从不被拥有的状态变为被拥有的状态。在诺齐克这里，对获取正义原则的论证就是对如何正当地取得无主物的私人所有权的论证。这包括下列问题：无主物如何可能变成被持有的；它们通过哪个或哪些过程可以变成被持有的；那些可以由这些过程变成被持有的事物，它们是在什么范围内由一个特殊过程变成被持有的，等等。

关于获取的正义诺齐克是通过考察洛克对个人财产的辩护开始自己思考的。洛克认为，人对自己的人身享有一种所有权，而其他人则没有这种权利。由于人拥有一种自我所有权，所以，他的身体所从事的劳动也属于他所有，劳动是劳动者无可争议的所有物。当劳动者把自己的劳动施加于任何东西使其脱离原来所处的自然状态时，他就掺进了他的劳动，他对于这一有所增益的东西就拥有权利。此即，我的劳动确立了我对某物的财产权③。这就是洛克为私有权所做的著名辩

---

① 罗伯特·诺齐克. 无政府、国家与乌托邦. 姚大志 译. 北京：中国社会科学出版社,1991. 155-156.

② 罗伯特·诺齐克.无政府、国家与乌托邦.姚大志 译. 北京：中国社会科学出版社,1991. 159.

③ 参见洛克.政府论.下篇.67 节. 北京:商务印书馆,2005.

护：财产的占有建立在占有者的劳动之上。诺齐克把洛克的观点总结得非常简明："洛克把对一个无主物的所有权看作是由某人对无主物的劳动产生。"①但洛克对"劳动确立所有权"还有一个附加条件：当个人劳动排斥其他人对某一事物的权利时，必须发生在"至少还留有足够的和同样好的东西给其他人共有的情况下"②。这就是"洛克条件"。诺齐克就把洛克"留有足够的和同样好的东西给其他人共有"解释为"使其他人的状况不致变坏"，从而使洛克条件拓展为诺齐克条件。诺齐克条件力图要说明的是：只要初始占有不导致其他人状况变坏，这种初始占有就是正当合法的。

怎样评判满足诺齐克条件的占有和转让没有使人们的状况与基准状态相比变坏了呢？诺齐克对这种不使他人状况恶化的限制条件设定了较弱的标准，以防止罗尔斯式的拉平倾向。诺齐克指出，这一条件不允许某人独占沙漠中唯一的水源，然后以任意高的价格向别人供水。但是，如果一个人发明了某种致命疾病的治愈方法，他为此而任意开价，那仍然是允许的。因为比较这两个例子可知，在前一种情况下，某人垄断了某些维持生命必需品的全部供应来源；而在后一种情况下，新法的发明者虽大开其价，但仍未使他人的状况恶化，只是难以取得他所发明的方法而已。这个发明者只有在阻止别人自己着手试验以找到新的治愈方法时才违反了洛克的限制条件。这一观点是从诺齐克对私有产权的有益效应的论证推导出来的。这就是：①私有产权通过将资源置于那些可最高效和最赢利地利用这些资源的人之手而增加总体社会产出。②私有产权鼓励实验，因为由不同的人控制资源，某个具有新想法的人就不必非试图说服唯一的一个人或一个小团体不可，他完全可以去找别的资源拥有者。③私有产权促成承担风险的专门知识，因为这种体制要求每个人都应承担他们在生意中面临的风险的代价。④它使某些人节制资源的当前消费以照顾未来市场，由此保护未来世代的人们。⑤它在劳动力市场上保护那些不受欢迎的人，因为在私有产权制度下有许多不同的就业资源。因此在诺齐克看来，自由市场和资源的私有产权不会违反洛克的限制条件。

2. 转让正义原则

诺齐克认为转让的正义主要解决以下问题：一个人可以通过什么过程把自己的持有转让给别人；一个人怎么能从一个持有者那里获得一种持有。世界上的无

---

① 罗伯特·诺齐克.无政府、国家与乌托邦.姚大志 译. 北京：中国社会科学出版社,1991. 179.

② 洛克.政府论.下篇.北京：商务印书馆,2005. 18.

主物已经很少很少了。绝大部分的获得实际是财产在不同的所有者之间转移，因此"转让的正义"对于诺齐克的正义理论来说是最重要的。在诺齐克看来，"转让"实质上是一种交换，但并非所有的交换都是正义的，诺齐克认为，只有当交换是自愿的时候，它才是正义的。

什么样的交换是自愿的？诺齐克提出："一个人的行为是不是自愿的，依赖于限制他交换选择的对象是什么。如果是自然的事实，那么这一行为就是自愿的（虽然更愿坐飞机去某地，但没有飞机，我步行去那里就是出自自愿）。别人的行为限制着一个人可利用的机会。而这是否使一个人的行为不自愿，要依这些人是否有权利这样做而定。"[①]因此，根据诺齐克的观点，一个人如果把自己的行为看作是不自愿的，要满足两个必要条件：第一，一个人的选择必须由他人的行为所限制；第二，这些束缚人的行为本身必须是侵犯权利的。

诺齐克眼中的正义不是试图将社会组织得符合某些特定的分配类型，而是尊重个人的基本权利以及这些权利所派生的所有权。因此诺齐克反对几种分配原则，如目的原则和模式化原则。所谓目的原则是为每一种分配方式设定一个特定的目标，比如功利主义者以社会财富总额的最大化为目的，如果两种分配方式取得的社会财富总额相等，则取其中比较平等分配的那一种。这显然是一种目的原则。罗尔斯的正义原则在诺齐克看来也是一种目的原则，因为它设定了分配出现差别时必须使处于最不利地位的人得到最大可能的利益。这就事先划定了一种现时的目的作为分配的标准。而诺齐克认为分配正义应该采取正义历史的原则，即判断一种社会分配是否正义依赖于它是如何演变过来的。正义的历史原则坚持认为："人们过去的环境或行为能创造对事物的不同权利或应得资格。一种不正义能够在从一种分配转向另一种结构相同的分配过程中产生，因为外观相同的第二种分配可能侵犯了人们的权利或应得资格，可能不适合实际的历史。"[②]对正义的目的原则的批判使诺齐克的理论与功利主义的理论之间画上了鲜明的分界线。

诺齐克不同意的另一种分配原则是模式化的原则，即根据某些自然的维度来评价分配方式，如按照人们的需要进行分配，即以人的物质和精神需求这种自然的维度来衡量分配。而且，人们提出的几乎所有分配正义原则都是模式化的，如

---

① 罗伯特·诺齐克. 无政府、国家与乌托邦. 姚大志 译. 北京：中国社会科学出版社,1991. 262-263.

② 罗伯特·诺齐克.无政府、国家与乌托邦. 姚大志 译. 北京：中国社会科学出版社,1991. 161.

按照每个人的道德价值、需求、边际产品、努力程度或上述因素的总的平衡来对每个人进行分配。这些在诺齐克看来都是不能成立的模式化原则。他强调，任何模式化的或目的的正义观念都必然导致对自由的破坏。假定有一种要求收入均等化的分配模式，某个政府要想坚持这种模式，就必须不断地干涉个人自由。人们又必然要互相交换，这就又会使人们持有物的实际分布与所要求的模式不一致。为了维护这一模式，政府又要采取更大的强制，最终毁灭个人自由。正因如此，诺齐克反对罗尔斯等社会正义论者把生产和分配截然分开的理论，强调社会并不存在可以根据某些抽象的分配原则来分割的大馅饼。物品是带着人们对它们的种种权利进入世界的。无论谁生产出了什么东西，只要他是通过购买或与所有其他有资源用于这一过程的人签约而生产出此物的，他就对这一产品拥有权利。那些试图"按照每个人的（ ）给予每个人"的公式填空的人，就仿佛是把物品当作来自乌有之乡，当作是从虚无中产生的东西。诺齐克用"按其所择给出，按其所选给予"①公式来代替上述公式。这里的选择是指历史的选择，而不是现时的主观愿望。历史已经赋予了生产者和拥有者这种那种持有权，因此只要其获取和转移权利的方式是正当的，分配也就只能以此历史的授权为前提。

由此可见，在诺齐克眼中，所有需要对人们的自由权利进行干涉的目的的、模式化的分配正义原则都是不正义的。

3. 矫正正义原则

矫正的正义原则是对获取和转让的过程及其结果进行矫正。也就是说，如果在获取和转让方面不正义，则由此产生的结果必然也不正义，这个时候就要有国家强力的介入，对其进行矫正。

诺齐克深知，"并非所有的实际持有状态都符合两个持有的正义原则，即符合获取的正义原则和转让的正义原则"②。有些人偷窃别人的东西或欺骗他们、奴役他们、强夺他们的产品、不准他们按自己的意愿生活，或者强行禁止他们参加交换的竞争。如果过去的不正义以各种方式塑造着今天的持有，有些可以辨明、有些不能辨明，现在应该采取什么措施来纠正这些不正义呢？不正义的施行者有什么义务呢？人们必须回溯多远才能扫清历史上的不正义遗迹？不正义的受害者可以为矫正其遭受的不正义做些什么？为了解决以上问题，诺齐克非常理想

---

① 罗伯特·诺齐克.无政府、国家与乌托邦.姚大志 译. 北京：中国社会科学出版社,1991. 166.
② 罗伯特·诺齐克.无政府、国家与乌托邦.姚大志 译. 北京：中国社会科学出版社,1991. 158.

化地假设了一个理论来探讨矫正的正义。

矫正正义是对获取正义原则和转让正义原则被违背时提出的补充原则。但在实践层面来看，这个原则是不易实行的。首先是因为我们对历史上的情况知之甚少，且不说不正义的施行者是习惯于隐瞒的，别人的判断也常常出错。就算人们真能追溯几十年、几百年，乃至几千年的人类社会所有持有的转让史，我们也仍然可能对湮没于远古的许多种持有的最初获取和转让一无所知。而按诺齐克的意见，只要某一链条上的一个环节是不正义的，这后面的所有环节就不能说是正义的，哪怕这后面的环节相互之间是通过正当途径转让的。而不知此认定又不足以维护理论本身的完整性：因为不能说后面的一个正义环节可以证明前面的不正义是正当的。因此，历史很可能是一本糊涂账，实行矫正原则无从下手。诺齐克也承认他在此对许多问题是不清楚的。他说也许只能给出一个大致的经验规则。

总的来说，分配正义问题是罗尔斯与诺齐克理论的主要分歧之一，自由和平等究竟谁居优先地位，解决社会公平问题应该选择什么样的社会发展战略，是公平优先，还是效率优先，他们分别从"平等的权利"和"不可剥夺的权利"出发论证了两套具有对立性的分配模式——分配的正义与持有的正义。这场在新自由主义内部的争鸣也揭示了资本主义社会背景下自由与平等两者之间存在难以调和的矛盾。

第四节　平等与效率的协调——阿瑟·奥肯福利经济思想

1975 年，美国著名福利经济学家阿瑟·奥肯出版了《平等与效率：重大的抉择》一书，提出了平等与效率协调的思想。奥肯以超越经济领域的视角，对平等与效率的关系及抉择问题进行了价值分析和判断，既摒弃了平等绝对优先论，也摒弃了效率绝对优先论，坚持调和平等与效率两大价值目标。作为现代福利经济学的重要代表，奥肯从一个经济学家的角度打破了长期以来平等与效率之间的窘境。他认为，在社会和政治领域中，平等原则较之效率原则无疑具有绝对的优先性，在经济市场领域，效率优先在一定程度上则是可以接受的，而当二者呈现出相同的重要性时，便产生了二者之间的抉择。于是，奥肯提出奥肯漏桶原理来实现平等与效率的协调。简言之，奥肯一方面对效率提高社会发展生产力，推动社会发展，提高人民生活水平大加赞扬，另一方面强调"实现生存权利和根除贫困，是我们这个国家力所能及的……在一个民主的资本主义社会，它们必须被消除"。"在平等中注入一些合理性，在效率中注入一些人道"①成为平衡平等与效率最优的办法。

一、平等与效率的关系

奥肯认为，平等包括权利平等、经济平等和机会均等三个方面。权利平等包括政治权利、法律权利、公民权利、生存权利等基本权利的平等；经济平等包括财富和收入分配上的平等，主要指收入平等②。而"效率，意味着从一个给定的投入量中获得最大的产出"。"所谓效率，即多多益善。但这个'多'必须在人们所愿购买的范围内。"③即在资源一定的前提下，提供的产品越多、越符合消费者需要，则说明资源配置越有效率。在此基础上，奥肯分别对权利平等、收入平等、机会平等与效率的关系进行了分析。

第一，权利平等与效率的关系。奥肯认为，在社会政治领域中，政治权利、法律权利、公民权利、生存权利等基本权利的分配应当是广泛的、平等的、无偿的，资本主义在政治上所追求的这种权利平等，在整体上维护了每个社会成员的基本尊严，保障了他们的基本生活条件，保护了金钱无法标明的某些价值，"由此获得的利益和价值远远超过了由此付出的经济上的非效率代价"④。在此意义上，权利的存在和较之于效率的优先性是现代民主社会的基本原则和价值追求。这种平等同经济效率绝无矛盾和冲突，相反，它只会促进经济效率的提高和社会的进步，进而提高社会整体福利。

第二，收入平等与效率的关系。在收入平等层面，平等与效率的关系就全部局限于了经济领域。奥肯认为，两者之间存在着此消彼长的交替关系。正如奥肯在书中所说"'要么留下蛋糕，要么吃掉它。'……多生产某一样东西，意味着使用了原可以用来多生产其他东西的劳动力和资本；目前多消费，意味着减少未来可享用的储蓄；延长工作时间，就侵占了闲暇；制止通货膨胀就要牺牲产量和就业水平——这些都是国家目前最棘手的抉择问题"⑤。也就是说，对效率的追求

---

① 阿瑟·奥肯.平等与效率:重大抉择.王奔洲等译.北京:华夏出版社,1999.114.
② 阿瑟·奥肯.平等与效率:重大抉择.王奔洲等译.北京:华夏出版社,1999.64.
③ 阿瑟·奥肯.平等与效率:重大抉择.王奔洲等译.北京:华夏出版社,1999.2.
④ 阿瑟·奥肯.平等与效率:重大抉择.王奔洲等译.北京:华夏出版社,1999.10.
⑤ 阿瑟·奥肯.平等与效率:重大抉择.王奔洲等译.北京:华夏出版社,1999.2.

不可避免地产生出各种各样的不平等，反之，如果社会为了缩小贫富差距追求社会平等，就必须对市场的自发调节功能进行干预，而这种干预势必会降低报酬对劳动者积极性的激励，从而导致非效率。这就表明，收入平等与效率在同一层面上是一对矛盾，两者之间存在着此消彼长的交替关系。同时，奥肯还认为，两者之间存在着超越经济领域的更为复杂的反作用关系。如当市场制度产生的收入差距过大进而影响到权利平等和机会均等时，收入过低的人就有可能在教育、培训、贷款方面形成劣势，如果情况变得更糟一些的话也许他们就会失去"翻身"的可能性，进而走入绝望的道路，产生种种影响效率的行为。反之，如果一个社会较为和谐，社会平等控制在一个人们可以接受或较为满意的状态的话，人们就可以对自己的发展做出可能性的规划，从而刺激他们对效率的追求。因此奥肯主张，"收入分配的平等与权利分配的平等一样，会成为我们道德上的选择。对其代价和结果加以权衡，我倾向于收入上更多的平等而且是完全的、最好的平等"①。

第三，机会平等与效率的关系。机会平等是奥肯在《平等与效率》一书中大加赞扬的一个方面，因为机会平等不但与效率不矛盾，而且是提高效率、改善社会成员福利状况的重要前提和基础。在奥肯看来，机会平等"对平等是好的事物，对效率可能也是好的"。"机会不均等就是非效率。""更大的机会均等会带来更大的收入平等。"②而且他还认为，经济不平等所反映的机会不均等可以在现行制度结构中加以有效地纠正，使市场中起作用的是"更大效率及更广泛平等的机会"③。更大的机会均等则应该为人们带来更大的收入平等，而不是相反。可见，在奥肯看来，机会均等与效率两者有着相辅相成的一致性。同时奥肯也看到了机会均等与效率关系的另一方面。市场机会均等的幌子往往掩盖了市场中的个体由于拥有财富和收入等资源的巨大差异而形成的大量事实上的机会不均等，尤其是接受教育、发展潜能等实质的深层的机会不均等，这种机会不均等在形式的机会均等下愈益强化，其极端形式表现为垄断的市场格局，使权利平等大打折扣，使社会的经济福利大幅度减少，成为效率提高的巨大障碍。因此，"源于机会不均等的经济不平等，比机会均等时出现的经济不平等，更加令人不能忍受

① 阿瑟·奥肯.平等与效率:重大抉择.王奔洲等译.北京:华夏出版社,1999.41.

② 阿瑟·奥肯.平等与效率:重大抉择.王奔洲等译.北京:华夏出版社,1999.71,69,74.

③ 阿瑟·奥肯.平等与效率:重大抉择.王奔洲等译.北京:华夏出版社,1999.71.

(同时，也更可以补救)"①，这也从事实角度反证了机会均等与效率实质上的一致性。

二、平等与效率的抉择问题

按照前文所述可以看出，在奥肯看来，由于平等内涵的丰富性，平等与效率之间也存在着各种关系，抉择是在冲突出现的时候发生的，也就是说，当在二者间抉择时需要处理的只是他们相矛盾的关系，很明显，这就是收入平等与效率的关系，那么所谓平等与效率的抉择，其实也就是收入平等与效率的抉择。

既然平等与效率的抉择实质上是收入分配与效率的抉择，那么是不是将富人与穷人的收入完全均等的分配就实现了二者的协调，增进了社会的福利呢？奥肯的回答是否定的，他提出了四点原因：第一，需求的不同，即各个家庭的消费需要是不同的，比如孩子较多的家庭与孩子较少的家庭相比，无疑只能得到较低的经济福利，此外地区生活费用，获得收入的机会等也是造成收入需求不同的原因，所以要达到同样的经济福利，就需要不同经济水平的收入。反之，如果真正实现了收入的平等，那么各个家庭所得到的福利将会不一样；第二，补充性来源的不同，比如那些有优厚储备金的退休人员的生活，比他们的收入所能提供的条件反而更好，所以家庭能够维持生活水平的财力不仅出自他们的收入，而且出自财富的取用或对未来收入的借用；第三，资源的非货币性牺牲不同，比如一些家庭获得较多的收入，靠的是难免令人不快的、累人的或者危险的工作，作为恶劣工作条件的补偿，工人可以得到额外的报酬。额外的所得，反映了对一个高空作业工人，或一个给死尸涂防腐剂的工人，或夜班工人的奖励，这并不构成经济福利中基本的不平等，那么这种牺牲是不应在收入分配中显示出来的；第四，非货币津贴的存在。奥肯以外科大夫和一个屠夫的差别为例，他们使用相仿的工具，假使加上相仿的职业收入的话，他们的职业在地位上也是处于南北两极的，这就是非货币津贴带来的社会地位和社会重视。由此可见，对经济平等的准确程度是难以把握的。

那么机会平等是否比收入平等能作为更好的衡量工具呢？在奥肯看来，"机会均等这个概念远比收入均等更加难以捉摸，而且它使任何意义的衡量都落空

---

① 阿瑟·奥肯.平等与效率:重大抉择.王奔洲等译.北京:华夏出版社,1999.68.

了"①。奥肯以田径场上的赛跑为例,在田径场上你很难找到一个公平的起跑线,因为"天赋能力的差异相应地通常作为这样的一种特性为人们接受,这种特性以赛跑来测试,但不是以不公平的让步或给条件有利者设置障碍的方式来测试。在另一个极端,成功靠的是你认识谁,而不是你懂什么,这种成功是机会不均等的明显事例。而且,当真正的问题是靠你爸爸认识谁时,就显得特别不公平了。"②所以由于个人天赋和人际资本的不同,加之收入和财富上的不平等所导致的机会不均等,更增加了机会均等衡量平等与效率协调的难度。奥肯由此认为,社会只有采取在平等与效率之间妥协的做法,而不可能去实现完全的机会平等。

三、协调平等与效率关系的方法

在奥肯看来,虽然平等与效率之间有冲突,但二者的协调是可能的。奥肯提出,"如果平等和效率双方都有价值,而且其中一方对另一方没有绝对的优先权,那么在它们冲突的方面,就应该达成妥协。这时,为了效率就要牺牲某些平等,并且为了平等就要牺牲效率。然而,作为更多地获得另一方的必要手段,(或者是获得某些其他有价值的社会成果的可能性)无论哪一方的牺牲都必须是公正的。尤其是,那些允许经济不平等的社会决策,必须是公正的,是促进经济效率的。"③这就是说,既不过分强调平等,又要对市场的作用加以限制。

在市场经济中,效率是生存的唯一法则,为了效率人们会把一切有损效率的东西都弃之不顾,市场中的收益是由要素提供的边际生产率提供的,而人们所拥有的要素的数量、质量都有很大的差异,那么市场自发调节的结果就是收入的不平等,而这种不平等仅靠市场的作用是无法调节的,这时,为了平等与效率的协调,我们就要由政府对这种市场分配进行干预,这就产生了收入再分配,其切入点就是收入平等与机会平等,具体措施如下:

第一,通过高额累进税、遗产税和转移支付、负所得税、有限工资津贴等再分配政策,让大多数社会成员能够分享经济发展的成果,缓解市场机制造成的贫富悬殊的矛盾。奥肯认为,必须改变以往对低收入阶层的补助办法,实行专门的

---

① 阿瑟·奥肯.平等与效率:重大抉择.王奔洲等译.北京:华夏出版社,1999.73.
② 阿瑟·奥肯.平等与效率:重大抉择.王奔洲等译.北京:华夏出版社,1999.73.
③ 阿瑟·奥肯.平等与效率:重大抉择.王奔洲等译.北京:华夏出版社,1999.87.

税收政策，例如所谓的"负所得税"（即政府规定收入保障的数额，然后根据个人实际收入给予适当的补助金。为了不把低收入者的收入一律拉平，补助金应根据个人实际收入按比例发放），或者实行所谓的"有限工资津贴"（即政府规定每小时的工资津贴额，然后根据每个获得最低工资的工人的实际工时发放，使多干活的人得到补助），那就可以既有利于缩小收入差距，又不影响工人的效率，也不会挫伤企业投资和扩大生产的积极性。奥肯曾建议，假定最低工资率是每小时2元，平均工资率是每小时4元，全国平均每户收入为14000元，这样，政府发放的工资津贴可以定为最低工资与平均工资之差的50%，即每小时1元，而让成年工人得到每小时3元收入，全年收入接近6000元，略低于全国平均家庭收入的一半。[①]奥肯还设想将大企业的一部分股票分配给工人所有，并且让工人有权参加企业重大事务的决定。他认为这种办法既可以扩大平等，又可以增加效率。

第二，通过人力资本政策，扩大接受教育领域的投资、培训和发展潜能等实质的深层次的机会均等，使每个人享有同等的发展机会，塑造起点相同的市场竞争环境。奥肯认为，在市场竞争中，形式上的机会平等掩盖了事实上的不平等。一方面市场势力使人们积累了财富，另一方面，财富的力量又使市场的力量服务于财富的占有者，形成回波效应，穷者愈穷，富者愈富。这尤其表现在人力资本投资上，高收入家庭的子女能够享受良好教育，因而比较容易找到理想的高薪职位，反之，低收入家庭的子女往往无力接受高等教育，因而只能在一些对知识和技能要求不太高、薪金很低的部门就业，从而使他们继续陷入低收入的境地。据美国的一项调查显示，穷人的子女九成仍是穷人，富人的子女九成则是富人，富裕与贫穷在某种意义上便出现了"遗传"的现象。因此，增加国家对教育的支出，在奥肯看来是可以促进平等和效率的协调的。这一方面可以提高社会的科学文化水平，提高劳动者质量，进而提高社会的经济效率；另一方面也使得低收入者的收入有所增加，有助于缩小社会上收入差距。

在平等与效率协调的措施上，奥肯特别强调，"最迫切的事情是帮助那些收入等级处于最低的第五层的人们，帮助他们直到我们丰裕社会的主流里去。我相信帮助他们上升的各种规划，经过一段时间和在更为宽广的收入等级的范围里，

[①] 阿瑟·奥肯.平等与效率：重大抉择.王奔洲等译.北京：华夏出版社，1999.63.

将会产生力量"①。

四、奥肯漏桶：衡量收入再分配中的效率损失

现代政府通常通过管制、财政、社会保障等工具来纠正市场的失灵，比如通过管制限制垄断，通过财政支出提供公共品和绩优品追求起点公平，通过社会保障税（费）和转移支付缩小贫富差距等。但是，政府的干预一方面有利于平等和效率，另一方面，当政府的干预过度或不当时，也常常引起效率的流失，甚至是既无平等又无效率。奥肯用漏桶模型来说明了这个问题。

阿瑟·奥肯在他的"漏桶模型"中，设想把美元从富有者的手中通过再分配之桶转到穷人手里，以追求平等的效果。想象在再分配之桶上有一个漏缝，那么富人所交的税只有一部分实际交到了穷人的桶里。从而很直观地体现了以平等为目的的再分配就是以损失经济效率为代价的。

奥肯认为大多数收入再分配计划对效率会产生负面的影响。他"通过检查重新组合税收转移的各种非效率——行政管理成本、造成工作消极和失误、搅乱储蓄和投资行为以及社会经济态度潜在的变化"②诠释了这一结论。第一，行政管理成本，主要包括雇佣职员并购买计算机，以便征集税款并分配转移性支付，以及纳税人遵照法律要付出一些代价，包括花时间填写表格，付费给律师和会计师。第二，工作积极性，这主要涉及过高的收入转移支付和社会保障水平可能导致的"贫困陷阱"和"失业陷阱"。由于过高的保障水平会使受益人失去重新就业和摆脱贫困的积极性，从而陷入长期贫困或失业的状态，这一"养懒汉"的现象会减少劳动力的供给，损失效率，对纳税人来讲也是有失公平的。第三，储蓄和投资，这主要表现为高税率阻碍了储蓄和投资，例如公共退休先进制度和针对65岁以上老年人口的医疗社会保险计划会影响人们为解决老年收入和医疗费用问题而进行储蓄的努力，从而减少国民储蓄，降低经济中增长的能力。第四，社会经济的漏出量，比如"对富裕者的高税率是否危害了那种由穷人变为富人的梦想的刺激影响？它们对经济成功是否暗示了一种相反的道德判断标准，这可能会使有才能的青年耻于为获得最大奖励而奋斗？为转移的接受者考虑这种与工作并

---

① 阿瑟·奥肯.平等与效率:重大抉择.王奔洲等译.北京:华夏出版社,1999. 118.

② 阿瑟·奥肯.平等与效率:重大抉择.王奔洲等译.北京:华夏出版社,1999. 93.

无关联的支付是否会损伤自力更生的自豪感，或损害贡献即拥有的信念?"①因此，在奥肯的漏桶实验中，人们可以发现：从富人那里征收的每 1 美元的税收，并非全都增加在了穷人的收入里。

从漏桶原理的分析中看出，当税率不当，或社会保障水平过高时，就可能出现对低收入群体不利的现象，累进税也可能出现累退的性质。那么怎样的收入再分配水平才是合适的呢，奥肯提出了漏出量的概念，坦言在某个可容忍的流出量前自己就会停止这种流出："与弗里德曼不同，如果漏出量是百分之十或二十的话，我会十分热心地打开试验漏桶的开关。与罗尔斯也不同，我会在漏出量达到百分之九十九之前就停下来。由于我感到有责任参加那场由我发起的远距离赛跑，我愿意告诉大家，在这个特定的例子中，漏出量达到百分之六十我就停止。"②

"漏桶原理"反映了在市场经济条件下，平等与效率矛盾的内在性，两者在一定意义上是"鱼和熊掌"不可兼得的，但是两者共同作为社会的福利指标和准公共品，是不能只取其一的，因此，对于每一个现代的理性社会来说，其平等目标的确立就必须建立在社会能够容忍的效率损失的限度之内，同样，其效率的获得也必须以社会能够容忍的不平等程度为前提，关键就是要在这二者之间寻找最佳结合的途径。

作为一个美国人，奥肯看到了美国社会的双层结构，即平等的权利和不平等的收入；作为一个经济学家，奥肯的视野却并没有局限在经济领域，奥肯说，抉择是经济学家的中心课题，而平等与效率的抉择则是最大的社会经济抉择。他认为政治领域中的权利能够影响经济的功能并且反过来受制于市场，因此经济学家不能无视这些权利。在社会、政治领域中，原则上平等优先于经济效率；而在经济领域，效率有明显的优先权，因此要在有效率的经济体基础上增进平等。而奥肯并不赞同一味地增进平等，甚至质疑一些政治制度对经济效率的限制。他不像罗尔斯一样支持平等优先，也不赞成效率优先。对于他而言，平等与效率同样重要，但"我们无法在保留市场效率这块蛋糕的同时又平等地分享它"。于是，奥肯艰难地得出一个结论："在平等中注入一些合理性，在效率中注入一些人道。"③在平等与效率的抉择上，奥肯并没有得出确定的结论。但是，他让人们关注平等与效率的抉择，也给了人们很多有益的启示。

---

① 阿瑟·奥肯.平等与效率:重大抉择.王奔洲等译.北京:华夏出版社,1999.97
② 阿瑟·奥肯.平等与效率:重大抉择.王奔洲等译.北京:华夏出版社,1999.95.
③ 阿瑟·奥肯.平等与效率:重大抉择.王奔洲等译.北京:华夏出版社,1999.114.

第五章　阿马蒂亚·森的经济伦理思想与发展观

阿马蒂亚·森是一位印度经济学家，1998 年诺贝尔经济学奖的获得者，他的主要贡献在于对福利经济学的重大发展。由于提出经济学与伦理学同源的思想，揭示出经济的发展是源于人类的复杂或复合动机，将单纯关注效率的"工程学"式的经济学回归到了"关注真实的人"的地位，森被称为是"经济学良心的担当者"。又由于他关怀弱势群体和社会公平，在收入分配和贫困问题研究中的杰出贡献，提出从"可行能力"视角出发检验贫困以及分配正义的方法，被称为"穷人的经济学家"。同时，作为一名杰出的发展经济学家，森提出的以自由看待发展的新视角，对联合国《人类发展报告》产生了巨大的影响。

瑞典皇家科学院的公告中指出，"阿马蒂亚·森在福利经济学的基本问题研究方面，做出了数项关键的贡献。他的贡献从社会选择的公理理论，对福利和贫困索引的定义，到饥荒的经验研究，它们都密切集中在对分配问题的一般关注以及对社会最贫困成员的特殊关注的主题下。……能否以一种公正的和理论上合理的方式，把社会上不同个体成员的价值汇总成整个社会的价值呢？多数原则是一个可行的决策规则吗？怎样衡量收入的不平等？我们何时、怎样才能比较不同社会中的福利分配呢？怎样找到一个最好地判断贫困是否在下降的标准？哪些因素导致饥荒发生？通过回答这些问题，阿马蒂亚·森在经济科学的核心领域做出了许多卓著的贡献，并且为后来的研究者们开辟了一个新的研究天地。而且，通过把经济学方法和哲学思维结合起来，森在一些重要的经济学问题的讨论上恢复了伦理的维度。"[1]

自 20 世纪 70 年代以来，森一直是福利经济学、社会选择理论、经济增长和经济发展领域的领军人物，他的作品涉猎经济学、社会学、法学、文学、历史、哲学等多个领域。综观森的经济理论，从对主流经济学无伦理思想的批判，到建

---

[1] The Royal Swedish Academy of Sciences: The Nobel Memorial Prize in Economics. 1998 . Scandinavian Journal of Economics 1999.

构以可行能力为核心的经济伦理研究，再到提出以人的全面自由为核心的人类发展观，无处不体现出他对贫困、饥荒、剥夺、暴力、不平等等社会现象的伦理关怀。本章将按照森的理论推演脉络——从批判到重建的过程，介绍森对西方经济学、特别是福利经济学发展的贡献。

第一节　重建经济学的伦理维度

森的理论体系是围绕对主流经济学的经济理性假定、显示偏好理论、市场崇拜的尖锐批评，对传统发展经济学和福利经济学中存在的狭隘性毫不留情的诘难而展开的。通过批判，他把经济学引回了对道德问题的关注方面，指明了"经济人"向"自由人"发展的历史趋向，从而为重建经济学的伦理维度提供了理论基础。本节主要介绍森对现代经济学贫困化的批判，也可以看作是其经济伦理分析的方法论。

一、现代主流经济学的"无伦理"特征

在《伦理学与经济学》一书中，森指出："经济学起源于对人类生活而不是商品生产的兴趣"[①]，其传统可以一直追溯到亚里士多德的《尼各马可伦理学》和《政治学》。回顾经济思想史，经济学在诞生之初从属于伦理学，古典经济学也未曾割裂经济学与道德的联系，古典经济学家的经济学研究常常与规范、政策、国家事务等结合在一起，比如：亚当·斯密、约翰·斯图亚特·穆勒、卡尔·马克思、弗兰西斯·埃奇沃斯等人的著作中就包含着比较多的伦理学思考。"他们之中没有一个人真正怀疑这样一些价值判断的正当性:这些价值判断依据的是'哲学上的'理由，不仅适当考虑到了某一情形的经济因素，而且还适当考虑到了非经济因素。"[②]

然而，随着西方逻辑实证主义的兴起，新古典经济学代替古典经济学成为20世纪经济学的主流思想，伦理考虑被严重淡化，经济学显示出了"不自然的

[①] 阿马蒂亚·森. 伦理学与经济学. 王宇，王文玉译. 北京:商务印书馆,2000.8.
[②] 约瑟夫·熊彼特. 经济分析史. (第2卷)，杨敬年译. 北京:商务印书馆,1992.251.

'无伦理'特征"，①导致了现代经济学严重的贫困化现象。这种"无伦理"特征集中体现在现代主流经济学的三个假定中，一是理性经济人假设，二是"价值中立"，严格划分实证研究与规范研究，三是经济学是一门数学的科学。这些假定肯定了经济学主要研究经济发展过程的客观规律，同时也把伦理思想排除在经济学大门之外。

第一，"经济人"假设是现代主流经济学的基础，整个经济学的帝国大厦被认为建立在这个假定之上。《新帕尔格雷夫经济学大辞典》对现代主流经济学中的"理性经济人"假设作了这样的概括："经济人的称号通常是加给那些在工具主义意义上是理性的人的。新古典经济学提供了一个现成的例子。在它的理想情形下，经济行为者具有完全的充分有序的偏好（在其可行的行为结果的范围内）、完备的信息和无懈可击的计算能力。在经过深思熟虑之后，他会选择那些能够比其他行为更好地满足自己的偏好（或至少不会比现在更坏）的行为。这里理性是一个手段——目的的概念，不存在偏好的来源或价值的问题。理性的经济行为者总在寻求讨价还价，从不付出比他需要付出的更多，或得到比一定价格下他可以得到的更少。……经济行为者是理性的，他们在各种约束的限制下，追求目标函数的最大化。"②在这个假设之下，所有除了追求财富之外的人类激情或动机都被抽离了，在追求自利最大化的过程中经济人没有任何道德感，效用、财富之外的任何因素不再成为经济分析的对象。

第二，"价值中立"。为了应用自然科学的方法，现代主流经济学坚持"实证"与"规范"的二元对立，强调经济学的基本任务是研究客观的实证问题，不应涉及任何价值判断。莱昂内尔·罗宾斯的观点可以被视为代表性的："经济学涉及的是可以确定的事实，伦理学涉及的是估价与义务。这两个领域风马牛不相及。在实证研究和规范研究的法则之间有一条明确无误的逻辑鸿沟……求助一方来加强另一方的结论是于事无补的。"③弗里德曼在其《实证经济学方法论》中论证道，"实证经济学研究经济状况的变化所产生的影响，包括那些用来解决经济问题政策的行动变化所产生的影响。规范经济学研究人们应该采取哪种方式来解决经济问题。两者的区别是：实证经济学研究'是什么'的问题，而规范经济

---

① 阿马蒂亚·森.伦理学与经济学.王宇，王文玉译.北京:商务印书馆,2000.8.

② 肖恩·哈格里夫斯-希普，马丁·霍利斯.经济人.裴小革译.见:约翰·伊特韦尔等编.新帕尔格雷夫经济学大辞典.第2卷.北京:经济科学出版社,1992.57-58.

③ 莱昂内尔·罗宾斯.经济科学的性质与意义.朱侠译.北京:商务印书馆,2001.120-121.

学研究'应该是什么'的问题"。①对经济现象进行描述和解释绝不同于带有伦理色彩的规范研究，实证的命题是能够验证或证伪的，或至少在原则上能验证或证伪，而规范的命题则相反，它只能是有无说服力的。他宣称，"在实证研究和规范研究之间有一条明确无误的逻辑鸿沟，任何聪明才智都无法掩盖它，任何空间或时间上的并列也无法跨越它。……含有动词'应该'的命题，在性质上不同于含有动词'是'的命题。"②詹姆斯·布坎南（James Buchanan）在《经济学家应该做什么》中也指出，价值判断有损于经济学的科学性质，会使经济学变成一种"噪声"，"经济学家，要保持他的自尊，就应当加强下述信念：存在着一种独立的真理实体，应当将真理视作与价值判断无关。"③

第三，经济学是一门"数学的科学"。森指出，经济学的根源有两个，一个是伦理学，另外一个是工程学。早期的经济学家如配第（William Petty）和李嘉图都比较重视逻辑和工程问题，多使用数学分析工具来探索经济生活的内在秩序，但数学方法显然处于辅助地位。然而，随着经济学对价值的拒斥，数学的运用在经济学中已经达到了专业化、技术化的程度，数学俨然成为现代经济学唯一的科学分析工具。斯坦利·杰文斯（Stanley Jevons）说："一切科学的经济学家皆须是数理的经济学家。其理至明，因经济学家所讨究的是经济量及其关系，但一切的量与量的关系皆属于数学的范围。"④随着这种过度数学化倾向，标志着经济学已经失去了对现实的人文关怀。罗恩·斯坦费尔德对此评价说"正统经济学——新古典综合派——已经进入不结果实的形式主义阶段。在这一阶段中，它被保护起来以避免实践检验的破坏，而且，虽然人们普遍关注政策和道德标准，而它在这方面已明显地赶不上时代，但却仍然盛行。"⑤

二、经济与伦理的结合

在这种"无伦理"范式下，经济学偏离了它的主题，伦理学在现代经济

---

① 米尔顿·弗里德曼. 弗里德曼文萃. 上册. 胡雪峰, 武玉宁译. 北京：首都经济贸易大学出版社, 2001.3.

② 米尔顿·弗里德曼. 弗里德曼文萃. 上册. 胡雪峰, 武玉宁译. 北京：首都经济贸易大学出版社, 2001.121.

③ 布坎南. 经济学家应该做什么. 罗根基, 雷家端译. 成都：西南财经大学出版社, 1988. 117.

④ 斯坦利, 杰文斯. 政治经济学理论. 序言第 10 页. 郭大力译. 商务印书馆, 1984.

⑤ 参见：周文文. 理性 自由 发展. 复旦大学, 博士学位论文. 2005.

学家那里几乎蜕变成"不合时宜的思想"。亚当·斯密的理论被做了过滤性的阐述，他们大量引用斯密在互惠交易和劳动分工价值分析中的内容，却忽略了斯密著作中"对悲惨现实的关注、他所强调的同情心、伦理考虑在人类行为中的作用，尤其是行为规范的使用"。森论述道，如果我们对斯密的著作进行系统而公允的阅读，经济理性及技术文明的纯粹信奉者和鼓吹者是无法在其中寻得理论根由的。实际上，传统的道德哲学家和先驱的经济学家从未倡导过"一种精神分裂症式的生活"。①森认为，现代经济学的性质已经受到经济学与伦理学之间所产生的疏远的极大损害，正是这种疏离造成了现代经济学的贫困化，同时，它也严重地削弱了福利经济学自身。

有鉴于此，森试图恢复经济学诞生之初的方法遗产，重建经济伦理分析方法，实现经济学与伦理学的联姻，从而使经济学能够重建人文伦理的意义空间，真正关切人类的自由价值和生存发展，最终成为"现实的人"的经济学。具体说，它集中体现在四个方面。

第一，现代主流经济学执迷于物（财富、商品、资源配置等）的研究，森反对这种重物轻人的做法，强调人的研究才是经济学研究的核心和目标。现代标准的经济学理论一般把经济学解释为关于财富积累、商品生产或稀缺资源配置的科学。萨伊（Jean Batiste Say）曾明确指出，政治经济学是"阐述财富的科学"，是"阐明财富是怎样生产、分配与消费的"。而罗宾斯在 1932 年给出了稀缺经济学的定义并对西方经济学产生了深远的影响。从整体上看，西方现代经济学主要是以财富的获取和占有为对象，以资源稀缺为出发点，以资源配置为核心问题，关心的是效率问题，而无暇顾及公平等伦理问题。财富、商品的获取和占有成了经济学的最高价值，对人自身的研究只是作为理论模型的工具论假设和功能性要素进入经济分析当中。森反对这样的观点，他认为，存在着一个更高、更为本质的层面，那就是对"真实的人"及其生活的研究，我们需要将之再次置于分析的核心。他说："经济学从根本上说不是关于商品的科学，而是引领人类生活的科学。这种生活包括制造商品和使用商品，但其与商品的生产、交换和消费并不相同。对商品世界的兴趣是派生出来的，根本的考虑还是我们所过的或是不能过的生活。"②

① 参见：阿马蒂亚·森. 伦理学与经济学. 王宇, 王文玉译. 北京：商务印书馆, 2000. 28-32.
② 理查德·斯威德伯格. 经济学与社会学——研究范围的重新界定：与经济学家和社会学家的对话. 安佳译. 北京：商务印书馆, 2003. 356.

"大多数现代经济学往往过分关注非常狭隘的东西，忽略了广大的政治和社会因素的领域，忽略了哲学问题。然而，这些问题经常是经济问题的核心。关注它们是我们传统的部分。终究，现代经济学的主题在一定意义上为亚当·斯密建立，而后者以非常宽泛的视角看待经济学。"①事实上，以斯密、马克思和穆勒为代表的古典经济学一直抱有对人类福利和社会评价的关切，是在宽广的社会层面来研究经济事务的。虽然古典经济学长期被看成是研究财富的，可斯密从来没有把财富当成人生的目的，也没有把对财富的追求当成人类行为的唯一动机，至少道德的"同情心"就是与此不同的。斯密认为政治经济学有两个不同的目标："第一，给人民提供充足的收入或生计，或者更确切地说，使人民能给自己提供这样的收入或生计;第二，给国家或社会提供充分的收入，使公务得以进行。总之，其目的在于富国裕民。"②马歇尔对此也有过明确的表达："政治经济学或经济学是一门研究人类一般生活事务的学问；它研究个人和社会生活中与过去和使用物质福利必需品最密切相关的那一部分。"③在他看来，经济学一方面是研究财富的学科，更重要的，经济学是研究人的学科的一个部分，兼具研究财富和人自身的双重职责，这与森的观点非常接近。

人类行为的动机不是单一的，而是复杂多样的，经济学研究除了追求财富之外，还应该包括对更加基本的目标的评价和增进。以"人"为根本目标展开经济学研究，重现了经济学重视现实人类生活分析与价值判断的古典传统。在对经济学的理解上，森回到了人这个话题，通过将经济学看作"引领人类生活的科学"，他将经济学研究与人的研究联系起来，并把后者视为经济学研究的核心和目标，从而为经济学和人类发展理论的发展指明了前行方向。

第二，现代经济学单一强调工程学方法而忽视伦理方法，对此，森指出了经济学的两种根源：工程学方法和伦理方法,工程学的方法涉及对财富的关注，而伦理方法涉及更加基本的目标，比如自由、平等、公正等。工程学方法只关心最基本的逻辑问题，在这里，人类的目标被直接假定，接下来的任务只是寻求实现这些假设目标的最适手段。伦理方法回答的是"一个人应该怎样活着"、什么是

---

① Arjo klamer. A Conversation with Amartya Sen. Journal of Economic Perspectives. Vol.3, 1989. 140–141.

② 亚当·斯密. 国民财富的性质和原因的研究. 下卷. 郭大力，王亚南译. 北京:商务印书馆, 1974.2.

③ 马歇尔. 经济学原理. 上卷. 陈良璧 译. 北京:商务印书馆,23.

"对个人有益的东西"这样的疑问。森认为两种方法都不是绝对的,强调两者之间的结合与相互平衡。在那些伟大的古典经济学家那里,这两种方法大都可以看到,如亚里士多德在"对人类有益的东西"的分析中,提出了对经济学工程方法的需求。而数理经济学的先驱配第在运用收入法和支出法评估国民收入时,清楚地认识到,收支本身的真正意义在于它们提供了实现更复杂目标的重要途径,在这些目标中,配第强调应当广泛关注"公共安全"和"每个人特定的幸福"。

　　然而,在现代经济学发展过程中,伦理方法的重要性被严重淡化。通过狭隘的"工程学"假设,现代经济学在经济科学与伦理学之间明确画出界限,从而回避了传统经济学中的规范分析以及伦理因素的影响。而在许多现代经济学家眼里,"伦理的"是"无意义的"或者"没有意思的"。森认为,有两个中心问题都是现代经济学无以应对的,一是关于人类行为的动机问题,它与"一个人应该怎样活着?"这一广泛的伦理问题有关,称为"伦理相关的动机观"(ethics-related view of motivation);二是关于社会成就的判断问题,也与价值评价不可或分,称为"伦理相关的社会成就观"(ethics-related view of social achievement)。他指出,"现代经济学不自然的'无伦理'特征与现代经济学是作为伦理学的一个分支而发展起来的事实之间存在着矛盾"①。一味地疏远伦理学,使经济学本身的性质大受损害。同时,与经济学分离也会造成伦理学的损失。因为缺乏经济学的事实性基础和分析形式,关于事态和政策的伦理推理便很可能脱离事实。因此,"进一步加强伦理学与经济学之间的联系,无论对于经济学还是伦理学都是非常有益的"②。

　　强调伦理方法的重要性并不等于说工程学方法本身没有价值。经济学中存在着大量需要关注的逻辑问题。这些问题即使在狭隘的非伦理动机和行为模式中,也可以在一定程度上得到有效解决。如"一般均衡理论"研究市场关系中的生产和交易活动,尽管它对人类行为的看法很狭隘,但它使我们对社会相互依赖性的理解变得更加容易了。森说:"我并不认为,没有伦理考虑的方法就必定使经济学失效。但是,我想说明的是,经济学,正如它已经表现出的那样,可以通过更多、更明确地关注影响人类行为的伦理学思考而变得更有说服力。"③

---

① 阿马蒂亚·森.伦理学与经济学.王宇,王文玉译.北京:商务印书馆,2000.8.

② 阿马蒂亚·森.伦理学与经济学.王宇,王文玉译.北京:商务印书馆,2000.79.

③ 阿马蒂亚·森.伦理学与经济学.王宇,王文玉译.北京:商务印书馆,2000.15.

第三，现代主流经济学严守实证分析和规范分析的两分方式，强调实证分析的主导地位，试图严格地将规范分析排除在外。森不反对实证分析，认为"单纯的良心将一无是处，一旦我们的伦理观念把我们带入某种亟待回答的问题当中，我们不应该主要为我们的道德所牵引，以至忽视了那些可被发现（总是伴随着艰苦经验工作的）的实证现象"。①但是，森强烈反对人们过于持重实证分析，以至忽视了规范分析的立场，主张实证分析与规范分析的有机结合。他表明，经济学的任务不仅仅是实证性的预测和描述,而应该至少涉及三个方面：预测未来和因果性地解释过去的事件；对过去和当前的事件与状态进行选择性的适当描述；提供事态、制度和政策的价值评述，当然，他还认为这三者之间相互并不独立。正是由于价值判断在描述和预测当中的应用引发了人们对经济学方法论研究的兴趣。发展经济学先驱缪尔达尔（Gunnar Myrdal）指出，"任何经济理论都不可能独立于价值观而获得，因为在所有科学研究中，存在不可避免的先验要素，我们关于世界的表述归根结底是价值评价。"②科学研究无法做到"价值免疫"，经济学研究更是如此。

森不赞成把价值问题"剔除"出经济学领域的做法，他肯定经济学要考虑价值问题，而且可以用理性来分析这些价值问题，并认为价值判断具有实证分析的可能。他把价值判断分为基本的判断和非基本的判断，指出如果一个价值判断对某人来说在所有可能想象的情况下都适用，那么它是基本的，否则就是非基本的。对于基本的价值判断，无法对它以事实或分析形式进行争辩，但对于非基本的判断就可以。非基本的价值判断的存在，是在规范分析中实证分析的根源，因此，对一个价值判断做出否认的根据可以是纯科学性的。这就意味着价值判断完全可以进入经济学领域。同时，他坚持基本价值判断无法理性争论，既为伦理学领域留下了自身的领域，也确定了经济学有着无可置疑的价值前提。而非基本价值判断的实证可能，为经济学方法和伦理学问题的结合留下了广阔的伏笔。

第四，现代主流经济学偏重数学、孤立于其他社会科学,致使经济学陷入形式主义窠臼。森主张经济学与社会科学各领域研究紧密结合，应"尽力理解不同学科中发生的事情，并且不失去……自己学科的有效性和影响力，在此基础上，

---

① Amartya Sen. Continuing the Conversation. Feminist Economics. Vol. 9, 2003.327.

② 缪尔达尔. 亚洲的戏剧——南亚国家贫困问题研究. 方福前译. 北京:首都经济贸易大学出版社,2001.15.

对于我们尽力理解世界的性质，有着极为重要的教育意义。"①

森认为，尽管数学以其自身的简练特点，能够使经济推理富有分析性和实验性。然而，一旦一种经济学过重依赖于抽象的逻辑形式，特别是数学表达式时，它便成为"形式经济学"。其弊病在于经济学的形式化具有一种排他性功能，在那些充斥形式推理的领域，许多人都是经过纯数学或者应用数学的专业训练后才得以进入的，造成对现实经济学的排斥。其次，经济学的形式化会导致"经济主义谬误"，把某种不具现实性的理论假设应用于一切经济现象和经济运行的分析当中，如完全竞争、确定性、信息对称、完全理性等。过分形式化的经济学的失败在于缺乏一种平衡。

森认为，经济现象和其他社会现象之间的相互依从，要求除非政治经济学与其他社会科学各领域紧密结合，否则就难以对它展开研究。必须把经济活动放入社会大框架内加以研究。他说，"经济学涉关更好地去理解我们生活的世界的性质——经济世界、社会世界，一定程度上还有伦理世界。经济学是试图更好把握影响我们生活事件的一门学科"。②隔离于其他一切学科的经济学方法将是苍白无力的。以斯密、马克思和穆勒为代表的古典经济学是在宽广的社会层面来研究经济事务的。比如，斯密除了是现代经济学之父外，还研究了道德哲学，关心历史、政治和许多其他事物。森强调说："融合经济学、政治学、社会学、人类学，甚至是文学和文化研究，更不用说哲学方面显现出来的经验是非常重要的。"③只有当经济学与相关学科之间的隔阂真正消散时，当经济学领域的盲目扩展被认为是错误之举时，各门学科之间的关联才真正得以呈现：许多经济变量也是社会的、政治的、人类学的变量，反之亦然。

第二节　功利主义解构与批判

长期以来，功利主义都是道德哲学、福利经济学中占主导地位的哲学基础理论，甚至直到今天依然是经济学的主流意识形态。森认为：作为经济学中处于支配地位的道德方法，功利主义方法深刻地影响着规范问题在经济学中被提出和解

---

① 理查德·斯威德伯格.经济学与社会学——研究范围的重新界定：与经济学家和社会学家的对话.安佳译.北京：商务印书馆,2003.347.
② 汤建波.重建经济学的伦理之维.复旦大学,博士学位论文,2004.
③ 周文文.伦理 理性 自由.上海：学林出版社,2006.

决的方式。全面理解功利主义，能够更加深刻地把握现代经济学特别是福利经济学的本质。

无论经济学还是伦理学，都需要建立某种价值目标并且按照一定的评价标准来对个人利益和社会成就做出评价。它涉及两个问题，一个是确立有价值的目标，一个是确立评价的标准。评价标准的可用性和准确性对于经济学和伦理学的有效性和实用性起着关键的作用。森对功利主义的批判是建立在对其价值标准的研究基础之上，进而从价值标准的信息基础来切入的。因为任何一种评价标准总是会强调某些方面的信息并忽略掉其他的信息。所谓"智慧的艺术就是知道什么该忽略的艺术"。森对功利主义的批判正是沿着这样一条路径展开的：寻找功利主义的评价标准当中遗漏了什么信息，以此对其进行合理的检验。①

一、解构功利主义

森将功利主义解构为以下三个部分：

（1）结果主义（Consequentialism）：事件状态的好坏由其结果状态的好坏决定，即一切选择（无论是对于行动、规则、机构等做的）都必须根据其产生的结果来评价。结果主义的特点在于将行为结果之外的一切信息排除在评价体系之外，它的范围远远超出了只是对结果敏感的评价体系。任何功利主义道德体系（比如，行为功利主义、准则功利主义和动机功利主义）都包含了结果道德观（即结果功利主义）。

（2）福利主义（Welfarism）：事态的善完全取决于各个事态的个人效用集合的善。也就是说，在对事物状态的伦理考虑和评价中，唯一具有内在价值的东西是个人的效用，除此以外，所有其他信息或者不相干，或者仅作为影响效用的原因而具有间接关系。把福利主义和结果主义结合在一起，那么，事件的状态好坏由后果状态决定，后果状态又唯一按其效用来评价。

（3）总和排序（Sum-ranking）：任何个人效用集合的善完全由它们的总量来决定。②即效用信息的好坏由总效用的好坏决定，把不同人的效用直接加总得

---

① 参见：阿马蒂亚森. 资源、价值与发展. 杨茂林，郭婕 译. 长春：吉林人民出版社,2008.280.
② 参见：阿马蒂亚森. 资源、价值与发展. 杨茂林，郭婕 译. 长春：吉林人民出版社,2008.252. 原文注释：如果人口是变化的，就有必要进一步明确最大化目标应该是简单的总和（古典功利主义），还是每个人的总和（平均功利主义）。

到总量，而不注意这个总量在个人之间的分配（就是说，要是效用总量最大化而不计效用分配的不平等程度）。①

将结果主义、福利主义、总和排序全部结合在一起，就形成古典功利主义的判断标准：每一个选择按照其产生的效用的总量来判断。②在森看来，以上三个部分可以独立运用，但是在功利主义那里被严格整合在一起，从而形成了精确的评价体系，以此表现出很大的狭隘性，无法为评价提供牢固而可靠的基础。但功利主义并非毫无可取之处。

二、功利主义的可取之处

森对功利主义的肯定，主要表现在以下两点：

首先，尽管森并不同意以效用来测度福利的方法，但他认为，在评价各种社会安排时，需要关切所涉及的人们的福利，而功利主义没有采取异化的、商品拜物教的观点，把福利等同于商品的占有，混淆"福利"和"生活好"，混淆一个人的生活状态和他对物质的占有程度。功利主义关注商品和个人之间的关系，不是把收入和财富作为有形物来估价的，而是根据它们创造人类幸福或者满足人们欲望的能力来估价。事实上，在这一点上，森肯定的是在功利主义所体现的人的价值。

其次，按照结果来评价各种社会安排，有着积极的现实意义。许多情况下我们需要从后果的角度去考察实践的状态，一个评价体系需要敏感于后果。为了说明这点，森以产权为例来进行说明。主张完全私有制的人由于注意到它对个人独立的基础性，而提倡对财产的所有、继承以及使用不加限制，甚至否定征收财产税或所得税；反之，注意到所有权不平等带来的不正义的人们则主张废除私有制，实行完全公有。通过结果主义的方法可以证明，赞成私有产权的理由很大程度上来自其作为经济繁荣的动力，限制私有产权的理由来自不受限制的私有产权运作会带来某些贫困，阻碍社会救助措施的采取，妨碍环境保护和社会基础设施的发展等问题。就结果分析，纯粹反对和赞成私有产权的视角都不是完美无缺的，这表明关于产权的安排也许不得不按照可能产生的结果来评价。

基于上述理由，森评价道：功利主义坚持根据对人类幸福和痛苦产生的影响

①② 阿马蒂亚·森. 以自由看待发展. 任赜, 于真 译. 北京：中国人民大学出版社,2002.50.

来评价行为、规则以及惯例等等，忽略对国家荣誉和骄傲这类神圣情感的要求。在边沁时代，这种忽略必然为公共政策的辩论带来一股新鲜的空气。对这种新鲜空气的需要，即使在当今世界比较发达的国家，也不仅是需要的，而且是重要的。①

三、功利主义的局限

森对功利主义的批判主要表现在以下三个方面：

1. 漠视分配

功利主义的总和排序原则告诉我们，只有效用的总和是重要的，唯一有价值的信息是效用的总和，至于这个总和在人际间如何分配，则不是功利主义所要关心的事情。因此，效用总和计算只关注总量而不关注分配，忽略效用在不同人之间的实际分配及其可能引起的不平等问题。

为了说明这个问题，森曾经做过很多例证和数学说明，以下是最为简明的例证之一，假设A是一个跛脚的人，B是一个快乐的天才，在一定收入水平下，A所获得的效用是B从任何给定的收入水平中获得的效用的一半，A的福利处境显然没有B的高，要使A的福利地位和B一样，就需要增加A的收入，但是，与此相反，在处理A和B的纯分配问题时，功利主义者就会设法让快乐天才B比跛脚人A的收入多，因为这样才会增加效用的总量，这样一来，跛脚人的处境会比原来糟一倍，因为他不仅从同样的收入水平中获得的效用减少了，而且他所得到的收入也会减少。在这种原则指导下，贫者越贫，富者越富，社会阶层走向相反的两个极端。

罗尔斯在《正义论》中也指出："功利主义观点的突出特征是：它直接地涉及一个人怎样在不同时间里分配他的满足，但除此之外，就不再关心（除了间接的）满足的总量怎样在个人之间进行分配。在这两种情况下的正确分配都是那种产生最大满足的分配。"②他提出的"差别原则"正是对功利主义漠视分配的一种回应。事实上，古典功利主义者西季威克曾指出：功利主义的公式不能提供如下问题答案，即是否对一给定量的幸福的分配模式比另一个更好。然而，森认为，

---

① 参见：阿马蒂亚森. 资源、价值与发展. 杨茂林,郭婕译. 长春:吉林人民出版社,2008.280.
② 罗尔斯. 正义论. 何怀宏,何包钢,廖申白译. 北京:中国社会科学出版社,1988. 23.

西季威克并没有接受效用总数和效用分配平等之间平衡的可能性，在他的体系中，严格的总数排序对平等考虑占有词典编撰秩序上的优先性。

2. 忽略权利、自由等其他非效用因素

在功利主义者那里，权利和自由自身不具有独立的价值，它们只是间接地、因对效用的影响而具有工具的价值。结果主义和总和排序在功利主义体系中有着密切关联性，所谓的结果是效用总和的结果，社会福利只被视为不同个人效用的加总。两者结合在一起既忽视了过程公正，也忽视了分配平等。它仅依据结果进行道德评价，只关心最终结果是什么，即人们最后通过行为实现的结果，而不关心结果是怎样实现的，以及个人在结果实现的过程中处于什么样的状态，拥有什么样的权利，承担怎样的义务，个人的自由、权利等非效用因素的价值无法得以体现，这同时也导致无法坚持程序的正义。

假设两个总效用完全相同的社会，尽管其中一个存在侵犯个体权利的现象，功利主义者认为，只要由权利侵犯造成的损失可以通过其他因素比如心理调节得到弥补，这两个社会就是等同的。这一点也可以在功利主义导致的超道德要求中得到说明。比如，在赈灾捐款当中企业和个人应该捐助多少？按照功利主义社会利益最大化的要求，企业是否应该拿出大部分的资产捐助灾区，个人是否应该留下自己的生活必需，将剩余全部捐助灾区？再比如，如果一个人阅读娱乐书籍的时候，喝咖啡的时候，是否需要考虑把这个时间用来去福利院去做义工或者劝说自己的同事去做公益？因为这样会得到更大的社会效用？如果大多数人认为你俯卧着睡比仰卧着睡更加符合他们的心愿，尽管你自己更喜欢仰卧着睡，这时候为了更大的社会福利，你是不是需要俯卧着睡？更为极端的例子是，如果一群人对一个人进行严刑拷打，从中得到的快乐多于这个人因为被拷打而产生的痛苦，效用最大化的原理就会支持这种严刑拷打。总之，为了得到社会利益的最大化，功利主义鼓励牺牲少数人的利益，却不关心这个最大化了的社会利益是如何分配的，必然会剥夺一部分人的自由与权利。

3. 效用信息的狭隘性

对于功利主义者来说，效用计算为经济学和道德哲学提供了一种便捷的价值衡量和评价方法，因为任何个人都追求幸福最大化，任何社会都追求社会福利最大化。然而，森认为，把效用作为个人福利的最终准绳和唯一信息基础的福利主义存在两个问题：首先，效用不能客观地反映福利；其次，即使效用是度量个人福利的唯一手段，它也并不能真正反映一个人的生活状态。

首先，当把效用定义为快乐、幸福或愿望的实现时，功利主义面临适应性行为和心理调节的问题。功利主义在进行效用计算时，唯一注意快乐、幸福或愿望的实现。它们完全建立在对现存生活当下的心理态度之上，并且不追问一个人对自己应该过怎样的生活是如何评价的。森将前者称为"生理条件忽视"（physical-condition neglect），后者称为"评价忽视"（valuation neglect）。欲望和快乐基本上是一个心理状态，很容易被心理调节和适应性态度所改变。欲望和快乐只能反映了一个人可能会希望什么，而人的心理状态与其生活的具体环境密切相关。环境决定了一个人快乐感和欲望的强度，我们能感到多少快乐，敢不敢于欲望什么，这其中经常牵涉与严酷现实的妥协，涉及"可行性"考虑，特别是在逆境中人们会调整自己以使生活变得易于忍受。绝望的乞丐、无地的劳动者、受压迫的妇女、长期的失业者、乏惫的苦工会因一点小小的恩惠就倍感快乐。受剥夺的人们出于单纯的生存需要，通常会适应剥夺性环境，甚至会把他们的愿望和期望调整到他们谦卑地看来是可行的程度。

其次，当把效用定义为消费者选择所显示的偏好时，功利主义又面临行为动机多元性的挑战。为了克服用快乐或者欲望进行效用人际比较的困难，经济学的"显示偏好理论"把效用直接看作是个人选择的一种数量表述，认为人基于自利的原则，做出的选择一定是使自己福利最大化的。这实际上是一个循环论证，首先把个人的选择直接等同于福利，以此来测度福利的大小，陷入了自身循环论证的圈子。事实上，一个人行为的选择可以受许多动机驱使，个人对福利追求的动机仅为其中之一。福利动机在某些选择中也许居支配地位，但在其他选择中可能成为次要的，因而很难把选择信息建立在个人福利观念的基础上。比如，一个人有可能会为了家庭成员的利益或者他的信仰而做出牺牲自己福利的选择。

再者，选择同样受到环境和选择范围的制约，相同的选择行为并不确保有完全相同的效用。即使一个受剥夺的，或残疾的，或患病的人，恰好与另一个没有这些困难的人有着相同的需求函数，因此说他们从一给定商品组合中获得同样的效用，显然是不客观的。一个盲人和一个视力正常的人选择了同样一台电视机，一个肠胃病患者和一个健康人选择了同样的食物作为午餐，两者从中得到的效用显然不可能一致。

通过对效用的判断来确定善与不善，功利主义为道德判断提供了一个便捷的出发点。然而，功利主义评价选择根据的只是对人类一个有限方面的影响，即，他们的效用——他们的快乐和痛苦以及全部的愿望。森一针见血道出了这种评价方式的本质："功利主义信息的节俭特性，反映了它是明显的'一元论'，而不是'多元论'信息形式。"说功利主义评价选择根据的是对人的影响，并不正确。

森援引其他学者的评论说："功利主义并不是真的对人那么感兴趣，在功利主义者眼中，一个人只被视为那种有价值的被称为幸福的东西发生的场所。这种幸福如何发生，发生的原因，伴随着什么，被许多人分享还是只被少数人攫取，最终都不重要。真正重要的只是这了不起的幸福的总量，或者愿望满足的总量。"①

第三节　福利经济学的贫困化

福利经济学是功利主义在经济学中的典型体现，大多数福利经济学家往往是功利主义者。福利经济学自产生以来，就被认为是规范经济学，然而，由于伦理学和经济学的分离，福利经济学在日益摆脱价值的内涵的同时也走向了一条贫困化的道路，以至于在预测经济学和福利经济学之间，前者能够影响后者，后者却不能影响前者。也正是因为如此，它被森比喻为"天体物理学中的一个黑洞"②。

一、效用概念的理论演变

一般认为，福利经济学本质上不同于实证经济学，因为它建立在伦理价值判断的基础上和产生了规范性的命题，所以属于规范经济学的范畴。新旧福利经济学标准定理建立在两个假定基础上：一是自利行为，二是效用作为社会成就的判断准则。以庇古为代表旧福利经济学坚持基数效用论和效用人际可比两个基本假定方面，以效用总和作为价值标准；而新福利经学为了追求"价值中立"，放弃了效用的人际比较，坚持效用序数，仅以"帕累托标准"为评价基础。新、旧福利经济学研究的最终目标皆是使社会效用达到最大化。因此，在关于福利本质的考察方面都没能绕开"效用"这一核心概念。

福利经济学当中效用的概念来源于古典功利主义关于快乐与痛苦的计算。功利主义追求"最大多数人的最大幸福"，也就是最大多数人的最大效用，在这里，效用是对幸福或快乐的测度，本质上是一种心理感受。庇古的旧福利经济学继承了边沁的功利主义思想，他将可以用货币衡量的这部分社会福利定义为经济福利，作为福利经济学的研究对象，福利经济学的任务就是如何使经济福利最大

---

① 阿马蒂亚·森. 资源、价值与发展. 杨茂林, 郭婕译. 长春:吉林人民出版社,2008. 281.

② 阿马蒂亚·森. 伦理学与经济学. 王宇, 王文玉译. 北京:商务印书馆,2000. 31.

化。与边沁的功利主义效用相一致，在庇古的旧福利经济学当中，效用是可以计量和进行人际比较的，故称为基数效用。但是，福利经济学当中的个人效用指的是经济福利意义上的，是货币能够计量的个人满足感，因此最终是用物品或者货币来衡量的。在这里，效用的意义事实上发生了微妙的变化，偏向于价值和福利，相对于功利主义的效用概念物质化、客观化，它可以用一、二、三……这样的基数来计量并求加总，因而在人际间是可以比较的。同时，秉承古典功利主义的最大多数人最大幸福的思想，旧福利经济学认为：所有个体的效用总和构成全社会的经济福利，社会应该使整体福利总和达到最大。在此基础上，庇古提出他的第一个命题：国民收入总量越大，社会经济福利越大。

古典功利主义对经济学的另外一个重大影响是推动了边际效用理论的形成。边际理论包括边际效用和边际效用递减律两个部分。边际本来是一个数学概念，其含义是导数，是两个变量的改变量之比。经济学上的边际的意思是"最后的"或者"新增加的"，就是通过考虑最后一个或者新增加的一个所引起的变化来判断事情的整体性质。边际效用递减律指的是每一单位物品带给人的效用是递减的，比如喝第一杯牛奶带来的满足感是100，喝第二杯时带来的满足感可能会下降到50，每一杯牛奶带给人的满足感是递减的。

古典功利主义的创始人边沁在《立法理论》（1802）中提出几条定理：①对应于每一笔财富都有一种相应的幸福；②在两个拥有不等量的财富的个人之间，拥有最多财富的那个个人拥有更大的幸福；③人的幸福的丰富程度小于他的财富的丰富程度；④两笔财富数量之间的对比越巨大，其相应的幸福数量之间越不可能存在同样巨大的不对称；⑤实际的（财富分配）比例越接近平等，幸福的总量越大。①可见，幸福虽然会随着财富的增加而增加，但是幸福的增加没有财富增加得快。这可以看作边际理论的萌芽。

1870年，边际效用的创始人之一杰文斯在他的《政治经济学理论》一书的序言中指出："在这本书中，我试图把政治经济学当作快乐和痛苦的一种微积分学。"②他又说："经济学的目的是使幸福达到最大，我毫不踌躇地接受功利主义的道德学说，它确认对于人们幸福的效果是判断正确和错误的准则。"③杰文斯和

---

① 边沁. 立法理论. 李贵方等译. 北京：中国人民公安大学出版社，2004. 129.
② 杰文斯. 政治经济学理论. 郭大力 译. 北京：商务印书馆，1986. 6.
③ 杰文斯. 政治经济学理论. 郭大力 译. 北京：商务印书馆，1986. 23.

边沁一样都是英国人，他发表他的边际理论的时候，是在他们共同的故乡英国，当时功利主义已经很深入人心，所以边际效用理论在英国也很快被接受。

庇古旧福利经济学的第二个命题正是在边际原理的基础上提出的：国民收入越是均等化，社会经济福利也就越大。以一元钱对于穷人和富人的不同意义为例：根据边际效用递减的规律，一英镑对于穷人的边际效用明显大于富人。同样增加一英镑的收入，对于富人来说微不足道，但对于穷人却意义重大。如果将钱从富人手中转移到穷人手中，就会增加效用总和，从而增加社会经济福利。至此，旧福利经济学第一命题国民收入最大化被认为是解决效率问题的，而第二命题国民收入均等化被看作是解决公平问题的。在这两个问题的优先性上，庇古认为，尽管收入均等化可以增加效用总量，但是要彻底解决贫困问题，必须将社会资源进行最优配置以增加国民收入总量。很显然，国民收入总量是最终的决定因素，与效率相比平等更具有优先性。旧福利经济学的这一特点，是由其思想基础——古典功利主义的最大化原理所决定的，而功利主义在经济学领域最终表现为效率原则。故而，森在《论经济不平等》中将这个命题所展现的功利主义平等称为一个"特殊的巧合"。①

新福利经济学产生于 20 世纪 30 年代，其代表性的观点是：人与人之间的效用既不可以衡量也不可能比较，效用比较只是表达了某种道德情感或态度，没有任何实质的意义。罗宾斯、卡尔多等人都是这种观点的支持者。比如消费同一部影片，不一样的观众所得到的快乐既无法测量更是不能比较的，他们认为这样的比较超出了实证科学的范围，必然会因加入价值判断而丧失科学性。任何一个效用都无法说出大小，因而不能比较，只能排序，这就是序数效用，只能以第一、第二、第三……这样的序数来表示。序数效用的概念类似于观察一张星空图，从任意一个方向都可能得到不同的排序，但无法比较其大小。此时，效用等同于快乐或愿望实现的观点已大体被摈弃，而用偏好来表示，与偏好最接近的概念是需要和欲望，它比幸福或者快乐的概念更加主观，更加难于测度。"显示偏好理论"提出的解决方案是：个人的实际选择会暴露自己的偏好。在实际应用中，往往以人们的实际收入或者商品作为福利的物质基础。森视之为"个人选择的一种数量表述"②。

---

① 阿马蒂亚·森. 论经济不平等／不平等之再考察. 王利文,于占杰译. 北京:社会科学文献出版社,2006.14.

② 阿马蒂亚·森. 以自由看待发展. 任赜,于真译. 北京:中国人民大学出版社,2002.57.

那么，从基数到序数，从人际可比到人际不可比变化的意义在哪里？庇古在他的《福利经济学》中一再强调："如果经济福利是一种不能用较大或者较小的概念进行描述的事物，则福利经济学将消亡殆尽。"①而罗宾斯则辩论说："不存在任何方法来进行这种比较。""每个人的心理对于其他任何一个人都是一个谜，不可能存在感觉上的共同尺度。"②针锋相对的争论源于新福利经济学家把效用人际比较看成是"规范的"和"伦理的"的，因而是不合理和不科学的，强调序数效用和效用人际不可比的目的在于将价值判断排除出福利经济学的大门。既然个人之间的效用无法进行比较，那么富人和穷人由不同收入所获得的效用和快乐也是无法比较的，收入均等化理论便失去了科学依据。更进一步，由于个人效用无法比较，对于不同的收入，每个人判断标准不同，也就无法得出为所有人都接受的合乎道德的收入分配准则。由此，新经济学彻底清除了分配问题，只研究稀缺性问题，成为一种更加彻底的功利主义。

新福利经济学声称是摆脱了价值判断的经济学，"结果是传统的实证经济学的范围扩大了，包括了整个福利经济学"③事实是，无论新旧福利经济学都在试图找寻解决增加社会经济福利的"应然性"方法。新福利经济学只是以所谓没有争议的事实和价值判断为基础，其实是经济学家简化问题的一种方法，即习惯于将有冲突的价值判断归于伦理学，将无冲突的价值判断在否认其价值内涵之后收为己用。福利经济学的研究本身就蕴含了价值判断的取向，而刻意地回避伦理问题不仅造成了福利经济学评价活动的狭隘和偏见，难以分析和研究许多经济问题，而且导致福利经济学在现代经济学理论中的地位相当不稳定，福利经济学被置入一个狭隘的盒子中，与其他经济学相隔离。从而形成了预测经济学和福利经济学之间的严重不对称关系，亦即福利经济学与外部世界的联系主要采取一种单向方式，按这种联系方式，预测性经济学研究成果可以影响福利经济学的分析，福利经济学观点却难以影响预测性经济学，由此造成了福利经济学的贫困化。④

---

① 庇古. 福利经济学. 金镝译. 北京:华夏出版社,2007.657.

② 参见:阿马蒂亚·森. 论经济不平等/不平等之在考察. 王利文,于占杰译. 北京:社会科学文献出版社,2006.57.

③ 马克·布劳格. 经济学方法论. 转引自陈燕. 一种视角转换:福利经济学的伦理解读. 哲学动态,2004.5.

④ 参见:阿马蒂亚·森. 伦理学与经济学. 王宇,王文玉译. 北京:商务印书馆,2000.33.

二、阿罗不可能定理与评价信息基础

"肯尼斯·阿罗在反复寻找社会福利的公式化表达的过程中，提出了著名的'不可能定理'"，[1]从而引发了福利经济学的重大危机，直到 20 世纪 70 年代，阿马蒂亚·森的研究才扭转"福利经济学无用"的悲观局面。

福利经济学的一个重要任务就是：寻找某种人们公认合理的标准，以此评价一种社会经济状态是否比另一种状态更优，进而研究和提出改善现状所需的经济政策措施。社会选择理论研究的是："个人与社会之间的关系，……具体说来，它把个人利益、个人判断或个人福利汇总为社会福利、社会判断或社会选择的某种总合概念。"[2]这里的总合是一个动词，指的是把全部个人偏好加起来合在一起。简言之，社会选择研究的是：如何从已知的个人排序获得社会排序？社会选择一直是福利经济学的关注核心。

在人际效用不可比和效用序数性假定前提下，阿罗设定了合理的集体决策规则应该满足的五个最低要求，通过严密的论证，他发现不存在同时满足这五个条件的集体决策规则。即：当社会所有成员的偏好为已知时，不存在一个理想的规则或者一定的合理程序，能从个人偏好次序得出社会偏好次序，准确地表达社会全体成员的个人偏好或者达到合意的公共决策，这就是"阿罗不可能性定理"。它表明：一个社会不可能有完全的每个个人的自由——否则将导致独裁；一个社会也不可能实现完全的自由经济——否则将导致垄断。阿罗不可能定理提出后成为规范经济学发展的巨大障碍，对当代政治哲学、福利经济学造成了巨大的冲击。

森认为，阿罗不可能定理的精神不在于"不可能"，它只是提供了一种考察在个人偏好基础上进行社会决策的一般性方法，并告诉我们什么是可能的，什么是不可能的。每一种理论的评价方法都有其做出判断所需要的信息基础，同时也会剔除另外一些与判断不相干或没有直接关系的信息。关键在于在进行社会决策的时候，实际采用哪些信息。从评价信息的基础看，阿罗定理的"不可能性"来自其信息基础的狭隘性，他说："可以把阿罗不可能性定理看成是，由'福利主

---

① 阿马蒂亚·森. 正义的理念. 王磊，李航译. 北京:中国人民大学出版社,2012.261.

② 阿马蒂亚·森. 社会选择. 见:约翰·伊特韦尔等编. 新帕尔格雷夫经济学大辞典. 第四卷. 北京:经济科学出版社,1992.409.

义'（排除非效用信息使用）和非常大的贫乏效用信息（尤其因为回避人际比较）的结合造成的。"①对此，他提出以下解决方案：首先，要求效用的人际可比;其次，补充"非效用"信息。通过扩大评价的信息基础，就可能得到社会和经济评价的连贯和一致的决策标准。

森认为，在依赖个体效用的同时，否认效用的人际可比性，是不可能定理产生的先决条件。举例来说，假定 A，B，C 三人分一个蛋糕，需要在不同的分配方式之间进行选择。第一种方式下，A 得到 2/3，B，C 各得 1/6，第二种方式下，A 得 1/5，B，C 各分有 2/5。这两种情况下，分别把 A 享有的份额的一半平均地分给 B 和 C，那么，哪种分配更可取呢？按照阿罗定理所设定的条件，除了能得出在两种情况下，A 的效用下降了，而 B 和 C 的效用上升了这样的结论外，再无其他。而事实上，这两种分配是有差异的，第一次是从富人向穷人转移，第二次是从穷人向富人转移。阿罗所使用的偏好效用由于缺乏人际的效用比较信息，自然无法区分富人和穷人，更无法进行社会判断。因此，走出不可能的第一步就是承认人际间的效用比较。森说："就匮乏信息的决策体系所导致的消极结果而言，丰富社会选择的信息基础是解决这个问题的重要的必要条件。首先，在这种社会选择中，必须将个体优劣势的人际比较置于中心地位。如果效用代表个体优势，那么效用的人际比较就是·个可行的社会评价体系的关键所在。"①事实上，人际比较的思想在今天并非森独有的，许多当代福利经济学家都强调人际比较的可能性："社会选择必须要有人际比较，无论是序数还是基数的效用都应该可以进行人际比较。一旦把个人的满足水平视为人际间可比较的，就能够给出不同类型的社会评价。再者，比较并不需要非常严格，因为人际比较的悲观主义根源于要求比较建立在很精确性的基础上。其实，人际比较能明智地以不同方式进行，包括完全可比较和部分可比较。"②

扩大社会选择的信息基础，不仅要进行人际比较，还要补充"非效用"信息，那就是要进行价值判断。森指出，即使效用信息以最清晰、最完备形式出现的时候，效用对社会判断或社会选择来说，在信息上也不一定是充分的。个人福利的简单集合可能与其构成的社会结果大相径庭，两者有着不同的社会安排、机

---

① Amartya Sen. Personal Utilities and Public Judgements: or What's Wrong with Welfare Economics.Choice, Welfare and Measurement. Oxford: Basil Blackwell, 1982. 346.

② 阿马蒂亚·森. 正义的理念. 王磊，李航译. 北京:中国人民大学出版社,2012.262.

会、自由和个人选择。社会选择理论涉及的是具有不同价值观和利益的自由公民，个人的价值观对社会与个人利益的判断具有重要意义。举例来说，A 和 B 两个人之间，有三种再分配方式：X=3/9；Y=4/8；Z=4/8，其中，状态 Y 是以征税的方式进行的再分配，状态 Z 是以准许严刑折磨的方式进行的再分配，两种状态带给 A 和 B 的相对效用相同，都是 4/8。这种情形下，福利主义者在用状态 Y, Z 与状态 X 比较时，必然认为状态 Y 和 Z 是完全等同的，这显然是大多数人都不会认同的。

这说明，价值观当中的一些信息是很难以效用来替代的，不虐待、不怨恨、不拷打、不歧视等这些人类深沉的道德情感无法单纯用效用来衡量。特别是当人们希望消除贫困、剥削和不平等现象时，不只是要求人际间的效用比较，还包含自由，反对剥削和压迫等这些价值信息的诉求，它们构成了对社会福利做出全面判断的主要依据。此外，由于不易测量、比较和如实显示，效用信息总是很难获得。相比之下，一些非效用信息，比如体现自由和权利的"同工同酬"等信息，相对容易观察得到。

通过森的分析可以看出，阿罗不可能定理实际上揭示了福利经济学的症结所在，那就是伦理价值的缺失，建立在理性基础上的排序并不是不可能的，关键是要建立更加广泛的信息基础。森认为，不能把人的动机仅仅归于自我为中心，假定实际偏好不包括对其他人的任何关注。这不符合现实，也无法理解大量经济和社会问题。价值判断进入社会选择领域不仅大大扩大了评价框架，也表明社会选择理论的研究必须把人置入社会背景之下。[①]

三、帕累托自由主义的不可能

由于现代福利经济学的反伦理倾向，排除了人际效用比较，导致帕累托原则成为其唯一可以用来判断社会福利的工具。帕累托原则指的是这样一种状态：当且仅当不减少其他人的效用就无法增加任何一个人的效用时，这种社会状态就称之为帕累托最优，即如果没有人因为某一个人的状况变好而更差，这个改变就意味着帕累托改善。帕累托最优有时也被称为"经济效率"。森认为，帕累托最优在福利经济学中的神圣地位与功利主义在传统福利经济学中的神圣地位密切联系

---

① 参见：汤剑波. 重建经济学的伦理之维. 复旦大学, 博士学位论文, 2004.

在一起的。①是自利假定、效用信息以及无效用人际比较的情况下，尽可能推进功利主义逻辑的结果。

首先，帕累托最优完全漠视效用分配（或者收入的分配，或者其他任何东西的分配），也不关心平等。只要一个人状态更好，而没有人状态更差，不考虑分配的状况如何。那么，一些人一无所有而另外一些人无所不有的社会状态，也可能符合帕累托原则。只要社会总效用的增加没有减少穷人原有的福利，就是符合帕累托改善，富的人越来越富，穷的人一直原地踏步，贫富差异就会越来越大，但是，不论贫富有多悬殊，都不是帕累托原则要关心的，因为这样的社会状态依然符合帕累托最优。这说明，帕累托原则是一个彻底的效率原则，完全不考虑饥荒、贫困及剥夺的消除这类问题。

其次，帕累托原则会造成对自由和权利的侵犯。帕累托原则强调的是个人福利而不是社会福利，福利经济学的两个假设是：个人是他自己福利的唯一判断者；社会福利只受每个人的福利所影响。这样的两个假定没有为自由、权利之类的价值留下任何空间。设想两种社会，一个给予个人自由选择，另一个是专制的社会，它们产生的结果一样好，他们就都是帕累托最优的。然而，由于独裁体制下缺少了一个人按其意愿采取行动来决定在哪儿工作、生产什么、消费什么等的自由，就不能说与一个有自由选择的社会一样好。

帕累托最优的前身是边沁的自利原则，指个人或政府在追求利益最大化的时候不以损害他人或社会以及其他团体的利益为原则，也称为利益边界原则。帕累托原则继承了这种思想，主张在不损害他人的前提下能够采取任何办法使自己受益。这种原则被看作是一种承认自由价值的方式，成为现代经济学注重自由主义的印证。然而，森于1970年提出的"帕累托自由主义不可能性"定理，揭示出最小自由和帕累托原则之间无法避免的尖锐冲突。

"帕累托自由不可能性"指的是：如果人们有偏好，那么帕累托的最优要求与个人自由的最低要求之间是矛盾的。②所谓"个人自由的最低要求"指的是每个人都有着"个人领域"，在这个领域他有权力做出决策，亦即只有他的偏好算作决定社会偏好的因素。例如，"你仰着睡还是趴着睡"，是社会给予你的绝对自由，不用管社会中的大多数人认为你应该怎样睡。最小自由原则确保每个人都

---

① 阿马蒂亚·森. 伦理学与经济学. 王宇，王文玉译. 北京：商务印书馆 2000. 41.

② 阿马蒂亚·森. 正义的理念. 王磊，李航译，北京：中国人民大学出版社，2012.288.

希望维护的一系列个人偏好的存在，是民主社会的基本要求。而帕累托原则是把个人偏好作为社会偏好的唯一基础，如果在每个人的效用排序中，偏好 x 胜于 y，社会应偏好 x 胜于 y，是一种结果主义的自由观。

森举例说明两者的冲突：A 和 B 两个人面对一本据说是色情小说的《查特莱夫人的情人》。A 不喜欢这本书，也不会去读它，但他更加不喜欢的是 B 去读它；B 想读这本书，但他更希望让 A 去读这本书。按照自由原则，两个人都不读这本书的情况不存在，因为 B 想读，而 A 对此无权干涉，同样，A 读这本书的情况也不存在，因为 B 无权对这个与己无关的选择施加影响。唯一剩下的选择就是 B 读这本书。如果每个人单独决定自己读或者不读，也是一样的结果，B 读 A 不读。但是，如果按照帕累托原则，根据描述的偏好去选择，对 A 来说最差的是 B 读这本书，其次是自己读，对 B 来说最好是 A 读，其次是自己读，两个人都会去选择 A 读这本书。那么自行选择的结果和按照两个人偏好确定的帕累托原则是不一致的。但是除此之外的两种情况都会违反最低自由原则。而由于每一种选择都不是最优的，因此没有一种选择能够满足社会选择的制定要求。这就是同时满足帕累托最优和最低自由原则的不可能性。[1]它表明，局限于效用信息的帕累托原则与最低程度的个人自由观之间存在不可避免的冲突，会导致社会选择的两难困境。

就像更加著名的阿罗不可能定理一样，森表明，帕累托自由的不可能性不是要突出社会选择中矛盾，或者说社会选择绝对不可能，而是要将原来不被关注的问题带入我们的视野。帕累托原则和最小自由原则诉诸不同的道德关怀，前者诉诸帮助人们获得他们想要的无论什么东西，后者诉诸尊重个人偏好对一定领域的支配权利。帕累托自由主义不可能性表明，在社会选择过程中，效用信息不是唯一的，个人自由也是应当考虑的重要因素。如果我们承认一个人拥有决定自己仰天睡或者趴着睡的绝对权利，就意味着社会必定忽视其他人的偏好多过这个"确获保障的领域"。这样一来，不管效用的信息多么完备和丰富，都不可能用它来充分地把握自由。这充分暴露了效用信息在社会选择判断中的有限性。

正如罗杰·巴克豪斯的分析所言："森的自由主义暗示，社会福利所依存的不是单一的个人偏好。为了估价社会福利，例如，我们需要知道我的效用是来自吃香蕉，还是来自亏待别人。如果接受这个论证，那它就暗中破坏了帕累托标

---

① 参见:阿马蒂亚·森. 正义的理念. 王磊,李航译,北京:中国人民大学出版社,2012.289.

准，因为在某种变化使每人处境变好的场合，帕累托标准是排除利用非效用信息的。森指出，如果我们接受人们拥有一定权利的说法，那么非效用信息就不可能这样被排除，"①可见，社会选择不可能对价值判断"免疫"，价值中立在社会选择中是不可能成立的。声称不带有任何价值判断而只依赖个人偏好的帕累托标准与最小自由标准结合产生的帕累托自由不可能是对这个命题最有力的证明。

应当注意的是，森并没有绝对坚持自由权利高于帕累托原则，他所建议的是一种"价值多元主义"，根据这种多元主义，自由和帕累托主义都不被视为有着不可动摇的价值，关键在于，需要区别在偏好背后的动机，在个人想要决定自己读什么和想要决定别人做什么之间存在一种重要的道德区别。本质上说，"帕累托自由主义不可能性"的提出，说明了效用信息的狭隘性，它要求福利经济学考虑更丰富的信息内容。

第四节　以可行能力为核心的分配正义观

通过对现代经济学、功利主义、福利经济学的批判，我们认识到：作为一门社会学科，经济学要研究现实中的人，经济学研究无法做到价值中立，不应将伦理学排除在经济学大门之外。在社会选择中，以效用作为唯一的信息基础，以帕累托最优作为评价工具、以社会效用最大化作为目标的社会评价存在其自身无法克服的困难，导致了福利经济学的日益贫困化，难以为社会提供有价值的政策建议。寻找一种具有多元价值的跨学科评价信息，是联合经济学和伦理学，克服福利经济学贫困化的有效途径。森为我们提出了"可行能力"为核心的多元价值信息观，并在此基础上建立了其分配正义观和自由发展观。

一、可行能力、功能性活动与自由

（一）可行能力

究竟用什么来评价一个人的福利？森认为，明确评价的信息基础在于：个人实际能够做某事，实现某种功能性活动组合的可行能力，也就是一个人能过某种生活的自由程度和他实际有的机会。可行能力（capability）是森整个理论体系当

---

① 罗杰·巴克豪斯. 现代经济分析史. 晏智杰译. 成都：四川人民出版社 1992. 419.

中最基础最核心的概念，是他用来评价个体福利、贫困、不平等、社会安排、制度设计等的宽广标准。森在多部著作当中都对这个概念进行过解释：

在《论经济不平等 / 不平等之再考察》①中，森将人的生活看作由一系列有价值的功能构成，这些功能既包括营养良好、身体健康、免除疾病等基本内容，也包括获得自尊，能够参加社会活动和社交生活等复杂的内容。帮助我们实现这些功能的被称为可行能力，也就是一个人能够做什么和能够怎样生活的能力。在《以自由看待发展》②中，他将之定义为："此人有可能实现的、各种功能性组合。可行能力因此是一种自由，是实现各种可能的功能性活动组合的实质自由。（或者用日常语言说，就是实现各种不同的生活方式的自由）。"在《正义的理念》③一书中，森说："可行能力是开展行动的能量，由这种能力派生出的责任也是可行能力视角的一部分……它是一个人实际拥有的做他所珍视的事情的自由。"简言之，可行能力指的是一个人建立目标、承担义务、实现价值的能力，是一种实质自由。

在《相对而言的贫困》④一文中，森在论述评价生活水平的正确视角时，曾对能力进行过生动的说明。他以一辆自行车为例，作为一件物品，它具有几个特性，其中一个特性是运输。拥有自行车提供给一个人以某种特定方式运动的能力，如果没有自行车，他可能无法这样做。如果他希望运动或者觉得这种运动令人愉快，那种能力可以提供给这个人效用或者愉悦，这样，就有了一个从物品（在这里是自行车）到特性（在这里是运输），到可行能力（在这里是移动的能力），再到效用（在这里是运动的愉悦）的链条。

可以看到，能力既不是对物品的拥有，也不是物品的特性，也不能等同于效用，即这些东西带给人的心理感受，而是体现一个人能做什么或者不能做什么，一个人实现自己合理目标的自由，它最接近生活水平的概念，它关注的不是"不能做什么"的消极自由，而是自己"能够做什么"的积极自由。以可行能力代替效用作为福利的评价标准主要有两个优点，①与偏好效用不同，它敏感于人际差

---

① 阿马蒂亚·森. 论经济不平等 / 不平等之再考察. 王利文, 于占杰译. 北京: 社科文献出版社 2005. 227.

② 阿马蒂亚·森. 以自由看待发展. 任赜, 于真译. 北京: 中国人民大学出版社, 2002. 62.

③ 阿马蒂亚·森. 正义的理念. 王磊, 李航译. 北京: 中国人民大学出版社, 2012. 16,214.

④ 阿马蒂亚森. 资源、价值与发展. 杨茂林, 郭婕译. 长春: 吉林人民出版社, 2008. 308.

异；②突出主体的选择能力和实现机会。它没有局限于"某个人是不是满意"，或者"某个人能得到多少资源"，而是介于主观与客观之间，关注"某个人实际能够做什么或成为什么"，反映了一种实质的自由。

马克思自由概念所蕴含的"能力"之义，对森影响甚深。马克思强调，人的"全面而自由的发展"，就是要在极大满足人的自然需求的同时，使个人"能够全面发挥他们各方面的才能"。这种全面能力包括了人的体力、个性、智力、德行以及音乐、审美等各方面的综合能力。在《资本论》中，马克思又更明确地指出，所谓"全面发展的个人……，也就是用能够适应极其不同的劳动需求并且在交替变换的职能中只是使自己先天和后天的各种能力得到自由发展的个人来代替局部生产职能的痛苦的承担者"。①"在这里，人不是在某一种规定性上再生产自己，而是生产出他的全面性。"②

(二) 功能性活动

为了更好地解释能力的概念，森引入了一个"功能性活动"(functionings) 的概念，用它定义了福利的内涵，"一个人的福利可以根据他的生活质量（也可以说生活得好）来看待、可以把生活看成是由一组相互联系的'功能性活动'，或者说生活状态和各种活动构成。在这儿，可以把一个人的成就看作他或她功能性活动矢量。"③功能性活动"反映了一个人认为值得去做或达到的多种多样的事情或状态。有价值的功能性活动的种类很多，从很初级的要求，如有足够的营养和不受可以避免的疾病之害，到非常复杂的活动或者个人的状态，如参与社区生活和拥有自尊。"④概括地说，"一个人的生活能被视为个人做的一系列事情，或者他实现的状态，并且这些构成了'功能性活动'集合——个人做什么和实现的状态。"⑤

森指出，"功能性活动的概念源自亚里士多德"⑥，亚里士多德在表述人类"善"时，强调首先应肯定人的功能 (function) 的重要性，因为善寓于功能和行

---

① 马克思. 资本论. 第一卷. 北京：中国社会科学出版社，1983.500.

② 马克思，恩格斯. 马克思恩格斯全集. 第 46 卷上. 北京：人民出版社，1979. 486.

③ 阿马蒂亚·森. 以自由看待发展. 任赜，于真译. 北京：中国人民大学出版社，2002. 62.

④ 阿马蒂亚·森. 以自由看待发展. 任赜，于真译. 北京：中国人民大学出版社 ，2002. 62.

⑤ Jean Dreze and Amartya Sen. India: Economic Development and Social Opportunity, in The AmartyaSen and Jean Dreze Omnibus, Oxford: Oxford University Press, 1999. 10.转引自：汤剑波. 重建经济学的伦理之维. 复旦大学 博士学位论文，2004.

⑥ 阿马蒂亚·森. 以自由看待发展. 任赜，于真译. 北京：中国人民大学出版社，2002. 62.

动之中。"如若考察人的功能，事情也许会更清楚些，一个长笛手，一个雕像家，总之那些具有某种功能和实践的人，他们的善或功效就在于他们所具有的功能中，类似地，人的善就存在于人的功能中。"① 这种重视商品所产生的功能而不是商品本身，关注人而不是财富的思想，斯密也曾提出过，除了"财富最大化"，他还指出，社会"必需品"的清单决定于最低限度的自由所需要的，例如不带羞耻地出现在公众面前，或参与社群生活的能力，而不只是所拥有的实际收入或商品组合。

　　功能性活动的概念介于效用和物品之间。森认为，用效用心理状态度量或看福利的方式，基本上是一种主观主义的态度。商品、基本善和资源似乎较为客观，可它们主要作为手段而存在，且漠视人际差异。而功能性活动既保持了客观意义的评价基础，又认真对待了人际的差异。这种人际差异决定了人们可以从一定资源量中获得什么和需要花费多少都大不一样。

　　森进一步对"功能性活动"与"福利"以及"商品"做了区分。首先，他强调必须把功能性活动与由此产生的幸福区分开来，例如骑自行车这个活动本身与由于骑自行车而产生的愉悦感是不能等同的。其次，他强调要把功能性活动与商品区别，并对这一点做了详细的说明。

　　森认为，主流经济学家把注意力集中于商品的拥有或商品本身的特性上，却不能告诉我们"什么人能够处置商品"。商品固然对于人类的生活非常重要，然而从最终的意义上说，商品的意义在于能够提供给我们有理由珍视的生活，功能性活动所定义的正是这种生活的状态。商品仅仅是人们进行功能性活动的手段，就如同拥有汽车和驾驶汽车的区别。一个人拥有汽车，但有可能会因为没有驾照或者别的原因不能驾驶汽车，就无法得到驾驶汽车的乐趣和好处。他认为，商品与我们运用商品而达到的生活状况之间的差异，至少受到以下五种来源的影响：

　　(1) 个人的异质性：人们在伤残、疾病、年龄或性别方面具有完全不同的体质特征，这使他们的需要因人而异。残疾人可能需要某种修复手术、老人可能需要更多的扶持和帮助，怀孕妇女可能需要摄取更多营养，而健康人无须这方面的花费。处境劣势所需要的"补偿"也因人而异，有些处境劣势即使给予转移收入也不能被充分"矫正"。比如一个生病的人会需要更多收入来医治疾病，即使得到治疗，这个病人还是有可能无法享受到具有相同收入的正常人所享受的同等生

---

　　① 亚里士多德.尼各马可伦理学.苗力田译.北京:中国社会科学出版社,1999.11.

活质量。

(2) 自然环境多样性：环境条件的差异，包括气候条件、地震、大气污染等可能影响一个人从给定的收入中所能获得的享受。与热带地区的人相比，寒冷地区的人在取暖御寒上花费得更多。而一个地区的传染病流行、环境污染等问题，显然改变了该地区居民享受的生活质量。

(3) 社会环境差异：人们能用给定收入水平达到什么样的生活状况会随着社会环境的改变而发生变化，公共卫生保健和流行病，公共教育安排、犯罪和暴力的泛滥或匿迹都是影响的因素。

(4) 人际关系的差异：既定的行为方式所需要的物质条件随社群而异，取决于传统或风俗。为了满足相同基本功能性活动所需要的收入随着一个共同体或者群体已建立的习俗变化而变化，特别依赖于社会普遍繁荣标准。例如，按照能够"不带羞耻地出现在公众面前"的功能性活动标准，在比较富裕的国家或地区生活相对贫困的人也许不能够"体面地"出现在某些基本的社交活动中，即使此人的绝对收入远远高于在贫困国家或地区中的普通成员。

(5) 家庭内部的分配：家庭是考察收入和商品使用的基本单位。家庭中某个成员的福利或自由取决于家庭如何使用收入和商品来满足不同家庭成员的利益和目标。在这种情况下，家庭内部实行的分配规则，比如根据性别、年龄或被认同的需要等因素可以对单个成员的成就产生重要影响。[①]

因此，判断一个人的自由或可行能力首先要关注人们所能够选择的功能性活动，人们实际能够过上的生活状态，而不能过早将分析局限于商品和以满足或者偏好所定义的福利。

(三) 可行能力、功能性活动与自由之间的关系

首先是可行能力与功能性活动的关系。在《以自由看待发展》一书中，森概括了可行能力、功能性活动以及自由之间的关系："一个人的可行能力指的是此人有可能实现的、各种可能的功能性活动组合。可行能力因此是一种自由，是实现各种可能的功能性活动组合的实质自由。"[②]在这个定义当中，可行能力是各种可能实现的功能性活动的组合。森举例说，比如一个节食的富人，就摄取的食物和营养来说，其实现的功能性活动可能与一个因赤贫而不得不挨饿的人不相上下，但是两者有不同的"可行能力集"，因为富人可以选择吃好并得到充足的营

---

①② 阿马蒂亚·森. 以自由看待发展. 任赜, 于真译. 北京: 中国人民大学出版社, 2002. 59.

养，而穷人却做不到这一点。因此，可行能力与功能性活动的关系类似于"有效可能"与"实现"的区别，也就是"自由"与"成就"的区别。

其次是可行能力与自由的关系。从本质上，可行能力与自由是等价的。可行能力指一个人能选择的备选的功能性活动组合，也就是人在决定过何种生活上的选择范围，因而是一种自由的表述。它着重强调的是人们主导自己生活的能力，不是为环境所迫去过的生活，而是有完全的自由去选择自己的生活方式。并且，它关注自由本身而非实现自由的手段，包括了我们所能有的各种实际选择，因而是实质自由的表述。同时，就功能性活动组成福利而言，它也是一个人实现福利的自由。

尽管功能性活动和可行能力有着一个共同的"功能性活动评价空间"，且可行能力不可能脱离功能性活动来判断，不过就选择本身就是有价值而言，选择的存在和范围有着重要性。如果除了被选择的选项之外没有备选对象提供，尽管最终选项还在，自由的范围却缩小了，自由的内在价值就受到损失。比如一个受过高等教育的女性在一系列的选项之中选择做专职的家庭主妇与毫无备选情境下所做出的同样选择，意义是不同的。拥有那些备选的组合是重要的，"可行能力集"的大小直接反映了一个人的自由程度，做选择自身也可看作是一种可贵的功能性活动，能够把别无选择的情况下拥有某个特定功能性活动，与还有许多其他选项下拥有这个功能性活动区别开来。功能性活动和可行能力提供了不同的信息，功能性活动表明人们实际过上了何种生活，可行能力反映人们实际有过何种生活的能力和机会。前者指出了个人实际做的事，后者指向个人有多少实质自由去做事，前者显现了生活条件的不同方面，后者具有更加积极的意义，表达了自由的观念，表明个人具有什么样的实际机会。

可行能力这一重要概念的提出无疑是对现有福利经济哲学基础的一次革新，是对边沁功利主义哲学观的一种扬弃。以可行能力看待自由和福利，使之更加切近生活质量概念，它关注人类生活变化的情况，甚至包括人们所享有的选择，而不仅仅是人们所拥有的收入或资源。

二、能力视角下的分配正义

森的正义观是以平等为核心的，具体而言就是可行能力的平等。

平等是人类永恒的话题，几乎所有关于社会安排的理论都会要求某个方面的平等，也会面临两个方面的挑战，即人与人之间基本的相异性，以及平等标准的多样性。森对功利主义、最大最小原则、罗尔斯的差别原则以及诺齐克的权力理论中的有关伦理思想进行了评述。①森证明了，以上原则要么持有一种狭隘的利益观或者价值观，要么忽视了人际差异的存在，都不能充分考察不平等和平等问题。

森指出：功利主义的方法认为最大的善就是全社会福利的最大化，其正义原则就是最大多数人的最大幸福，将追求最大幸福作为其核心价值。然而，社会整体效用不可能是个人效用的简单加总，而功利主义假设个体和整体的效用完全一致，忽视了人际的收入分配，回避了有关收入分配的判断问题，这样的正义观不可能是公平的。在最大最小原则中，功利主义的总量排序原理被以下要求取代，即个人效用集合的善最终取决于地位最低的社会成员的价值，也就是说，由最少受惠人的效用来决定。而在约翰·罗尔斯正义观的核心——差别原则中，道德判断要考虑的是那些被剥夺最严重的（最贫困）人群的状况，这个标准是基于"社会基本物品"的取得。森认为，尽管差别原则、最大最小原则敏感于功利主义所不敏感的人际间的利益分配。但它们又有各自的缺陷，在词典式最大最小原则中，一个人对更多物品的要求权利来自于福利方面的糟糕处境，这会造成道德上不善的可能性，即给那些有着高贵品位的人更多的收入；而差别原则中，一个人对更多物品的要求是由于他比别人拥有更少的社会基本物品。差别原则避免了道德上不善的可能性，然而对于个人的特殊需要是不敏感的，例如残疾人、老人和病人。拥有和别人一样的基本物质显然会把他们置于较差的处境下，而且这种差别可能并不是由于他们能够负责的原因造成的。这样的分配原则也不能实现真正的平等。此外，单纯的收入平等以及机会平等也都因忽视人际的相异性而难以实现真正的平等。

在此基础上，森提出了从能力视角出发的分配正义思想。他指出，在兼顾人际间公平分配的同时避免将不同工作负担、地理位置、身体状况、气候条件下的需求等同起来的缺陷，是有可能的。这个着眼点可以既不在效用，也不在基本物质的获得，而在于一定基本权力的实现（或"基本能力"），例如，一个人满足营养需要的权力，拥有必需的衣物和住房的权力，或者参与活动的能力。再以自行车为例，首先，物品的所有权或可获得本身无法说明一个人实际上能够做什么。一个残疾人可能无法使用自行车。拥有自行车可能会提供促进生活水平的基础，

---

① 阿马蒂亚·森.资源、价值与发展.杨茂林,郭婕译.长春:吉林人民出版社,2008.251-259.

但它本身并不是生活水平的必要组成部分。其次，效用是一种主观心理状态。尽管效用能反映出对自行车的使用，它并不关注于使用本身，而是对那个使用的心理反应。如果一个人有开朗乐观的性格并且即使不能到处走动也能够享受生活，但这不意味着这个人有很高的生活水平。一个牢骚满腹的富人可能没有一个心满意足的农民快乐，但他的确享有比那个农民更高的生活水平；生活水平的比较不同于效用的比较。正是那种能力，而不是对那种能力的快乐的心理反应，反映了生活水平。在这种视角下，残疾人获得更高收入的权利既不是来自低的效用水平，也不是由于基本物品的可获得性低，而是由于他被剥夺了活动的能力，除非他恰好有更多的收入或者更多他所需要的其他东西（比如轮椅）。与此相似，一个高负荷工作的人如果只得到和工作比较少的人一样热量的食物，那么他的高负荷工作产生的高需求所带来的更高权利，不是基于失去效用而是由于他被剥夺了满足必需的热量的权力。

从能力视角出发的平等观不仅很好地解决了人际的基本相异性问题，使得不同个体的权力都得到充分的尊重，同时也拓宽了对于利益的理解，它超越了收入、效用的狭隘性，成功地将对物质和结果的考察与对自由和权力的考察结合起来，从得到什么转向能够获得什么，把对不平等实际状态的关注转向对机会的关注，从对物质的关注转向对人的关注，重新把人的自由和发展放到了经济学的核心位置。

三、贫困的标准和原因

对于贫困的判断和衡量，有绝对和相对两种标准。森指出，贫困在能力的范围里是个绝对概念，而在物品或者特性的范围里通常会采用相对的形式。比如，在不同的时代和国家，一个人在社交场合必须拥有某些物品才能避免羞耻，在物品的范围里，以避免羞耻的方式远离贫困要求一个各式各样物品的集合，而且这个集合以及它所需要的资源处于和其他人相对的位置。但是在能力本身的范围里，对生活水平的直接必要组成部分，即远离贫困有一个绝对的要求。如果生活是由各种各样我们可以去做或去实现的事情如长寿、健康、具有读写能力等组成的话，那么，我们就不得不把人们是否能实现这些能力来作为评估的中心。因此，贫困可以简单地定义为是对能力的剥夺或者能力的缺失。把贫困单纯定义为对社会基本物质资料占有的匮乏，或者是用一个一刀切的贫困线来定义贫困的方法，都不能够体现人际的相异性。比如一个生活在高消费地区的人，即使拥有比别人高或者一样高的收入，并不能保证他一定不是生活在贫困之中，此外，即使生活在贫困线以下的人的贫困程度也是有很大差异的。从以收入为中心的视角到以能力视角重新定位贫困能够充分体现人际的相异性，照顾到不同个体的实际需要。①

森在对饥荒的实证研究中进一步发现，贫困的原因在很多情况下不是由于社会物品总量的不足，其真正的原因源于不平等，而这种不平等往往是由于国家之间，一国内部社会成员之间、地区之间、行业之间、家庭内部成员之间、男女性别之间的不平等造成的。富裕国家的贫困现象表明，贫困不会随着一个国家的繁荣与发展而自动消失。只要分配的不平等存在，贫困就依然是社会的一个有机组成部分。

可行能力出发的分配正义促使我们从广域的角度重新思考社会平等问题，勾勒出一个实质的和积极的自由。贫困问题的解决和分配正义的实现，需要在社会进步中不断解决，认真对待能力实现的条件。从实践上，应当从权力公正方面、社会制度方面帮助支持弱者，而不仅仅是人道援助。反对贫困的终极目标，不是单纯提高收入，而是要努力实现人们实际能够拥有的自由。合理的制度安排应该是，不同的具体制度形式既要充分考虑到其对人们有效自由和能力的综合影响，又要考虑到其对人们有效自由和能力的分配状况的影响。

第五节　森的自由发展观

发展是现代社会的主题，在集体选择过程中，不同的发展观会导致不同的发展目标、发展内容和发展模式，进而对经济、政治、文化、环境等社会生活的方方面面产生广泛而深远的影响；不同的社会成长阶段、不同国家、不同地域、不同文化背景下也会有多样的发展模式。作为人类生活的核心问题，如何评价发展是经济学家和政治学家、社会工作者无法回避的问题。

经济学自诞生以来，就把发展看成自己重要的研究对象，并且形成了以此为主题的发展经济学。作为一位杰出的发展经济学家，1998 年，当森荣获诺贝尔经济学奖时，瑞典皇家科学院的公告指出："事实上，森的所有论文和著作几乎

---

① 参见：阿马蒂亚·森. 资源、价值与发展. 杨茂林，郭婕译. 长春：吉林人民出版社，2008. 300-314.

都是涉及发展经济学的，因为它们通常都是致力于研究社会中最贫困人们的福利的。"①

森的自由发展观秉承其经济伦理分析传统，在可行能力的视角下，将发展阐释为"扩展人们享有的真实自由的一个过程"②。旗帜鲜明地反对以国民生产总值（GNP）增长、个人收入提高、工业化、技术进步、社会现代化等为评价标准的狭隘的财富发展观，代之以"可行能力"的评价标准。自由发展观的提出，深刻改变了人们关于发展的思维定式，也影响了国际社会和许多国家的发展路径。

森的发展理论对联合国《人类发展报告》产生了巨大的影响，他的研究丰富了人类发展分析的基本概念和测量工具，对联合国"人类发展"概念的形成起了决定性作用。联合国前秘书长安南曾指出："全世界最贫穷的、被剥夺的人们在经济学家中再也找不到任何人比森更加言理明晰地、富有远见地捍卫他们的利益。通过阐明我们的生活质量应该不是根据我们的财富而是根据我们的自由来衡量，他的著作已经对发展的理论和实践产生了革命性的影响。联合国在自己的发展工作中极大地获益于森教授观点的明智和健全。"③

一、人类发展观的演变

人类发展观是随着人们对发展问题认识的不断深化而逐步形成的。根据对发展指标的不同侧重大致可以分为四个阶段，四个发展阶段之间相互并不割裂，呈现出不断完善的递进关系。

（一）经济增长的发展观

发展理论在世界范围内的兴起，源于第二次世界大战之后发展中国家进行现代化的实践。如何改变国家经济落后的面貌，迅速跟上时代的步伐是这些国家最迫切需要解决的课题。1956年，美国经济学家刘易斯的《经济增长理论》成为发展经济学的开山之作。当时经济学家认为发展问题，尤其是发展中国家的发展问题，就是经济增长问题，把"发展"与"增长"两个概念等同对待。以联合国

---

① The Royal Swedish Academy of Sciences.The Nobel Memorial Prize in Economics. 1998 . Scandinavian Journal of Economics . 1999.

② 阿马蒂亚·森. 以自由看待发展. 译者序言. 任赜,于真译.北京:中国人民大学出版社2002. 1.

③ 阿马蒂亚·森. 以自由看待发展. 译者序言. 任赜, 于真译. 北京：中国人民大学出版社, 2002. 2.

于 1951 年发表的《欠发达国家经济开发方略》为代表，这一时期的关于发展问题的研究和论述，主要探讨欠发达国家之所以欠发达的原因以及摆脱欠发达的途径。在这一时期，追求国民生产总值和人均国民收入的迅速增长是发展政策的首要的甚至是唯一的目标，人均国民收入或人均国民生产总值也就成为测度发展的唯一性的指标。形成了以 GNP 或 GDP 增长为核心的传统发展理念，也被称为财富发展观或繁荣发展观。一直到 20 世纪 80 年代为止，人们通常把经济的发展当作发展的全部，以经济增长问题来涵盖发展问题。不过，许多发展中国家在经济增长的同时，并没有实现预期的发展目的，经济上只有较快的量的增长，却没有经济结构、社会状况的明显进步和质的提高，同时出现了严重的分配不公，社会腐败现象。人们将这种现象称为"有增长而无发展"或"无发展的增长"。

（二）经济与社会发展观

20 世纪 70 年代，多个国家的实践表明，单纯的经济增长并不能自然而然地使贫困、失业、分配不公等社会问题得到解决，有些情况下甚至还会恶化。发展观念开始从单纯的经济增长向减少和消灭贫困、不平等和失业方面转变，向着被称为"发展目标的社会化"的方向前进了一大步。1968 年，瑞典发展经济学家缪尔达尔在对南亚和东南亚发展中国家考察的基础上，出版了被西方学术界誉为不朽之作的《亚洲的戏剧：对一些国家贫困问题的研究》，认为发展的实质是一个摆脱贫困、实现现代化的过程。国际劳工组织（ILO）于 70 年代初期在对哥伦比亚、斯里兰卡、肯尼亚等国的调查报告中，提出了以增加就业、匡济贫困阶层为主体的政策建议。在 1975 年 ILO 进一步将"基本需求战略"作为发展中国家的发展战略而向国际社会推荐，致力于优先满足公众的基本需求，注重提高贫困阶层的最低收入、增加就业、兴办有关人民基本生活需要的社会福利事业，并强调要给予公众以更多参与社会活动的机会。这反映了发展理论学者对发展问题认识的深化。

与发展目标的社会化一致，出现了净国民福利 NNW（Net National Welfare）、分项目 GDP、经济福利测度 MEW（Measures of Economic Welfare）、绿色 GDP（Green GDP）等各项指标。这类指标是将 GDP 所未能涵盖的、但又可以用货币形式表现的项目补充到指标之中。但是一般来讲，GDP 改良型指标仍然不能涵盖难以货币化的项目，从把握社会状况的角度来看仍然过于概略而难以进行详细评价。

（三）可持续发展的发展观

20 世纪 50~70 年代，人们在经济增长、城市化、人口、资源等因素所形成的环境压力下，对旧的增长模式产生了怀疑并展开讨论。1962 年，美国女生物学家卡森（Rachel Carson）发表了轰动全世界的环境科普著作《寂静的春天》，在世界范围内引发了关于发展观念的争论。

可持续发展理论的产生导致了发展观的重大变化，成为 20 世纪发展观演变中具有重大意义的事件。1987 年世界环境与发展委员会在题为《我们的共同未来》的报告中对其做出了定义："可持续发展"被定义为"既满足当代人需要，又不对后代人满足其需要的能力构成危害的发展"，为了实现可持续发展，人类必须致力于：①消除贫困和实现适度的经济增长；②控制人口和开发人力资源；③合理开发和利用自然资源，尽量延长资源的可供给年限，不断开辟新的能源和其他资源；④保护环境和维护生态平衡；⑤满足就业和生活的基本需求，建立公平的分配原则；⑥推动技术进步和对于危险的有效控制。

1992 年联合国里约热内卢环境与发展大会通过了《里约环境与发展宣言》和《21 世纪议程》。1995 年哥本哈根社会发展世界最高级会议的宣言也再次强调，要通过保证各代人的平等和对环境综合、持久的利用，努力实现对当代和未来各代人类的责任，并要求把人置于发展的中心地位（但这里的"人"指的是要兼顾代与代之间人的公平）。"可持续发展"也成为发展理论研究的重要内容。在可持续发展的概念得到广泛接受以后，世界银行的专家提出了用"人均资本"来衡量发展的可持续性方法。这里的"资本"包括人造资本、自然资本、人力资本和社会资本四种。

按照世界银行的定义，如果我们的活动能够给未来留下与现在相等或更多的人均资本，那么发展就是可持续的。利用人均资本的概念对发展的可持续性进行测度的方法，实际上是沿用了 GDP 改良型指标的思路，因为它仍然是用单一的货币尺度来进行衡量，因而它也就带有 GDP 改良型指标所具有的缺陷:对于难以货币化的项目无法涵盖。

（四）人类发展视角的综合发展观

从 20 世纪 80 年代开始，发展中国家乃至发达国家的发展实践进一步把发展观的视角从"物"转向了"人"，转向了人的需求的满足和人的发展。而这一理论的奠基者正是 1998 年的诺贝尔经济学奖获得者阿马蒂亚·森。

20 世纪 90 年代以来，人类发展理论逐渐引起了人们的关注。在 UNDP 的大力倡导下，特别是随着一系列年度《人类发展报告》的出台，人类发展视角在世界各国的政策分析和实践中扮演了越来越重要的角色，并产生了积极的效果。在当前有关人类发展视角的探讨中，人们更多地将注意力集中在对其本质性内涵、其与经济发展之间的关联、人类发展各维度之间的关联等方面。衡量人类发展的最具有代表性的指标就是首份联合国的《人类发展报告》中提出的人类发展指数（HDI）。与传统衡量指标不同，HDI 超越了经济方面，在经济与道德、效率与公平、工具与目的的关系上，力图沟通、平衡与和谐。

《人类发展报告》强调发展必须将人置于关注的中心。发展的目的在于扩展人们的可行能力（人的实质自由），具体包括健康、教育、体面的生活和主体性等多个维度。追求这些可行能力的扩展将内在地提出对环境、资源以及更为宽泛的生产能力的可持续性要求。

二、以自由看待发展

在森的理论体系中，自由与可行能力的概念基本上可以等同。可行能力是一个有着多元价值的概念，正因如此，自由也具有多层面孔。"最重要的任务是澄清自由的不同方面——它们怎样和为什么不一样，并且它们在什么方面有它们各自的重要性。"[1]

（一）多元的自由

1. 实质自由和形式自由

森首先指出，"可行能力首先是实现有价值的自由的一个表述。它直接关注自由本身而非实现自由的手段，而且，它识别了我们实际有的备选对象。在这种意义上，可行能力可以理解为实质自由的表述。"[2]从可行能力出发，森将实质自由的具体内容概括为："免受困苦——诸如饥饿、营养不良、可避免的疾病、过早死亡之类——基本的可行能力，以及能够识字算数、享受政治参与等的自由。"[3]

首先，这种实质自由不同于自由主义中的形式自由观，即把自由看成是由法治权利保证的、受最少限制的程序自由，实质自由一方面要由法律规定的各种自由权利来保证，另一方面又涉及在发展中要实现的、一个社会为其成员提供的各种"资格"。比如，失业者有资格得到救济，每一个孩子有资格上学受教育。既

---

① 汤剑波. 重建经济学的伦理之维. 复旦大学, 博士学位论文, 2004.

② Amartya Sen: Ineguality Reexamine, Cambridge MA: Harvard University Press, 1995, 49.

③ 阿马蒂亚·森. 以自由看待发展. 译者序. 任赜, 于真译. 北京: 中国人民大学出版社, 2002. 30.

要考虑法治的权利，也要考虑人们可以实际达到的享受。第二，实质自由是一种选择和实际机会。人们在生活中面对着可供自己选择的各种功能性活动，每个人从这个备选活动集合中按照自己的意愿选择一定组合表现为实质自由。第三，实质自由本身就具有内在价值。在经济学一般传统中，自由的工具角色比它的内在价值更加突出。可是，工具价值的存在并不必然否定内在价值，森强调，自由具有价值，不仅因为它有助于成就的实现，而且因为它有其自身的价值，这一重要性远远超过了已经实际取得的实体状态的价值。我们应该超越工具作用评价自由，超越自由对我们实现目标做出了什么贡献，肯定自由自身就是有价值的。第四，实质自由还是人的主体特征的体现。"如果有适当的社会机会，个人可以有效地决定自己的命运并且互相帮助。他们不应被首先看成是精心设计的发展计划的利益的被动接受者。"[1]在此意义上，自由还具有建设性的作用。

2. 积极自由和消极自由

自由是积极含义与消极含义的统一。消极自由就是约束意义上的自由，意指仅仅对他人的行为进行约束和限制，以保障个人合理行为不受任何阻碍。积极自由，是"做什么的自由'，向其他个人、组织等提出给予帮助的权利，或者意味着一个人能够成为自己决定自己的主人和行动的主人。现代自由主义者强调要重视积极自由，在多元主义平衡的思路支配下，森首先肯定消极自由自身就是有价值的，一个人有意侵犯另一个人的消极自由在道德上是不被接受的。而且，消极自由强有力地约束了他人行为，有助于进一步实现各种内在目标，包括福利自由和主体性自由。可是，消极自由被侵犯之时，很可能需要积极行为来保护，约束性质的消极自由观，不会正视这种积极联系。因为，消极自由观是一种"全无和全有"的权利框架，个人不能放弃一种自由交换另一种自由。

其次，从可行能力方法出发，只从消极角度定义自由并不非常恰当，必须看到自由反映了一个人有实际能力和机会做什么，而不是强加在他身上的什么约束。即使不存在侵犯消极自由的行为，那些碰巧缺乏权利的人仍可能生活悲惨而艰辛。某种剥夺如贫困与饥荒，可以在任何人的消极自由不受侵犯的情况下发生。因此，仅仅聚焦消极自由是不充分的，我们必须承认自由具有重要的积极内容，这就是说，我们必须更加关注全面可行能力观。在这个意义上，可行能力是一种积极自由观的解释，可行能力规定了一个人能或者不能做什么。

---

① 阿马蒂亚·森.以自由看待发展.任赜,于真译.北京:中国人民大学出版社,2002.7-9.

3. 过程自由和机会自由

自由概念还涉及过程层面和实质性机会层面的多重考虑因素，"涉及确保行动和决策自由过程，以及人们在给定的个人与社会景况下所享有的机会，不自由可以通过不恰当的过程……而产生，也可以通过缺乏适当的使人们能够达到他们所希望起码达到的最低状况的机会……而产生"①。森认为，要从足够宽广的角度看到过程和机会各具重要性，不能只局限于一面。

这里的区别相应于两种主体成就观：一是一个人珍视的和试图获得的事物，二是通过自身努力而获得的事物。前者指的是实现一个人的目标，不论他在这一过程中扮演何种角色。相对而言，后者是主体成功的一个较特殊概念，尤其关注一个人作为主体的成功。前一种主体成就观指个人目标的实现，而不管个人自己在促成目标过程中的作用；后一种主体成就观念，考虑某个人在自己一定的生活范围内，做出决定的能力，以及自己选择个人生活方式的某些基本特点的能力。相应于这两种主体成就观，就存在两种主体自由观。与"目标实现的成就"相关的是"有效自由"或者"自由的机会层面"，这种自由强调了实现我们有理由重视的目标的机会，关注我们实现目标的实际可行能力，无论该成就发生的过程如何。与"发挥作用的主体成就"相应的是"自由的过程方面"，关注自己独自自由决策的程序，表现为自主选择的过程，只要控制的手段在自己手上，不管这是否提高了实现我们目标的机会。这种观点不仅要求个人有权力在自己的领域内做出决定，而且要求这种权力以给予个人直接控制的方式得到践行。

森说，我们有充足理由重视自由的两个方面，而且分别给予它们的相对重视并随着环境变化而变化。在有些情况下，我们也许更加重视选择的过程，在另一些情况下，我们也许更加重视实现一定目的的实际机会，不管这种机会怎样产生。承认它们之间的区别，无论如何没有排除两方面重叠的存在。总之，过程考虑不可能完全与机会评价相分离。

（二）自由与发展的关系

自由的发展观的要义在于人们能过他们有理由珍视的生活，以及扩展他们所拥有的真实选择的能力。森提出了两个命题："自由不仅是发展的首要目的，也是发展的主要手段。"②前者是一个规范命题，后者是一个实证命题。

①阿马蒂亚·森. 以自由看待发展. 任赜,于真译. 北京:中国人民大学出版社,2002. 12.
②阿马蒂亚·森. 以自由看待发展. 任赜,于真译. 北京:中国人民大学出版社,2002. 24.

首先，自由是发展的首要目的。自由自身就具有价值，不需要通过与别的价值物的联系来表现其价值，也不需要通过对其他目标起促进作用来显示其重要性。现代经济学往往更重视自由的手段性（或工具性）价值。而森宣称：自由是发展的首要目的，这体现了自由的建构性作用。所谓"建构性作用是关于实质自由对提升人们生活质量的重要性"[1]。发展是扩展人们享有的各种自由的一个过程，人类各种类型的自由都具有自身的独立价值，都是发展不可或缺的内容，不能将发展仅仅理解为经济增长。发展是一个既包含数量又涉及质量的概念，包括了经济、政治、文化和社会变革等广泛领域。 任何单一的发展目标都不能对其他目标有简单化的霸权。现代经济学家往往注重效率而忽略公平，把自由局限于效用、福利、实际收入等非常狭窄的经济领域，忽略了社会机会、政治参与权利、公民自由等作为发展重要目的的其他自由的内容。

其次，自由是发展的重要手段，这体现了自由的工具性作用。森列举了五种类型的工具性自由：政治自由、经济条件、社会机会、透明性保证、防护性保障，这些工具性自由能直接扩展人们的可行能力，帮助人们按照自己的意愿过有价值的生活，同时它们之间也能互相补充，把不同的自由合成一体。[2]

（1）政治自由：指人们拥有的确定应该由什么人执政而且按什么方式来执政的机会，也包括监督并批评当局、拥有政治表达与出版言论不受审查的自由以及能够选择不同政党的自由等的可能性。这些自由包括人们在民主政体下所拥有的最广义的政治应得权利，包括政治对话，保持意见和批评当局的机会，以及投票权和参与挑选立法人员与行政人员的权利。

（2）经济条件：指个人享有的将其经济资源运用于消费、生产或交换的机会。一个人所具有的经济应得权利，将取决于所拥有的或可运用的资源，以及交换条件，诸如相对价格和市场运作。就经济发展过程增加一个国家的收入和财富而言，它们会反映到人们经济应得权利的相应提升上。以国民收入和国民财富为一方，个人（或家庭）的经济权益为另一方，在这两方的关系中，除了总量以外，分配的问题也是重要的。新增收入如何分配，将会明显产生影响。

（3）社会机会：指在教育、保健等方面的社会安排，它们影响了个人享受更好生活的实质自由。这些条件不仅可以有利于个人更好的生活，比如享受更加健

① 阿马蒂亚·森. 以自由看待发展. 任赜,于真译. 北京:中国人民大学出版社,2002. 290.
② 阿马蒂亚·森. 以自由看待发展. 任赜,于真译. 北京:中国人民大学出版社,2002. 31.

康的生活、避免可防御的疾病、避免过早的死亡，而且有利于更有效地参与经济和政治活动；文化程度的高低也会影响一个人参与到政治生活和经济生活的质量。

（4）透明性保证：要满足人们对公开性的需要，在保证信息公开和明晰的条件下自由的交易。当这种信用被严重破坏时，很多人的生活可能因为缺乏公开性而受到损害。这种保证对于防止腐败、财务渎职和私下交易都有一定的作用。

（5）防护性保障：社会生活中，总有一些人会处于不利生活条件下，陷入生活的困境，这就需要提供社会安全网，以防止受影响者遭受深重痛苦性安排，防护性保障的领域包括固定的制度安排，例如失业救济和法定的贫困者收入补助，以及临时应需而定的安排，饥荒救济或者为贫困者提供的可增加它们收入的紧急公共就业项目。

发展的分析首先要注意这些工具性自由本身的内在价值，因为它是发展的"建构性"部分。基本政治自由和公民权利之所以是值得关心的发展目标，并不是因为它们对发展的其他方面做出了贡献，而是因为这些自由本身既为发展的内在要素，也是工具性自由之间的经验联系，可有效促使它们结合成为一个整体。其次，五种自由在相互补充和强化中发挥着工具性的作用，可帮助人们更自由地生活并提高他们的整体能力。它们相互补充，相互促进，又各自独立，任何一个方面的自由都不能取得对其他方面的霸权。

三、批判财富发展观和基本需要发展观

（一）批判财富发展观

财富发展观即经济增长发展观。森从国际经验比较研究中发现，人均预期寿命与人均 GNP 之间缺乏必然的相关性。如果 GNP 的增长同时伴随着两极分化的加剧，那么这一增长非但对贫困人口的生活改善没有意义，甚至会将其引入更加困难的境地。此外，GNP 对人类无节制地消费自然资源熟视无睹，剥夺了未来人类的平等发展机会。因此，它也是造成代际不公平的主要原因。

人类发展过程可以通过两种方式来检视。第一种方式被称为"综合观点"，首先关注社会总体进步，认为不管穷人的生活条件是否急剧恶化，整个社会财富的大量涌流是最为关键的，就是先把蛋糕做大的方式；另一种方式被称为"剥夺观点"，以社会中穷人和被剥夺者的生活状况来衡量发展。森认为，"综合观点"和"剥夺观点"都是必需的。而财富发展观往往忽视了"剥夺观点"，沉醉于经

济繁荣，忽略了穷人和被剥夺者。

此外，从自由的视角看，财富发展观与自由发展观之间存在以下矛盾：①自由既涉及决策的过程，也涉及实现有价值成果的机会。因此，我们关注的领域就不能仅仅局限在与经济增长概念相关的成果上，参与政治决策和社会选择等的过程，也应被看作发展的重要组成部分。②许多非收入变量，如活得长久、避免疾病、从事有适当报酬的职业、生活在安定的社区等，都涉及人们有理由珍视的机会，而这些变量与经济繁荣并非紧密联系在一起。③增长发展仅仅强调自由的工具性价值而忽视自由本身的内在价值。自由自身固有的重要性不以自由衍生的重要性为转移。

可见，发展的内容绝非单纯的经济增长的一己之力所能涵盖。

（二）批判基本需要发展观

20世纪70年代以来，在经济发展文献中，一些发展经济学家提出以基本需要指数作为社会发展的量度。主要精神是：满足基本的生活保障，使更多的人接受教育，满足公共卫生保健、住房、交通以及日益增加的收入水平等方面的需要。其中还包括满足某些非物质的需要，如自主、自力更生、政治自由和人身安全，参与对工人和其他民众有影响的重大决策，注重享有权利，重视民族与文化的特性，意识到人生的意义和工作的目的等。

森首先肯定了基本需要发展方法的积极价值，即把人类自身作为发展的目的，反对以效用和商品为基础的财富增长观。

但是，可行能力与基本需要之间存在着基本差异。①基本需要观是从商品而非可行能力视角来看待人类福利的。与可行能力不同，商品空间具有更多的不定性，不同的食物和健康服务组合可能产生同等水平的营养。②基本需要概念主要关注的是人们的基本需要是否未获致最低限度的满足，是一个社会应当为最贫穷阶层规定的最低生活标准，而可行能力方法可以被用来判断人们任何水平的生活质量。与可行能力相比，基本需要是一个较为消极的概念。③由于社会关系的存在，为获致某种特殊可行能力所需的商品和服务并非由个人独立决定，如参与社会生活的可行能力在很大程度上依赖于他人的消费水平。④基本需要方法被认为缺乏实质性的哲学辩护，这一点弱化了其作为一种反功利主义方法的吸引力，并且其经验仅仅局限于贫困国家的贫困人群。而森的可行能力方法被认为具有浓厚的哲学根基，并且适用于不同收入水平的所有人群和社会。

四、森的可持续发展思想

(一) 可持续的信息基础

可持续发展观与森的自由发展观精神基本一致，可以看作自由发展观的一种特殊形式。事实上，可持续发展观目前已经成为世界性的共识，但是，对于可持续的具体内容，迄今还存有争议。

森认为，在众说纷纭之中，格罗·布伦特兰 (GroBrundtland) 和罗伯特·索洛 (Robert Solow) 的可持续发展阐释是较为突出和有影响力的——"既满足当代人的需要，又不对后代人满足其需要的能力构成危害的发展。"这个定义点出了人类生活不能脱离环境维度，一度引领了当代的发展理论和实践。但森对此提出质疑：人类的确有"需要"，但他们也有价值，特别的是，他们珍惜他们的推理、评价、行动和参与的能力。仅仅从需要的角度看待人类，不是一个宽广的视域。

1992 年，索洛将这个概念发展成为"可持续的生活水平"。森对这个定义提出了以下质疑：

(1) 索洛的定义有人类中心主义的嫌疑。人类不仅是自己生活水平的主人，还是有能力对周围世界作出判断和承担更宽广责任的积极主体。应区别维持我们人类生活水平的能力与维护我们认为值得维护的东西 (可能包括其他物种) 的能力，后者不以能够提升人类的生活水平为转移。即"我们的生活水平很大程度上或完全不受斑林鸮存在与否的影响，但是，出于与人类生活水平关系不大的理由，我们不应该让它灭绝。"①

(2) 在公共政策方面，如何合理地维护环境和生活水平，是十分重要的问题。在维护和提升生活水平的过程中，如果环境或其他社会政策导致人类自由的丧失，那么这种损失必须引起特别重视，而不能与生活水平收益进行抵消换算。

(3) 当我们有理由重视某些特定自由时，索洛方法 (包括布伦特兰的定义方法) 显得过于笼统和模糊。它们没有强调即使整体生活水平高度发达时，特定自由的丧失也是不能容忍的。例如，即使未来一代非常富有，但这不等于说浑浊的空气是他们可以接受的。

在此基础上，森提出了"可持续的自由" (sustainable freedoms)。他认为，

---

① 阿马蒂亚·森，贝纳多·科利克斯伯格. 以人为本——全球世界的发展伦理学. 马春文，李梭江等译. 长春：长春人民出版社，2012.35.

可持续的自由能够为以生活水平范畴为基础的可持续发展思想增加一些实质性的内容，它很好地结合了为布伦特兰和索洛拥护的可持续性概念。在其中，人类不仅仅是客体，而且更多地被看作主体。

（二）可持续发展的内容与原则

森认为，可持续的内容包括以下三个方面：

（1）保护环境。森指出，保护环境首先是一种道义的需要，即必须确保人类的本代与后代、本代内部享有相似的发展机会和自由，这是可持续人类发展的基础。今天的过度开采资源和环境破坏，可能会导致后代、甚至本代的处境恶化。因此，应尽力保持和延长资源的生产使用性以及环境的完整性，以免因其耗竭而影响本代与后代人的生产和生活。

（2）消除当代剥夺。森认为，我们的后代不仅继承了环境和资源，而且也将享受着我们这一代人以教育、技能、健康、收入和产出表现出来的劳动成果。无论是自由还是剥夺，都具有很强的代际传承性。如果我们当前的生活悲惨贫困，未来几代人受赠的将是一种持续的"剥夺"。因此，如果沉醉于对未来人类福利的关切，而忽视了当代人类的发展以及弱势群体的困境，"可持续性"的目标就会变得毫无意义。

（3）保护环境与消除剥夺互依互赖。一方面，剥夺本身会污染环境。"穷人既是环境破坏的受害者，同时也是这种破坏的责任者。全世界的穷人中有大约半数居住在环境易遭破坏的农村地区，他们对赖以为生的自然资源几乎没有法定的控制权。对土地求之若渴的农民蜂拥而去开垦不适宜耕作的土地——如陡峭的和易受侵蚀的坡地，土壤退化迅速的半干旱土地，以及热带森林地区，在仅仅数年之后，在开垦出的土地上种植的农作物产量通常就会急剧下降。……贫困的家庭通常缺乏资金来避免其对环境的破坏，对那些勉强度日的赤贫者来说，每天的生存才是当务之急。并不能说穷人生来就是目光短浅的，穷人社团通常对管理其传统的土地具有很强的道德观念。但其微弱的和有限的资金，其通常归属不清的产权，以及其进入信贷和保险市场的有限的机会，使他们无法对环境保护投入应有的资金。"[1]另一方面，环境问题制约消除剥夺的行动。人类的自由和生活质量在很大程度上依赖于完善的生态环境，包括我们呼吸的空气、饮用的水、居住的无流行病地区。如果我们希望过一种无污染的生活，那么维护大气、水源等不受污

---

① 世界银行.1992年世界发展报告:发展与环境.北京:中国财政经济出版社,1992.

染就成为我们的一项重要目标。

森指出，可持续发展是要向所有人提供实现美好生活的机会，它不但致力于当代人而且致力于几代人之间的公平。因而，可持续发展的原则必须保证代际公平和代内正义：

(1) 代际公平：首先，森把"可持续发展定义为当代人与后代人享有获取福利的同等能力，谁也不被排斥在外"①。因此代际公平涉及代与代之间分配平等的问题。我们不可能了解未来人类的偏好和兴趣，也不可能知道他们将做什么，所以我们只能在保护创造福利的能力意义上谈论可持续发展。这种观点将要求不仅未来人类的生活水平不能下降，而且其应该享受平等利用自然资源和环境的权利（如拥有清新的空气和灿烂的阳光等）。

同时，代际公平否定两种偏狭观点。一是"纯粹时间偏爱"，即"人们宁愿要'现货'（目前就能使用的商品）而不愿要'期货'（目前预期在将来的某个时候将成为可获得的商品)"。森指出，如果当代人让自己受着"纯粹时间偏爱"推动的话，他们就可能错待他们的后代。正如罗尔斯所说，"在社会的情形中，纯粹时间偏爱是不正义的：它意味着（在不考虑将来的更为常见的情况里）现在活着的人利用他们在时间上的位置来谋取他们自己的利益。"②为此，罗尔斯提出了每一代人为下一代合理储存的原则，即不能因为眼前利益而牺牲社会长远利益，应该坚持一种在社会的全部历史过程中平等地对待所有世代的方式。二是坚持发展与环境两分的错误观点。代际正义强调保护环境，保护未来人生产能力的完整，但不等于说要停止经济发展和资源利用。总之，环境保护与经济发展互为补充，缺一不可。

(2) 代内正义：可持续发展还应合理关注代内正义，把消除各种社会剥夺作为可持续发展的优先问题。当代社会中每一个体均享有平等的分配权和公平的发展权，拥有过上各自有理由珍视的生活的权利。问题的关键是要采取合理的再分配形式。通过提高他们的健康、教育和营养的形式来扩展他们过有意义生活的可行能力，这将持续地促进未来人力资本的增强。

---

① Sudhir Anand and Amartya Sen. Human Development and Economic Sustainability. World Development. Vol.28, No. 12. 2000.2038.

② 罗尔斯. 正义论. 何怀宏等译. 北京：中国社会科学出版社，2001. 295.

第六章　对我国经济发展的启示和展望

　　福利经济学是现代西方经济学的一个重要理论分支，作为寻求最大社会经济福利的西方经济理论体系，它主要研究如何进行资源配置以提高效率、如何进行收入分配以实现公平，以及如何进行集体选择以增进社会福利。在经济学的发展史上，福利经济学的诞生是比较晚的。原因是早期经济学只是关注物质产品的生产、分配、交换和消费问题，而且压倒一切的问题是数量上的增长，所以经济学家的关注焦点是如何扩大社会财富的总量。但是随着社会财富总量的扩大，人们逐渐发现仅有社会财富总量的扩大，而社会分配不公、环境污染、劳动异化，人们的主观幸福、社会福利并没有得到提高。于是，人们就要求有一种理论分析框架，对现实经济状况进行合意性评价，福利经济学就应运而生。福利经济学是从社会福利的角度对市场经济体制的优缺点进行评价，研究不同经济状态下社会福利的增减和变动，以说明现实经济政策或经济制度是否合意，并谋求为实现经济福利最大化而要采取的各种改革措施。阿马蒂亚·森所获得的诺贝尔经济学奖更表明了经济学需重建伦理思维的革命，要恢复经济学内在拥有的"人的层面"和"社会层面"。[①]

　　福利经济学曾被西方一些国家的政府作为制定经济政策的依据，一些福利措施的实行对于促进资本主义的稳定发展也起到了不小的作用。这说明福利经济学的理论具有一定的针对性、合理性，其中有些观点对我们有一定的借鉴和启发作用。在现阶段经济社会发展状况看，我们尤其需要从庇古的福利经济学思想、萨缪尔森的关于社会福利函数的新福利经济理论、森的以"能力"为核心的福利经济学说中汲取营养。这对于现阶段我国政治、经济、文化、教育发展的公共政策选择及制度创新带来深刻启示。

　　从目前我国经济结构失衡导致各种经济社会矛盾看，强调和促进社会内部环境的和谐何等重要。从福利经济学思想的视角来看，就是要合理处理经济增长与

---

① 上官厚兵.福利经济学述评.吉林大学硕士学位论文,2006.

国民福利、经济正义与国民福祉、公平与效率、人与自然关系的协调，以及社会环境和谐的落脚点无疑都是在增进人民群众的福利。

第一节　经济增长与国民福利

一、衡量"经济增长"：从 GDP 到国民福利增进

依据《新帕尔格雷夫大辞典》，"经济增长"最普遍的定义与衡量标准是以固定价格计算的人均国民收入的某种度量的变化率。广泛的概念是以不变价格计算的国内生产总值，即 GDP，或者用人口变动影响调整的人均实际 GDP。

在人类社会度过的漫长征程中，经济增长的确是社会福利的基本助推器。正因为如此，20 世纪 20 年代庇古初创福利经济学时，便将福利经济学的研究范围限定在"经济福利"之内。庇古认为，经济福利的大小与国民收入成正比，人们依靠自己的智慧和劳动促进了经济增长，并享受经济增长带来的更大数量的物质和精神产品，进而使个人福利、社会福利均相应提高。

福利经济学力图依据社会福利的高低来评价与分析社会中的不同经济状况，从而探索如何最大化社会福利。它将社会福利看作是个人福利的向量加总，而且将个人福利以"幸福"（well being）或"效用"（utility)来表示。[①]最早的"效用"概念由功利主义哲学领域提出，具有三层含义：其一，效用即代表快乐和享乐指数；其二，每个人都争取使这种指数越高越好；其三，随着个人的收入增加，其收入在边际上的效用少了。然而，随着经济学向哲学、社会学等各领域的渗透，"效用"含义逐渐脱离了早期效用的内涵，而渐渐转变成经济学意义上的"效用"概念，由快乐指数变为偏好的满足。"快乐"由"满足"代替，"痛苦"由"损害"代替，效用变成一个仅仅表示对人的需要满足程度的指标，成为一个满足指数。经济学意义上的效用，似乎更多的是关注"满足"人们的物质需求。

然而，当经济增长到一定阶段，人均占有和消费的物质财富达到一定规模时，便有两大变化悄然而至：一是经济增长对社会福利增进的推动力逐渐减弱；二是经济增长所带来的外部不经济效应日益强化，环境污染、能源价格高涨、精神空虚等问题开始困扰人们，社会福利水平提高受阻。

---

① 黄有光.福利经济学.北京：中国友谊出版社,1991.

　　传统上以实际 GDP 变化为基础的衡量，是将"经济增长"的含义狭义为经济生产能力的某些方面的增长，并且纯粹以"量"来衡量，而诸如社会公正、个人寿命、精神快乐等内涵于社会福利的非经济方面的生活质量因素则被全然忽略，增长在"质"的方面没有衡量。可以说，传统的经济增长含义仅反映了经济福利的某些方面的内容，而一些与经济增长直接关联的因素如环境污染、生态精华的丧失等成本，在实际 GDP 的度量中并未予以扣除。①

　　20 世纪以来西方经济学家的研究表明，财富或经济利益的因素是决定人们幸福感的充分条件，但绝非必要条件。1974 年，美国经济学家伊斯特林提出了所谓的"伊斯特林悖论"。根据伊斯特林的观点，快速的或一般的经济增长并不能提高主观的幸福感，即使幸福和收入间代表性的关系是正向的。通常在一个国家内，富人报告的平均幸福感水平高于穷人；但如果进行跨国比较，穷国的幸福感水平与富国几乎一样高。从另一个角度看，国民收入的增长并不必然导致国民幸福感水平的提高。毫无疑问，这与传统经济学"财富增加将导致福利或幸福增加"的命题截然相悖。

　　在经济学意义上，以往的个人福利主要被视作是一个由个人的收入水平、财富状况决定的函数。然而，随着实际经济生活的不断发展，原有的收入效用函数（或幸福函数）已不足以解释人们的最优化行为。统计结果表明，经济发展处于较低水平时，GDP 的增长确实能够带来较多的国民幸福；但是随着经济发展到一定阶段，尤其是 GDP 达到 3000 美元时，经济增长带来的国民幸福就呈现递减的趋势。1992 年，英国理查德·杜思韦特出版了《增长的困惑》一书，书中集其 10 年调查与求证的多国经济发展资料，经过严谨缜密的分析，告知世界经济增长带来的不是幸福和快乐，而是沉重的困苦。1993 年，维恩·哈文经过对部分国家人均收入与快乐程度相关性研究发现，尽管美国的人均实际收入 90 年代比 40 年代增长逾 150%，但平均快乐水平却徘徊在 72%左右，没有明显变化。第二次世界大战后的日本人均实际收入大幅增长，平均快乐水平却始终在 59%上下波动，同样无上升趋势。

　　这些统计结果表明，实际 GDP 指标并不能完全衡量经济增长对国民福利增长的作用。在人类社会遭遇日渐短缺的自然环境资源约束的今天，经济增长对社会福利增进的正面作用在很多场合正在部分甚至全部被其负外部性所造成的影响

---

　　① 郭晔.生命经济:持续经济增长的新路径.当代财经,2006.6.

所抵消及至减弱。单纯追求以 GDP 为指标的经济增长，或致力于更广义的社会福利增进，是人类社会面临的两种不同的目标选择。

二、中国经济增长与国民福利的落差

国民福利的内涵是非常广泛的。普遍接受的观点是，国民福利不仅体现为经济福利，而且还体现于非经济福利，不仅包括现在的福利，而且还体现在获取未来福利的能力，即人的发展权利上。

中国经济高增长已达 30 多年，客观地说，经过多年的高速增长，我国的国民福利已经得到很大提升，但同时应该看到，国民福利并没有以经济增长率那样的速度增长。也就是说，经济增长与国民福利之间发生了错位。另一方面，我们取得高增长的同时却付出了沉重的代价。在我们高速增长过程中，这种高成本带有某种隐形的特征，但是确实存在：较高的投资率和外贸盈余逐渐压缩了居民的消费权利，高投入的发展模式使得我们面临越来越严峻的资源与环境约束，GDP 中劳动者报酬份额的逐渐下降意味着我国分配制度的根本缺陷，教育医疗等准公共产品的政府投入很小逐渐蚕食国民经济发展的根本等。这些矛盾伴随着经济高增长过程的始终，未来经济发展的方向和程度取决于这些矛盾可承受的临界水平。

1. 高投资与低消费率

"福利经济学之父"庇古认为，国民福利首先应该表现为对财物的占有而产生的满足，一个社会消费率的状况正是这种占有的主要表现形式，也是这种满足的量化体现。作为人的一项基本的生存权利，人生而消费是自然界的规律，如果强制性地压制消费就是强制性地压制人的生存权利。这明显违背阿马蒂亚·森的福利观点，与经济社会发展的终极目标相悖。

中国经济增长依靠的是"高储蓄—高投资—高增长"不断循环的发展模式，这是学术界的共识。消费和投资是此消彼长的关系，中国的高投资必然导致低消费，而消费是直接的国民福利，投资是间接的国民福利，投资能否转换为国民福利取决于经济体制和社会环境、取决于收入分配政策、也取决于这种投资对社会环境的外部性影响等。与日本等成功转型的高增长经济体来比，中国的消费率水平处于较低位置，不论是经济高增长的初期还是期末水平都低于其他高增长经济体，经济增长的成果用于消费的部分较少。也就是说，中国经济的高增长没有带来相应国民福利的提高，中国的产业结构是一个漠视人的需求的产业结构，影响人的生存权利与经济未来的可持续发展。

2. 环境高度透支

透支环境是典型的负外部性特征。我国的经济增长方式是粗放型（外延型）的，这种经济增长模式使得高消耗成为中国经济高增长的又一特点。一方面是高速的投资主要方向是基础设施、厂房、建筑等大量需要原材料投入和能源作为动力的高消耗、高耗能行业，使得我国在经济高速发展中的能源、原材料投入巨大；另一方面是我国的国际经济地位在一定程度上也助长了高消耗增长方式。依据比较优势，我国承接了大量的发达国家没有竞争优势的高消耗产业，然后通过国际贸易再出口给发达国家，消耗并破坏了我们的资源和环境，而我们获得的仅仅是低端和低附加值产品的收益。而我国庞大的人口规模和建设强度使我们面临的环境约束更加严峻，经济的可持续发展将会越来越困难。

3. 分配结构不合理，收入差距不断扩大

收入法国民经济核算反映初次分配中劳动者、政府、资本所有者对一定时期国民产出的占有状况，对整个分配格局的形成具有基础性作用，而收入分配格局在一定程度上决定了国民经济中消费者的消费行为、企业的投资行为、政府的税收行为，进而影响我国宏观经济。收入法中各个项目占 GDP 的比重在经济发展的每个阶段应该有不同的走势，而这又取决于不同的经济增长方式。

中国经济高增长阶段我们可以划分为两个时期，以亚洲金融危机为分界点，在此之前，经济增长与国民收入分配格局中，劳动者报酬占 GDP 比重增加，而营业盈余和生产税净额占 GDP 比重减少；但在此之后，这种方向变化趋势逆转，劳动者报酬占 GDP 比重逐渐下降，而营业盈余和生产税净额占 GDP 比重则在增加，加入 WTO 后这种逆转趋势得到进一步强化。因此，中国经济高增长尤其是近年来的高增长并没有带来国民收入分配格局的改善：劳动者报酬偏低，而营业盈余和生产税净额偏高，企业不断增加的营业盈余是以侵蚀劳动者报酬为前提的，政府从经济高增长获取的太多，不利于经济社会的长期发展。

收入分配差距属于广义的福利范畴，它主要通过影响经济效率间接影响国民福利，较大的收入差距不利于提高社会的福利效应，相反会对社会进步施加反作用。收入法 GDP 中各项代表着劳动者、资本所有者及政府部门在初次分配中的所得，劳动者报酬所占 GDP 份额大幅下降必然导致社会收入差距的扩大，资本和权力同步扩张，劳动和权利同步萎缩。掌握资本和权力的人占有经济发展的大部分成果，社会分配的不公平现象越来越严重。基尼系数是衡量这种不公平现象的国际通用指标，中国的基尼系数在改革开放以来呈现逐步上升趋势。

4. 政府（准）公共产品提供严重不足

公共产品应该把它看作广义的硬环境投入和软环境投入，这种投入的目的就是为了改善经济发展的社会环境和自然环境，为物质生产和非物质生产提供更为有利的发展条件。因此，严格意义上讲，公共产品属于社会再生产的范畴，同时它对其他领域的社会再生产有着积极的保障和促进作用。从世界各国的经济发展实际现状来看，越是经济发达的国家，其公共产品的投入比例和投入的有效性就越高，社会保障程度和环境保护水平也就越高。

我们知道，最终消费支出中包含民间最终消费支出和政府最终消费支出两部分，两者的性质有很大不同，这两类不同性质的最终消费通过不同的传导途径影响国民福利：民间消费直接构成国民福利的一部分，体现为国民对商品和服务的满足程度；而政府消费中一部分通过向全社会提供教育、医疗、住房等保障性资金也会直接构成国民福利的一部分，政府消费中也包括在提供公共服务名目下的机构臃肿、效率低下、行政开销巨大等项目。这些不仅不会构成国民福利，反而会阻碍经济效率提高，使得大量资源投入到非生产性用途中。因此，要准确地判断最终消费中真实的国民福利为多少，还必须从最终消费的结构入手，也即政府消费率的变化以及在政府消费中用于提高国民福利的教育、医疗卫生等公共产品上的支出比例。如果政府在关系到国计民生的教育、医疗卫生等公共产品上支出较大的话，会释放较大比例的民间资金去消费或从事于未来对其发展有利的人力资本投资等项目，从而"间接"增加国民福利。但在我国这种情况恰恰相反，所谓医疗改革和教育产业化，使这种情况更加严峻。

从我国的经济发展实际现状来看，我国政府消费率较高，说明中国 GDP 中用于政府消费的份额较多。仅从卫生、教育领域来看政府的公共产品供给水平：我国政府卫生资源投入不仅总量偏小，而且卫生运行机制严重不合理，这导致极大的浪费和不公平。我国在世卫组织进行的成员国医卫公平性排序中位居倒数，在我国财政投入的医疗费用中，多数是为以党政干部为主的群体服务。另外，由于定价机制的不合理，中国卫生系统的机制设计上存在着服务提供者诱导需求的可能性，中国是药物支出占卫生总支出比例最高的国家之一。我国公共教育支出规模仍然偏小，与其他国家比较，公共教育支出占 GDP 比重偏低。总之，政府在(准)公共产品上投入的资源过少，加上不合理的制度安排，造成家庭投入过多，负担过重。

三、可持续的经济增长模式

经济增长的模式分为两类，一类是可持续的增长（不仅当代人已经获得的福利水平至少要可以持续，而且后代人的福利水平也至少要不低于当代人的福利水平），一类是不可持续的增长（或者说是"挖肉补疮式"、"寅吃卯粮式"的经济增长）。在人均国民收入水平达到一定高度的今天，国民福利水平的提高受到来自传统经济增长模式愈发严重的阻碍，尤其是资源的稀缺和生态环境的恶化日益严重地束缚着现实经济的可持续增长。在这种情况下，适时调整国家发展战略，将经济增长的目标转到国民社会福利的增进上来，从文化的、政治的、心理的、制度的角度去探寻与揭示社会福利增进的途径与源泉，无疑是正确的选择。从18世纪边沁的"最大多数人的最大幸福"的功利主义哲学思想的提出，到福利经济学和相关学科为社会福利增进研究所作的贡献，再到日益增多的国家开始将经济增长战略转向国民社会福利增进战略，我们可以清楚地看到人类为实现自身可持续发展所做的不懈努力。

2007年，党的十七大报告首次将"转变经济增长方式"调整为"转变经济发展方式"，要求在确保经济总量增长的同时，协调好经济增长与产业结构优化、节能环保、区域经济平衡、自主创新等方面的关系，提出全面建设小康社会的战略目标。这表明我们党已认识到单纯强调经济增长的局限性和致力于增进国民社会福利的决心。2012年，党的十八大报告明确指出，我国经济发展中不平衡、不协调、不可持续问题依然突出，资源环境约束加剧，社会矛盾明显增多……报告明确要求：要适应国内外经济形势新变化，加快形成新的经济发展方式，把推动发展的立足点转到提高质量和效益上来。

转变经济发展方式是我国经济增长理论的集成与创新。由庇古开创并由后来者不断丰富发展的福利经济学对我国推进转变经济发展方式提供了理论借鉴。经济发展是国民幸福的基础，没有经济实力的发展壮大就不会有国民幸福水平的提高。但是，经济发展必须最终服务于国民幸福。经济发展到一定阶段，政府就应该在国民教育、劳动就业、社会保障、社会福利、医疗卫生、文化建设等方面加大投入，将经济发展的成果与国民共享，切实提升国民幸福。福利经济学更加关注全体国民福利的增加，更加注重提升经济增长的质量和效益，这对进一步丰富与完善我们的发展理念，促进经济增长速度与质量的统一，实现国民共享包容性增长具有较好的启发意义。

第二节 经济正义与国民幸福

经济活动是人基本的存在方式，在始源意义上"经济"乃是人的生命存在的独特方式，也是人类社会和人类历史得以展开的现实基础，所以对经济的正义审视实际上是对人类自身存在方式特别是经济方式的审视，因而也是对人对当下的自身存在方式的自觉反思和理性考量，从而追问这种存在方式的合理性和限度。所以，在经济哲学视野中的经济正义，不仅仅是从经济学（增加国民财富的科学）范围内考察经济效率，更是从哲学（追问存在意义）的原则高度追问经济的合理性和合目的性。经济正义作为对人类经济关系和经济方式所展开的哲学正义追问和价值评判，其实质在于把经济的价值和目的置放到提升人类生命尊严和人的自由价值的原则高度加以审视，现实地促进经济发展和人的自由的有机统一。因此，增进国民幸福是经济正义的内在要义。

一、从国民幸福看经济正义：确立以人为本的经济正义观

从世界各国的实际情况来看，无论是发达国家还是发展中国家，无论是资本主义国家还是社会主义国家，都面临经济正义的问题。尤其是对于发展中国家来讲，这一问题更加明显。美国政治学家亨廷顿曾经指出，第三世界的第一个目标是经济增长，这也是从50年代到60年代持续了约十年之久的中心议题。在60年代里，许多第三世界国家的经济确实有明显的增长。然而，仅有经济增长不一定能改善第三世界千百万人的生活状况。这一点到60年代后期已经很明显了。正如巴西总统所说："巴西经济很好，但巴西人过得很穷。"于是，分配和公平问题引起了人们的注意。对公平的渴求集中于两个从属目标，它们虽非必然但却常常联系在一起。这两个目标是：①减少绝对贫困，即减少处于某一具体规定的物质生活最低标准（按收入或消费来规定）之下的人口比例；②减少不平等，即减少居民群体相互间收入与财产的差别。到70年代初，公平已明显地与增长结合在一起而成为发展经济学家的中心目标。

19世纪70年代，罗尔斯提出了自由与差别原则：平等自由原则、差别原

则、机会的公正平等原则。①罗尔斯的自由与差别原则启示人们效率原则是不等于正义原则的，对一个社会来说正义原则要比最大限度提高物质财富总量的原则重要得多，起点的平等、机会的平等要比结果的平等重要得多，机会的不平等必须使那些机会较少者的机会得到扩展，差别的存在要能够有利于境况差的人或最少受惠者，建立正义的社会基本结构是实现社会公平正义的根本。追求国民幸福的价值观从很大程度上体现了罗尔斯的正义观，实现国民幸福就意味着不但注重对社会弱势群体的关怀，追求发展的普惠性，而且更要注重权利的平等性和自由的充分性；不仅注重对弱势群体的物质帮扶，更注重人们道德的完善和人性的完美。

以国民幸福为导向的发展观就是要让普通大众共享发展成果，增进人们的福利，重视人们的主观感受，把满足群众基本生活和提高生活的质量与品位结合起来，把满足物质需要和追求精神愉悦结合起来，把寻求效率和追求社会的公平正义结合起来，把追求社会发展和人的自由全面发展结合起来。

在当代，建构全新的经济正义精神及其价值原则，首要的是确立以人为本的经济正义观。确立以人为本的经济正义观，就是要把人的价值和尊严、人的自由和发展作为经济发展的根本和目的。以人为本的经济正义观内在的要求超越传统的经济发展观以片面追求经济增长为目标的经济发展模式，因为这种发展观与发展模式漠视了对人的生命及其自由本质的内在关怀，使人的生命存在处于异化的煎熬之中，使得人与自身、人与社会、人与自然之间处于极度的紧张和对峙状态，导致当代人处于存在的虚无和焦虑之中，生活在"无根的世界"，远离了生命的意义和存在的真理。建构以人为本的经济正义观，就是主张在反思人类畸形的经济方式的基础上，确立以促进人的自由全面发展和社会的全面进步为依据和根本目的的经济价值观与经济发展观，并致力于行动的努力。

第一，以自由看待经济发展。马克思曾经指出，自由的有意识的活动乃是人类的特性，历史不过就是人类追求自由这个目的的活动过程罢了。以自由看待发展的当代经济正义理念，就是要超越狭隘的经济观，以人的自由全面发展的视角来看待经济发展。对此，阿马蒂亚·森也给我们提出了建设性的理论和思想，他指出，自由是社会发展的首要目的，也是促进人类发展的重要手段，经济发展就其实质而言，应该是自由的增长，而不是像狭隘的经济增长观那样，往往把经济

---

① 罗尔斯.正义论.何怀宏,何包钢,廖申白 译. 北京:中国社会科学出版社,1988.60-61.

的目的仅仅看作是国民生产总值的增长，或个人收入的提高。他认为，追求利润、财富、收入固然是人们的目标，但它们最终只属于工具性的范畴，是为人的发展、扩展人的自由而服务的，我们的生活质量应该不是根据我们的财富而是根据我们的自由来衡量，所以"经济增长本身不能理所当然地被看作就是目标。发展必须更加关注使我们生活得更充实和拥有更多的自由"，因为"扩展我们有理由珍视的那些自由，不仅能使我们的生活更加丰富和不受局限，而且能使我们成为更加社会化的人、实施我们的生活选择，与我们生活在其中的世界交往并影响它"①。

第二，以平等对待经济需求。平等是经济正义的内在尺度，是对经济生活的平等要求。一种经济状态只有既达到效率要求又符合平等标准，才能被描述为是经济正义的。要确定经济平等的标准和尺度，或者给予经济平等以定义性的说明或界定，是非常困难的。正如美国学者阿瑟·奥肯所指出的那样，"经济平等这个概念，很难以确定或衡量。即使它存在的话，也不可能被公认是完全的平等；但要公认是不平等却很容易"②。从奥肯的这句话里，我们可以得出，虽然追求完全的平等是不可能的，但在对不平等的公认中求得相对的平等则是可以的。

经济正义的平等原则包含两个层次，即基本需求上的绝对平等和超过基本需求上的比例平等。所谓的"基本需求上的绝对平等"，就是说作为社会上的一个成员，每个人的基本生存需要必须得到保障，在这一点上所有人都在经济上有着这一种类平等，是不可剥夺的自然权利，因而是绝对的。那种能使生命延续的价值才是价值，经济正义的"基本需求上的绝对平等"原则之所以是重要的和有价值的，在于它关心人的生命延续。对此，现代美国哲学家艾德勒主张："像在政治领域内一样，在经济领域里，正义的第一原则是，把根据自然权利属于大家的东西还给他们自己。所有人都有一种自然权利去得到过好日子所需要的经济物资，使他们不因某种程度的经济损失而贫困潦倒。"③在超过基本需求上的经济需要方面，经济正义的平等乃是指"等比例的平等"。所谓的"等比例平等"，就是指按同一标准对待同一事物，也即"当一事物在某一认同的方面不比另一事物多，也不比另一事物少时，我们说这两个事物是平等的。④实际上，等比例平等

---

① 参见阿马蒂亚·森.以自由看待发展.任赜，于真译.北京：中国人民大学出版社，2002.10.
② 阿瑟·奥肯.平等与效率.王奔洲等译.北京：华夏出版社，1999.63.
③ 艾德勒.六大观念.北京：三联书店，1989.214.
④ 艾德勒.六大观念.北京：三联书店，1989.188.

所表达的平等是，对有平等地位的人平等对待，对地位不平等的人根据它们的不平等给予不平等待遇。所以，经济正义的平等原则包含基本需求上的绝对平等（第一原则）和超越基本需求上的等比例平等（第二原则），并且前者优先于后者。

对此，艾德勒作了这样的说明，作为社会上的每一个人，都是经济上的拥有者，在人的基本的生存需要这条基础线上，所有人都有一种作为人的种类平等，因此满足基本需求的经济上的平等是绝对的，这是经济正义的内在要求。而那些占有超过人类自然所需最低限度财富的人，并不是基于其自然权利而得到这些财富的，而是出于他们生产出更多的财富，是根据不同的贡献进行不同的分配，因而同样是正义的。当出现两个原则之间的冲突时，第二原则服从于第一原则，通过对第二原则的限制来解决矛盾和冲突，即必须以某种方式满足一切人的最低经济需求，谁也不能根据他的劳动贡献去赢得很多财富，以致在某些方面影响大家的基本线上的经济需要。[①]事实上，对经济正义的平等原则，罗尔斯也持同样的价值取向。他在《作为公平的正义》中对正义的两个基本原则也是按照先后次序安排的，第一原则优先于第二原则，而第二个原则中，公平的机会平等优先于差别原则。总而言之，经济正义的平等原则，表达了对人的基本经济需求的绝对不可剥夺性，以及超出基本经济权利方面按贡献分配的价值主张。事实上，福利国家、福利政策和社会保障的制度实施正是基于实现经济正义的平等需求而做出的努力。[②]

二、中国经济正义的伦理思考

1. 经济正义与经济自由主义

经济生活是人类生活的最基本的组成部分，经济自由即经济领域中的自由，是人类追求的最基本的自由。经济自由主要指人们在经济生产领域内的自由，同时指人们在一定社会经济关系中所享有的自由和平等的权利，如劳动就业的权力、经济交往中平等的人格主体权利等。当然，经济自由的真正实现，在于社会化的人、联合起来的生产者，将合理地调节人与自然、人与社会、人与人之间的

[①] 参见艾德勒.六大观念.北京：三联书店，1989. 214-219.
[②] 参见毛勒堂.经济正义——经济生活世界的意义追问.复旦大学博士学位论文，2004.

经济社会关系，从而从自然束缚和社会束缚中解放出来（马克思语）。经济自由是市场经济的内在要求，也是经济正义的题中之意。但是，经济自由并不完全等同于经济自由主义，经济自由主义也不能确保经济正义的真理。

在历史上，经济自由主义这一概念是作为资本主义自由经济的一种理论要求而由资产阶级古典经济学家提出来的，其主要内容包括自由竞争、自由经营、市场调节、自由贸易等，反对国家对经济生活的干预，主张国家在经济领域中采取"自由放任"政策。经济自由主义实质上是资产阶级要求打破封建专制对资本主义经济强力束缚的观念表达，目的是要为资本主义经济的自由发展和资本家的经济活动开拓自由的空间，从而摆脱封建专制的束缚和统治。后来，随着资本主义生产方式的确立和占统治地位，经济自由主义的含义有所扩充。经济自由主义从"经济人"理论前提出发，推崇自由市场经济，主张全部社会经济生活都由市场的供给和需求来自发调节，无须国家和政府的计划和干预，国家的经济职能仅在于充当市场的"守夜人"。基于这种理解，经济自由主义认为一个国家最好的经济政策是不要干预私人的经济活动，采取自由放任态度；认为经济的发展和繁荣绝非政府所能及的，只能靠"经济人"的自由竞争才能达到最佳经济效率，因而政府绝不该介入经济活动。虽然经济自由主义不是一个固定的、封闭的理论和政策，它不断地发展着，甚至有不同的流派，但是强调经济生活中的个人主义原则，崇尚自由市场经济，反对政府对私人经济生活的干预，而且确信自由的市场机制和自由经济竞争能调节和解决社会经济问题，通过经济自由能够达到经济的公正和社会的公平，从而能促进经济的繁荣、社会的进步和人类的幸福生活，并认为经济自由是实现经济正义的根本途径，从而鼓吹自由主义的经济正义观，这些都是经济自由主义具有的共同特征。

随着我国社会主义市场经济体制的逐步建立、发展和完善，改革开放也不断深入和日益扩大，与世界的联系和交流日趋广泛，使得我们在理论上与国际理论界的交流也日趋迅速，国外的许多理论和思潮也快速地涌入中国，并深刻地影响人们的思想观念和行为方式。与此同时，随着改革的不断深入和发展，许多深层次的社会经济问题逐渐暴露出来，面对诸多与百姓息息相关而又复杂艰深的社会问题，我们需要一份理性的冷静和对中国现实的清醒把握，对于经济自由主义的基本主张及其逻辑演绎，我们要辩证地分析和批判地对待。

应当看到，自由的市场机制无法确保人们普遍的社会福利，在市场效率与分配的公平之间存在严重的分离，自由的市场价格机制无法确保公共利益，"看不见的手"也不能保证个体在追逐财产、社会地位等个人利益时能同时保证社会福利事业总体的进步，甚至由于个人利益至上、惟利益为本，出现诸如道德缺失、信用危机、不顾法律、侵害公共利益等邪恶的盛行。这表明经济自由主义自身存在着难以克服的困境，经济自由主义唯"经济自由"至上，走到了自由的反面，破坏了真正的社会自由和个人自由的基础。因此，在现实的经济实践中，如何恰当地处理好经济自由和经济正义的关系，从而在经济自由和经济正义的内在张力中开展社会主义市场经济的建设，无疑是一个艰深的课题。为了超越经济自由主义片面极端的视域，需要我们以全新的经济理念审视市场经济。市场经济不仅需要自由竞争，更要诉诸经济正义。经济自由主义唯独在经济正义的定义与框架中才具有其存在的合法性和存在根基，也只有在经济正义的匡正中，中国的社会主义市场经济才能健康发展，才能实现中国社会的进步和人民的幸福。

2. 经济正义与差别原则

从理论上讲，正如正义的要求是同等情况给予同等对待，经济正义也应该坚持经济生活中平等的正义原则，通过起点公平和过程公平来实现经济的正义性。但是由于历史的原因，或由于社会的因素，同等情况同等对待的形式上的经济平等无法确保实质的经济正义，即具有可行能力的自由的经济生活。于是提出了经济生活中的差别原则，即社会和经济的不平等安排应该有利于社会之最不利成员的最大利益，并以此作为形式平等的经济正义原则的补充。差别原则的真意在于：我们应该通过观察在每种体制下最不利者的状况改善了多少来比较各种合作体制，然后选择这种体制，即在它下面比在任何其他的体制下最不利者都变得更好。[1]也就是说，即使社会财富和经济收入的分配无法做到平等，但这种不平等的分配，其结果也要有利于每一个人，尤其是最不利者的利益。罗尔斯认为，在"平等自由原则"优先的前提下，差别原则与经济正义原则是相容的。诺齐克对经济分配中的差别原则具有不同的立场，他所捍卫的权力至上，实际上主张的是经济自由主义，为现实的自由竞争导致的经济差别的合理性作辩护，而其结果只能是贫富分化的现实。

从现实的生活界面来看。或由于历史社会的原因，或由于自然天赋的差别，或由于地区和区域间的差别，也由于现实的生产力状况，使得现实的人与人之间的经济差别客观存在，甚至有巨大的收入差距。社会财富的占有极为不平衡，使得社会上的绝大多数人的生活受到极大影响，由此影响到人们的机会平等、政治

---

① 参见罗尔斯.作为公平的正义.姚大志译.上海三联书店,2002.95.

感情、价值判断，并引发出人心失衡、政治危机和社会不稳定的因素，严重地危及人们正常生活的展开。在这种情况下，如果不采取适度的差别原则，任其自由发展，那么谁来为社会底层人的福利呐喊？如何保证弱势群体的基本利益？社会一旦无视贫困人群的现实经济利益，其中一部分人或由于基本的生活无法保障而采取暴力的手段，抑或由于情感上的无法接受而采取极端手段引起社会的动荡，这样一来社会必然要付出巨大的代价。

因此，依据现实的人们的经济收入状况，通过经济制度的因素采取适度的差别原则是合乎经济正义原则规定的，尤其是在建设和完善社会主义市场经济的今天，差别原则具有重要的现实意义，而且差别原则的合理重建日益显得紧迫。显然，我们不是要回到平均主义的旧的经济利益分配模式，但也不是要追求唯经济效率至上的"见物不见人"的经济发展方式，而应该以如何提升现实的人们的可行能力，"即一个人所拥有的、享受自己有理由珍视的那种生活的实质自由"①，作为我们经济发展的价值要求。因此，如果说经济分配中的差别原则有利于提升人们的可行能力，那么它就是符合经济正义精神的，反之则是与经济正义不相容的。②

三、经济正义的实践方式

国民幸福是社会发展的伦理维度，这要求在经济实践中不断推进经济正义的实现，努力在经济发展和正义价值原则的互动中实现人的自由全面发展。

（1）经济增长的包容性。经济增长的包容性最基本的含义是公平合理地分享经济成果，要义在于要让更多的人享受发展成果，让弱势群体得到保护和有相对平等的发展机会，它不但要求是共享式增长，也要求在共享式增长的基础上更加注重权利平等和机会均等，并对贫困人口、弱势人群适度倾斜。包容性增长是人类在经济增长领域发展理念的新突破，也是实现国民幸福的确证实践方式。要实现包容性增长，实践中首先必须把充分就业看作是经济社会发展的首要目标，通过加强法制建设、人力资源培育和开发、收入分配制度改革等，更多地照顾微型企业、民营中小企业等各类草根主体的利益，避免出现"无工作增长"和"无情

---

① 阿马蒂亚·森.以自由看待发展.任赜，于真译. 北京:中国人民大学出版社,2002. 85.
② 参见毛勒堂.经济正义——经济生活世界的意义追问.复旦大学博士学位论文,2004.

增长"等情形；其次，必须平等对各种不同所有制企业，赋予它们相同的权利，特别注重民企就业的多样性、灵活性和广泛性，以及能使更多普通大众受惠的特点；再次，区分起点的不公平、机会的不公平和结果的不公平，以及引起不公平的原因，建立包容性的制度，缩小起点差距，提供广泛机会，确保增长效益能有"涓流效应"。

（2）收入分配的公正性。劳动者共享经济成果是社会公平正义的基本要求，也是劳动伟大的重要体现。公正必定是适度的、平等的，收入分配的公正不仅包括起点平等、程序平等，也包括人们之间最终实际拥有财富的相对均等，然而在按生产要素分配的市场经济条件下，各主体之间要素赋有差异、信息拥有不对称、市场地位和影响力不相同，收入分配两极分化现象难免出现。一些人因占有生产资料或市场垄断地位而不劳而获、发家致富，而众多社会弱势群体处于边缘化的地位，这严重影响到社会的和谐稳定和普遍幸福。为此，政府必须发挥"有形之手"的功效，维护市场主体之间的平等关系，提供博弈协商、共同分享的平台和机制，努力消除社会的垄断和腐败。其次，政府要发挥好在二次分配中的角色和作用，通过税收调节过高收入，提高过低收入者的收入，增加中等收入者的比重，对于过低收入者既可以通过直接补贴方式增加其收入，更可以通过提供就业或进行人力资本投资帮助其提高能力。再次，引导组织好社会慈善事业的三次分配在解决收入分配公正性中的作用。

（3）基本公共服务的均等性。基本公共服务的均等性是指在一定发展阶段政府为社会成员提供基本的、与经济社会发展水平相适应的、能够体现公平正义原则的大致均等的公共产品或服务。它蕴含三个基本方面：一是提供人们生活所需的基本生存和发展保障；二是提供与基本尊严相关的教育和文化产品或服务；三是提供能满足基本健康和安全需要的保障。推进基本公共服务均等化是实现人人共享社会发展成果的必然选择，是社会转型期化解矛盾、解决民生问题的迫切需要，也是促进社会公平正义、提升民众幸福指数的重要手段。随着社会的发展和人民生活水平的提高，基本公共服务的水平也应逐步提高，范围相应扩展。然而改革开放以来，市场经济下的利益动力和竞争机制驱使促进了经济发展和个人价值的实现，但是生存生活逐渐被边缘化的社会群体大量涌现，在政府推进基本公共服务均等化的措施没有相应地跟进时，这部分群体的幸福感低落，客观上也成了当今社会的主要问题。发展是时代的主题，也可能是时代的问题，在这种状况下如果光靠市场自身的调节无法扭转社会日益分化的格局。因此，政府必须担负起责任，从最基本的教育、医疗、公共基础设施等入手，解决人民群众最关心、最现实、最直接的利益问题，加快建立覆盖城乡居民的基本公共服务体系，全面提升公共服务均等化水平，充分发挥法律和政府"有形之手"调节的作用，使现代市场经济成为一种规范化、制度化的市场经济，以达到整个社会生活的平等化和充分尊重个人自由意志的完美结合。

（4）人民权利的充分性。人民权利的充分性对于民生幸福不仅具有工具性的价值，也具有建构性的价值。在我国，人民是国家的主人，一切权力皆为民所赋，然而现实中忽视或者侵犯人民权利的现象时有发生。因此，国民幸福的伦理确证就必须是让人民群众充分享受应有的权利，这些权利既应该是经济上的，也应该是包括政治在内的各种领域的，经济上和政治上的权利是息息相关的，没有包括政治领域在内的各领域人民权利的充分性，经济上权力和利益就没有制度保障，国民幸福也就很难在现实中真正地实现。正如阿马蒂亚·森所言：政治自由，以民主制度的形式出现，有助于保障经济的自由（特别是免于极度饥饿的自由）和生存的自由（免于饥饿致死）。民主提供的保障，当一个国家足够幸运地没有面临严重灾难，亦即万事顺利时，通常不大会被想起。但是，由于经济或其他情况的变化，或者由于未纠正的政策错误，丧失这种保障的危险可能就隐藏在看起来是升平的情况后。[①]同时，权利的充分性本身就是国民幸福的来源，"即使有时在不享有政治自由和公民权利时人们仍然能享有充分的经济保障，但他们还是被剥夺了他们生活的重要的自由"。[②]这些剥夺即使没有造成大的灾难，但事实上还是会阻碍民众幸福感的提升。

（5）人与自然的和谐性。追求幸福生活是人们努力奋斗的目标，幸福生活与良好的环境以及由此引起的心境息息相关，没有人与自然的和谐就不可能有民生幸福的实现。现实中要想达到人与自然的和谐，人类必须在向大自然获取财富的过程中以尊重自然为基础，合理有序地利用自然。然而过去相当长的一段时期内，我们在经济发展过程中没有很好顾及人与自然的和谐，走了一条以"高污染、高消耗、高排放"为标志的工业化道路，这种以牺牲环境为代价的发展方式也使人类屡遭自然界的报复，很多时候民众因此苦不堪言。因此，以国民幸福为导向的发展观首先就在于要有尊重自然的伦理意识，充分意识到人和自然的密不可分性，充分意识到自然是人的无机的身体（马克思语），人类对自然的伤害实

---

① 阿马蒂亚·森.以自由看待发展.任赜,于真 译.北京:中国人民大学出版社,2007. 42.

② 阿马蒂亚·森.以自由看待发展.任赜,于真 译.北京:中国人民大学出版社,2007. 12.

际上就是对人类自己的伤害，对自然的不尊重实际上就是对人类自己的不尊重，努力实现物质文明和生态文明的有机统一。①

第三节 公平与效率的取舍

从福利经济学的发展历史看，福利经济学一直是围绕着公平和效率两大主题展开论战。庇古的旧福利经济学思想一方面强调国民收入增长的效率原则，另一方面也强调公平分配，主张政府可以对市场失灵进行矫正。新福利经济学的补偿派坚持效率导向和效率第一的原则，而社会函数学派则认为经济效率是必要条件，公平分配是充分条件，既强调公平又强调效率。此后阿罗不可能定理证明，既要公平又要效率是一种空想，公平和效率是对立的。基于此理论，又衍生出了公平优先论、效率优先论、公平与效率调和论。从福利经济学思想的发展我们感到，对于公平与效率的关系在不同发展阶段应该有不同的含义。

一、公平与效率的取舍

福利经济理论认为，国家在经济政策实施过程中，一般会遇到两个相互矛盾的目标。一方面，政策的实施力求社会损失最小。由于实施过程中要使用资源，所以政策的运用会引起损失，而且政策也会引起经济行为的扭曲。政策设计的效率问题就是使这些损失最小化。另一方面，政府为了更加公平地分配经济资源而认为应该对经济加以干预，同时往往对经济活动总水平的关注程度下降。这种干预动机代表了政策设计的公平方面。

由于效率与公平存在对立的一面，因而这两个目标不可避免地经常发生冲突。提高效率的政策往往是高度不公平的，而促进公平的政策则往往会在经济中造成很多扭曲和产生抑制作用。这样，最优政策的设计过程可以看作是在效率与公平目标间实现正确权衡取舍的过程。这种最优的权衡取舍取决于在政策制定者的目标中对公平的关注程度。在对政策问题的诸多分析中，效率与公平间的权衡取舍成为最终实施何种政策的决定因素，因为政策中既有促进公平的方面，也有增进效率的方面。效率与公平间的差异常常成为一种考虑最优问题及其答案的有

---

① 参见李跃华.论民生幸福的伦理真蕴及其确证方式.前沿,2012. 3.

用方法。由于效率与公平问题都是通过市场和政府来实现的，因此，福利经济学首先把对市场经济的运行和市场机制的功能缺陷进行评价纳入自己的研究范围。通过分析市场经济制度的缺陷，福利经济学提出如何通过政府的作用及其相应的政策措施纠正这些缺陷来实现效率与公平的最优组合。在看待效率与公平组合模式时取决于一个国家在一定时期的社会状况，如果一个国家经济落后且社会相对稳定，就应该把效率放在第一位；如果一个国家经济发展良好且社会矛盾突出，就应该把公平放在第一位；如果一个国家既需要发展经济且社会矛盾日益显现，就应该采取效率与公平并重的原则，采取"两手抓"的政策，不要为了公平牺牲效率，更不要为了效率牺牲公平。①

二、我国公平与效率关系的演变

从我国经济体制改革的历程看，改革的推进过程也是对公平与效率关系认识不断深化的过程。

在经济体制改革以前，党和政府在经济制度方面就实行了公平优先的原则。在城市里，市民享受着普遍的社会保障福利，包括公费劳保医疗、福利分房等各种社会福利设施；在农村，农民所享有的制度是被称为平均主义的"大锅饭"，虽然普遍贫穷，但绝对平等。在新中国成立之初的特殊历史条件下，当时新中国的工人和农民都具有极大的建设社会主义热情。特别是在公平原则的指引下，社会主义的经济奇迹般地保持了极高的效率。但是，随着经济的发展，人民的生活日益稳定，计划经济的弊端也日益暴露。在公平优先这样平均主义原则的指引下，人民的生产积极性日益减弱，整个经济发展缺乏活力，社会发展受到严重影响。

正是在这样的背景下，经济改革成为必然。我国的经济体制改革是以农村为突破口的，党的十一届三中全会以后，在党中央的积极支持和大力倡导下，家庭联产承包责任制逐步在全国推开，极大地调动了农民的生产积极性，农业生产力得到了解放，农业生产获得了巨大发展，显示了市场经济的巨大优越性。于是效率优先兼顾公平的市场经济理念就在全国推广开来。国家通过国有企业改革，鼓励私营企业的发展，逐步培育市场经济的主体元素。后来又逐步实行了医疗的市

---

① 吕文慧. 福利经济学视角下的效率与公平. 经济经纬，2007(2).

场化改革，还有教育的产业化改革，并把社会福利的责任主体由企业推向社会，实现了社会保障的社会化改革方向。总之，市场经济以及效率优先兼顾公平的理念成为政府当时的主要决策，同时，这一理念不断地渗透到社会经济的各个方面。党的十四届三中全会《关于建立社会主义市场经济体制若干问题的决定》中明确提出了"效率优先，兼顾公平"的八字方针。

改革开放30多年来，我们的经济发展所取得的成就是全世界所瞩目的，这也充分显示了市场经济的效率特征，但是，另一方面，我们也应该看到，这一阶段的改革并不是完美无缺的，我们虽然保证了效率优先，但兼顾公平做得确实不够。从某种程度上来讲，我们忽视了公平这一经济与社会发展的重要元素。由于忽视公平这一元素，使得经济社会发展过程中也出现了越来越多的问题，收入差距进一步扩大，民众对社会的不满情绪也有所高涨。在这样的形势下，人们开始对市场经济改革的结果进行反思。2007年，党的十七大报告首次提出"初次分配和再分配都要处理好效率和公平的关系，再分配更加注重公平"。十八大对此进一步强调，并提出"调整国民收入分配格局，着力解决收入分配差距较大问题，使发展成果更多更公平惠及全体人民，朝着共同富裕方向稳步前进"。不难看出，随着社会的进步，我们对公平与效率的认识也更加深刻，突出社会公平将是我们进一步改革的方向。

三、我国公平和效率的统一

中国特色社会主义市场经济，将社会主义基本制度与市场经济结合起来，以公有制为主体，多种所有制共同发展的经济体制，创造了一个可以实现政治公平与社会公平的制度平台。这就决定了它对公平与效率关系的解决是在社会主义政治伦理的基本前提下实现的，社会主义政治伦理和经济伦理的统一，是中国特色社会主义处理公平与效率关系的基本方法论特征。

中国特色社会主义在实行社会主义市场经济体制的改革实践中，创造了既与新自由主义经济学家哈耶克所主张的"效率第一"相区别，又与新剑桥学派经济学家、福利经济学家所主张的"平等优先"所不同，同时也与美国经济学家阿瑟·奥肯所主张的"在生产领域应以效率为先，而在分配领域则应贯彻平等原则"相区别的新思路、新方法，概括起来为三条：

第一，以"社会和谐原则"为中轴，灵活调节公平与效率两者的关系。30年的改革实践表明无论从理论上还是从实践上看，在社会主义市场经济中，单纯强调公平或单纯强调效率，都具有片面性。遵循马克思主义的辩证思维来考察公平与效率之间的关系，我们就能清楚地看到两者相互依存、互为前提、相辅相成的辩证关系，两者在经济发展的任何一点上，都共同起着重要的作用。然而，这种共同作用并不是平分秋色，没有轻重缓急的。在此，推动"社会和谐"将成为基本原则，以此为轴心，调节着公平或效率在社会建设中的作用：在实现了基本的社会公平之后，人们日益增长的物质文化需求与尚欠发达的社会生产之间的矛盾就成为社会的主要矛盾，在这一历史条件下，取效率优先，以效率进一步带动社会公平的方针，应该是正确的方针；但在效率提高、经济快速发展之后，出现了基尼系数提高，社会贫富差距拉大，尽管高效率的取得，总体上并没有违纪违法或运用不正当手段，但社会差距过大，必将影响社会和谐。这时，需要处处强调公平，采取公平优先的方针。从"社会和谐"的要求看，公平与效率是两个同等重要、相辅相成的目标，如果只顾一方，不但会牺牲另一方，还会造成自身一方的危机，结果使两个目标都落空：社会失衡，就难以维持社会的稳定与和谐。这也可从我国几十年来经济发展的曲折进程中窥见一斑。

第二，以"共建、共享、共惠"为主导原则，消解"市场机制"的负面效应，提升公平与效率关系统一的水平。市场经济的"双面刃"效应，已为社会各界所共识。但是，在资本主义私有制下，市场机制必然为私人利益最大化所驱动，因而它必然造成贫富悬殊，造成两个阶级的尖锐对立。这种情况，马克思在《资本论》中已做了极为深刻的揭露。在社会主义市场经济体制中，虽然阶级对立、贫富极端分化的社会现象已被消灭，但是，"市场内公平"不可能解决市场竞争的失败者以及没有或丧失劳动能力的人的生活问题，这就是说，在社会主义社会同样会出现弱势群体与贫困人口。但与资本主义社会相反，中国特色社会主义制度，通过贯彻"共建、共享、共惠"为主导的实践原则，消解"市场机制"的负面效应。如果说"共建"是"市场内公平"的话，"共享"与"共惠"，则体现了"市场外公平"，通过"市场外公平"，实现分配领域"矫正的正义"或"补偿的正义"。"市场外公平"的措施，对"市场内公平"起到了矫正和补偿的作用，它对效率的促进作用是明显的，具体表现在两个方面：第一，通过"市场外公平"，维持社会劳动力的再生产，确保市场所必需的产业后备军，从而保证效率。"市场外公平"能解救市场竞争弱者的困境，同时也免去了所有市场竞争者的后顾之忧。其次，通过"市场外公平"维护社会秩序，避免社会动乱，使市场竞争得以在安定的社会环境中进行，从而间接地促进效率。这里要提及的是，"市场内公平"和"市场外公平"两者是不能混为一谈或互换内容的，如果把"市场失效"领域吸纳进市场领域,把市场推向不该市场化的领域,公平也就变成不公平了。所以在"市场失效"领域,国家以"共建、共享、共惠"为主导原则,通过社会赋税制度和社会保障制度对社会财富进行调节和二次分配,使公平和效率在新的高度上达到了新的统一。[①]

第三,以"实现每个人的自由和全面发展"为最终目标原则,为公平和效率问题的全面解决而努力。我国经济发展的最终目标是实现共同富裕,在改革过程中,社会成员之间的收入差距应保持在合理范围内,如果收入差距悬殊且长期得不到解决,不仅会挫伤人们的积极性,还会影响社会稳定。这样,提高效率只能变成一句空话。阿瑟·奥肯认为,当公平和效率发生冲突时,应尽量平衡二者关系。现阶段我们需要强调公平与效率并重,发展经济促进效率不能以牺牲公平为代价。公平与效率并重,意味着我们要继续发挥市场机制的作用,要靠深化市场体制改革来推动经济发展,但同时我们要更加关注公平问题。政府要更加积极主动、深入地参与一些经济生活,积极地创造就业机会,深化财政体制改革,促进区域经济协调发展,采取措施建设社会保障事业并应覆盖到包括全体农民在内的全体国民,投入更大的精力促进教育、医疗卫生等社会事业发展,深化分配体制改革以缩小收入分配差距日益扩大的趋势,采取市场规制的产业政策等措施来解决日益严重的资源短缺环境破坏问题。在现实的社会经济生活中,我们要对公平和效率加以动态平衡,从而实现经济发展、社会进步和促进人的自由全面发展。

第四节 生态正义与生态福利

人类活动是一种以一定的价值观为指导的理性行为。在对待自然的态度上,人类一直以自己的利益作为唯一的出发点和动力,视自然为自己的对立物,以技术为中介通过改造自然的活动获得自身的利益。在这里,自然资源被视为无限的,取之不尽,用之不竭;是无价的,它是大自然对人类的恩赐;是无主的,人类可以尽情享用而不必考虑对它的义务。可以说,整个现代文明就是在人统治自然的思想基础上建立和发展起来的。长期以来,人类以此为荣,认为自己已经最终战胜和主宰了自然界。然而,这只是一种表象。今天,全球性的环境污染和生态破坏问题已证实了恩格斯的预言,人类生存与发展遇到了前所未有的窘境,人

---

① 参见高惠珠.论中国特色社会主义视阈中的公平与效率.上海师范大学学报,2008.1.

类不得不反思自己的行为，重新审视人与自然的关系。生态正义观就在这种情况下被提出。它将道德行为的领域从人与人、人与社会领域扩大到人与自然之间，它要求将善恶、良心、正义、义务等观点应用到处理人与自然和生态的关系中去。

一、生态正义是可持续发展的理性诉求

1987年2月，挪威首相布伦特兰主持的世界环境与发展委员会（简称布伦特兰委员会）在《我们共同的未来》中界说了"可持续发展"的概念，并首次将之定义为："可持续发展是这样的发展，它满足当代的需求而不损害后代满足他们需求的能力的发展"。①它是20世纪末人类以新的价值观和生态伦理观审视自己的作为而做出的对人与人、人与社会、人与自然相协调的发展战略的界说，它的提出标志着人类发展观的一次飞跃，体现了人类向更高层面上寻求和创建文明，超越了人类中心主义和非人类中心主义，寻求一种新的发展范式，正是从这个意义上，我们可以把可持续发展称作一种新的文明观和生态伦理观。

可持续发展的核心与本质，是追求在经济发展的同时，确保人与自然的共存共产、和谐永续发展，而不是单纯以经济的增长为发展的目标。可持续发展具有十分丰富的内涵：就其社会观而言，主张公平分配，既满足当代人又满足后代人的基本需求；就其经济观而言，主张建立在保护地球自然支持系统基础上的可持续经济发展；就其自然观而言，主张人类与自然和谐相处。要实现可持续发展的目标，必须满足公平性、持续性和共同性三项基本原则。公平性原则要求既满足各国、各地区同代人需求的代内公平，又满足后代人需求的代际公平。持续原则要求要保证生态资源的永续利用，使人类社会和经济实现持续的增长。共同性原则要求所有人的共同参与和努力来实现人类社会的可持续发展。这三项基本原则是相互依存和相互制约的。公平性是前提，可持续是目标，共同性是手段，缺一不可。

可持续发展需要一种生态法律准则来规范和约束人类行为，来维护人与自然和谐共存，来保证代内、代际平等地分配生态权益或分摊生态责任，而生态正义正是以人与自然的共生、自生和再生为出发点，以人类的可持续发展为终极目

---

① 世界环境与发展委员会.我们共同的未来.长春：吉林人民出版社，1997.52.

标，主张自然、人类和社会三者在多样性中和谐的统一，主张生态自然的开发利用要正当、合理、可持续，要求生态自然开发利用实现代内公正和代际公正，由此可见生态正义是可持续发展的核心和内在要求。

生态正义是人对与自己的生存和发展密切相关的各种生命以及整个自然界所持的价值观念、价值规范、评价准则的反思和构想，其核心是人与自然的关系问题，以人与自然和谐共存和可持续发展为价值目标，主张生态资源的开发利用要正当、合理、可持续。生态正义问题的凸现直接关涉人类作为主体的生态利益，一方面表现为主体是否平等地享有生态的权利，另一方面则体现为是否公平地分担保护环境的责任和生态危机所造成的灾难。简而言之，生态正义所关注的核心问题就是如何公平地在主体之间分配生态权益或分摊生态责任。生态正义大致可归纳为三个正义向度：[①]

(1) 代内正义。代内正义是指代内的所有人，不分民族、种族、国籍、性别、职业、宗教信仰、教育程度、财产状况，都有平等地利用自然资源和享受良好的生活环境和生态环境的权利。代内正义既包括当代国家之间在自然资源利益分配上的公平正义问题，也包括一国内部当代人之间在自然资源利益分配上的公平正义问题。如果富国对自然资源的需求是建立在对穷国不惜以掠夺的方式来开采这些自然资源的前提下，那么，这种发展无疑是不可持续的发展。同样，如果在一国内部由于少数富人为了自身利润最大化掠夺式开采自然资源，那么，一国内部的这种不公平性也会助长不可持续的发展。可见，自然资源代内公平享用是实现可持续发展的必要条件，也是代内正义的本质要求。

(2) 代际正义。代际正义是指人类作为物的一种，与现代的其他成员以及过去和将来的世代一道，共有地球自然、文化的环境。在任何时候，各世代既是地球恩惠的受益人，同时也是将来世代地球的管理人或受托人。为此，我们负有保护地球的义务和利用地球的权利。罗尔斯是对代际正义进行系统论述的第一人。代际正义是罗尔斯的正义理论不可或缺的一部分，也是他的正义理论所遇到的四个难题之一。罗尔斯将正义理论从处理同代之间的关系拓展到代与代之间，在代际确立了一个正义的储存原则，以探求代与代之间的正义。

代际正义有两方面的意义：指向"未来的"，在于当代人必须留给后代人一个健全、优美的适宜人类后代居住的地球；指向"过去的"，在于当代人必须清

---

① 黄明健.论作为整体公平的生态正义.东南学术,2006.5.

偿前代人留下的"自然债"或遗产。以此来检讨与反思当下的人类制度安排，必须进行如下的改革：一是健全环境恢复的机制，采取强化与加大环境保护费用在各国财政支出的比例，鼓励民间环保基金发展等措施，以便清偿前代人遗留的"自然债"或遗产；二是建立抑制危害环境行为的机制，促进环保社团的发展，特别是代表后代人权利之组织的发展；三是改变当代人的生产与消费模式，克服危及后代人利益的行为，以防止遗留过多的"自然债"。①

(3) 自然正义。自然正义是指人类作为自然界的一员，与其他物种之间在享有生态利益与承担生态责任方面的平衡问题，它源于以下几个方面的内容：第一，人对自然的合理利用的底线是不破坏生态规律。这些生态规律包括：物物相关律、相生相克律、能流物复律、负载定额律、协调稳定律、时间有宜律，它们都是人类对自然的合理利用的底线。如果我们破坏这些生态规律，就等于人类破坏了与自然相处的"底线伦理"：其一，破坏它，则构成人类的"自然债"，人类必须有了强制机制，予以清偿；其二，破坏它，人类又不予以清偿，大自然会以更为猛烈的方式予以报复，如洪涝灾害、地震、雾霾污染以及臭氧洞的出现等自然灾难。第二，人与其他物种共享资源。有些资源，如陆地、水、空气等是人类须臾不可或缺的环境要素。人类破坏这些环境要素，会导致其他物种也无法生存，最终导致人类作为一个物种也走向毁灭。因此，人与其他物种共享一些特殊的资源成为自然公平正义的一项重要内容，这也是种际公平倡导者，即《敬畏生命》作者——法国思想家施韦策的基本观点。第三，人与其他物种和谐共生的基础在于大自然无偿提供一些资源，因此，人类应受自然正义的约束。据 1997 年 5 月由美国环境保护和经济学家在英国《自然》杂志上发表的一份研究报告统计，地球生物圈每年至少给我们人类无偿提供价值 33 兆美元的空气、水和粮食等有形或无形的资源。该报告认为，世界全部国民生产总值（GNP）每年只有约 18 兆美元，而地球所提供的 33 兆美元则是它的 1.8 倍。这是由于在商业市场上未能完全"捕捉"地球生态系统，在经济服务与人力资本中未能对其予以计算化的原因，所以在各种政策决定上地球生态系统只占较少的比重。基于此，人对地球、对其他物种应有"报恩"的义务，倡导自然公平，就是要建立一种人对自然"回报"的机制。②

---

① 郑少华.生态主义法哲学.北京:法律出版社,2002.170.
② 郑少华.生态主义法哲学.北京:法律出版社,2002.170-171.

二、可持续发展评价——生态福利指数

人与自然的和谐是基于人类社会可持续发展的内在要求，要求实现人与自然环境的协调、当代与后代利益的协调。在过去的社会发展进程中，由于人们持有狭隘的发展观，造成了人与自然关系的紧张，严重危及人们的生存问题和社会的发展。伴随生态问题成为制约人类发展的重要因素，生态需要的满足程度也成为衡量生活质量的重要指标，生态环境质量成为福利的一部分。人们的福利观念从追求财富为主的经济福利过渡到追求人与生态、社会和谐的生态福利。

1. 生态环境与福利的关系

人类的福利具有多维度。从广义上来说福利是指人类的任何一种基于稀缺资源的需要的满足程度。传统的福利经济学认为福利是个人或集体偏好的反映，是由于消费一定的商品或服务而得到的效用。其中，经济福利是社会福利的主要部分，是指在社会福利中可以直接或间接地与货币尺度挂钩的部分，它是社会福利中受经济因素直接或间接影响的那一部分。经济福利侧重于对微观个体福利状态的反映，更多地关注经济效率，反映了由资源决定的经济成就。而社会福利是由社会共同体中每个人的福利组成的，是个体福利的"加总"，是从宏观角度来评价社会所有成员的福利变化，包含了收入、居民的健康状况、教育程度、生态环境质量等重要指标。社会福利更多地关注社会平等，其状态表明了社会整体的进步程度。

在人类生存发展的过程中，生态环境与人类福利是息息相关的，它们之间存在着一种动态的相互作用。

一方面，人类追求福利产生的驱动力会引起生态环境的变化。人类为了促进社会经济的发展，提高人们的物质、安全、健康、精神等方面的福利，会产生一种驱动力，改变了人们利用生态系统的方式和强度，影响了生态系统的过程，从而直接或间接影响生态环境。可以说，政府在促进经济社会发展时采取的制度或体制，如果同时使生态环境得到增强或者维持原有的水平，则为正驱动力，其制度或体制是合理有效的，不仅实现了对生态系统的可持续利用，而且促进了社会福利的提高。与此相反，如果生态环境恶化则为负驱动力，其制度或体制是不合理的。因此，人类可以根据人类福利状况的变化，采取可产生正驱动力的体制或制度，以期待促进人类可持续发展的同时，生态环境得到保护。

另一方面，生态环境的变化又会引起人类福利的变化。人类社会生活离不开生态环境的空气、水、动植物以及阳光等，生态环境是人类社会生存和发展的物

质依托，是人类得以实现社会福利的一个不可或缺的载体。生态环境变化对人类福利的影响主要包括以下几个方面：其一，生态环境为人类的生存发展提供必要的生活资料和生产资料，对人类经济、健康、安全等方面的福利有着重要作用；其二，良好的大气环境、水环境、土壤环境等，对人类的安全起着至关重要的作用；其三，生态环境为人类提供优美的景观以供陶冶情操，是增进人们的美好感受和体验的精神产品。

综上所述，生态环境和人类福利是相互影响、相互作用的。政府应该不断调整制度和政策，形成正驱动力，在激励社会经济、政治和文化发展的同时，恢复和增强生态环境保护，并最终实现社会福利的不断提高。

2. 生态福利指数

生态福利是以人类发展作为最终目的，生态资源消耗作为基本投入，从而确定在公平和合理的生态资源消耗的限制下获得高质量的经济发展。所以，生态福利反映了社会福利与生态消耗的相对变化趋势，是考虑社会和生态因素的经济增长相对健康程度的量化指标。

生态福利指数主要有三个作用：一是描述作用，它使生态福利变成实际指标；二是导向作用，通过政策导向，使人们更加重视生态福利的思想与行为；三是业绩评价作用，旨在衡量经济可持续发展的成效。

生态福利指数要反映以下几方面的状况：首先是居民的经济状况，这是生活的物质保障，是提高生活质量的前提；其次是居民的健康状况，只有健康的身体状况，才能享受更好的福利；再次是居民的教育情况，教育是精神福利的源泉；最后是生态资源的投入，生态系统的破坏程度直接影响到居民各方面的福利。因此，生态福利不仅反映了生态资源的利用，而且反映经济和社会概况，在内容上，指标应当包括生态环境指标、经济指标和社会指标。

戴利(1991)提出了生态经济效益公式：

生态经济效率 = 服务 / 流量 = 服务 / 存量 × 存量 / 流量

根据戴利的生态经济效率公式，社会服务量可用人口数、年产值（如 GDP）和年工业增加值等表示；生态流量反映资源利用水平和污染物排放情况。

以此为借鉴，诸大建（2008）提出生态福利指数公式：

生态福利指数（EW）= 人类发展指数 / 人均生态足迹 =HDI/EF

服务指标用人类获得的福利来表示，从发展的角度来看，用联合国开发计划署（UNDP）提出的人类发展指数（HDI）来衡量社会福利水平；存量指标用经济增长表示，即国内生产总值（GDP）；流量指标用生态资源负荷来表示，即生态足迹（EF）度量。如果人类发展指数的增长大于同期内生态足迹的增长，那么生态福利指数就会提高。反之，生态福利指数降低。

（1）人类发展指数。1990年联合国开发计划署提出了"以人为本"的测量方法——人类发展指数，它体现了人类对于自身发展的全面关注。人类发展不仅需要最基本的选择体面生活、获得知识的权利和健康的生活。而且还应该包括政治自由、创造和生产的机会、享有自尊和保障人权等多种选择。只有这些最基本的选择得到满足，人类才能追求更多的选择，人类发展才能得到满足。人类发展指数(HDI)理论认为：人类发展最主要的是能选择过上一种长寿而健康的生活、选择获得高等教育和获取高水平的生活资源。人类发展指数是衡量社会可持续发展的核心指标。人类发展指数强调发展的最终目的是人类福利水平的提升，生活质量的进步。它反映了人类发展最重要的维度：①体面的生活水平，用人均GDP表示；②知识教育程度，以成人识字率（占2/3权重）和综合毛入学率（占1/3权重）来测度；③健康长寿的生活，用出生时的预期寿命来表示。

三个方面对应的指数一般公式：

分项指数＝（实际值－最小值）/（最大值－最小值）

人类发展指数HDI是这三个指数的简单平均值，其值在0到1之间，0代表发展的最低级水平，1代表人类发展的最高水平。

HDI＝1/3（人均GDP指数）1/3（教育指数）+1/3（预期寿命指数）

（2）生态足迹。生态足迹是经济增长的生态代价，是衡量人类对自然资源的利用程度，反映人类生态需求的指标。

生态足迹的计算是基于人类可以确定自身消费的绝大多数资源及其所产生的废物的数量，且这些资源和废弃物能转换成相应的生物生产性面积，并在空间上是互斥的基本假设。根据土地为人类提供的生态服务功能，将地球表面的生态生产性土地分为在空间上互斥的六大类：耕地、草地、林地、水域、建设用地和化石能源土地。即将农产品的消费折算为耕地面积，动物产品的消费折算为草地面积，林产品的消费折算为林地面积，水产品的消费折算为水域面积，煤、石油、天然气等的消耗折算为化石燃料用地，电力及热力的消耗折算为建筑用地。

生态足迹可以分为两类：一类是生物资源足迹，是人类社会消费的食物、纤维和木材等资源所需要的生物生产面积，包括耕地、草地、林地和水域；另一类是能源足迹，人类社会能源的消费所需的生产土地面积，包括化石燃料用地和建设用地。生态足迹的值越高，意味着对生态资源的需求和消耗越高，人类对生态环境的破坏就越严重。生态足迹的值越低，意味着对资源使用的效率较高或受外界影响较小而对生态资源保护较好。

生态福利指数衡量了社会经济发展中利用生态资源的始端输入与社会福利终端输出的关系。如果生态福利指数提高，经济发展的可持续性也随之增强；反之，生态福利指数降低，经济可持续发展也随之减弱。①

三、基于生态正义与生态福利的秩序构建

20 世纪是人类物质文明高度发达，同时又是生态环境、自然资源遭到破坏最为严重的时期，一方面是社会生产力的极大提高和经济规模的空前扩大，经济增长了近百倍，创造了前所未有的物质财富，迅猛推进了人类文明的进程；另一方面是自然资源的过度开发与消耗，污染物质的大量排放，导致全球性的资源短缺、环境污染和生态环境破坏。世界面临着人口、环境、资源、经济和社会发展失衡的"世纪难题"的严峻挑战。对于我们这样一个人均资源极度匮乏、经济增长严重依赖粗放式的量的扩张手段来实现、环境污染问题日益恶化的国家，尤其需要强调人与自然的和谐。

以福利经济学的思想来看，这些不和谐问题表现在市场机制的缺陷上，市场机制不能保证社会福利的最大化。福利经济学之父庇古首先提出了外部效应问题，他指出：在某些场合，个人决策和行动会给其他人的行为和决策带来有利或不利的邻近影响，导致私人边际收益（或成本）与社会边际收益（或成本）出现偏差，市场调节的结果不再符合帕累托最优准则。外部效应问题是市场本身无法克服的内在缺陷，如果政府始终恪守传统的"守夜人"职责，它将始终构成市场有效运行的一种威胁。庇古的发现暴露了古典经济学从市场秩序导出国家职能的思路的逻辑弱点。如果说政府不干预的全部根据在于市场的完美秩序，那么市场缺陷就成为政府干预的有力根据。庇古正是沿着这种推理的思路提出如下建议：为了实现帕累托最优结果，国家必须越出传统上规定的边界，利用国家拥有的征税权力，对那些制造外部影响的企业和个人征收一个相当于私人与社会边际成本差额的税收或给予同等数量的补贴，具体视外部效应的性质（有利还是有害）而定，使企业和个人自动地按照效率标准提供最优产量。从福利经济思想出发，我们需要用政府规制的手段来促进资源有效配置和社会整体福利水平提升，促进经

---

① 参见陈欣.生态福利视角下的经济可持续发展研究.陕西师范大学硕士学位论文,2012.

济社会的可持续发展。

1. 构建可持续的消费观秩序

可持续消费观是一种新的环保理念，也是一种新的经济概念和文化概念，其着眼点是为一个民族、社会保护其自然资本和文化资本，而创造一个生态安全的环境则是保证社会和谐稳定的重要前提。所谓"可持续消费"，根据1994年联合国环境规划署的报告《可持续消费的政策因素》，是指提供服务以及相关产品以满足人类的基本需求，提高生活质量，同时使自然资源和有毒材料的使用量减少，使服务或产品的生命周期中所产生的废物和污染物最少，从而不危及后代的需求。可持续消费方式立足的原则是：承认地球资源的有限性和后代人的消费权益，当代人的消费不以破坏后代人的生存条件为前提。可持续消费要求资源的公平分配，保障弱势群体和贫困群体拥有平等的享受基本资源的权益，不应因一些人的过度享受去毁坏另一些人的生存根基，也不应因当代人的富裕而把后代人推向生态的赤贫。在消费领域中，可持续消费观强调"污染者付款"原则，消耗资源越多，应负的代价越大。富裕国家和富裕人群因资源和环境的消耗量大而负有更多的责任，以此抑制过度两极分化、缓解生态系统的压力、维护社会系统的稳定。可持续消费的指标是生活的质量而不是对资源量的消耗。它注重对精神文化的追求而不是对物质无节制的消耗，倡导一种与环境友好的消费方式，体现了对精神世界、社会和谐和自然平衡的追求。它要求设立一个新的坐标体系，让人们从一个更广更高更先进的尺度来判断自己的行为，让不同阶层的人都能看到精神家园和自然家园的价值并使之成为共同的价值目标。作为一种生活价值和生活方式，可持续消费是指人们的消费观念和消费行为，包括了商品选择、消耗到废弃全过程中对环境影响的考虑，并尽可能减少负面影响。可持续消费以5R为基本内涵：Reduce（节约资源）、Re-evaluate（环保选购）、Reuse（重复使用）、Re-cycle（垃圾分类）、Rescue（救助物种）。可持续消费既是消费者的权益也是义务，每个消费者都有享受安全健康的环境权益，也有维护资源环境使之能够持续的义务。

2. 构建绿色产业利益秩序

在经济学家看来，现代世界的基本危机，如环境破坏、人口猛增、世界大部分地区的饥饿与贫困，都源自一种特殊的问题结构。各人都按照个人的利益预期做出决定，可是，只有当这种个人预期考虑到了所有的成本和效用后，它方能同社会的利益预期相吻合。例如，如果对环境不制定价格或者价格很低，那么同必须为此支付费用相比，企业会变本加厉地"消费环境"。由于这一逻辑适用于一切的人和组织（企业、家庭、公共团体），所以只要不制定环境价格，破坏环境的现象便会继续下去。个人的成本计算与社会的成本计算大致是背道而驰的：如果决定是按个人的成本计算做出的，那它所引起的社会成本就得由公众来承担。在现代社会中，面对那些过分的经济活动所带来的消极外部效应（如汽车造成环境污染、砍伐使雨林造成气候变化等），人们一再提及"经济学与生态学之间的对立"。实际上，这并非是指两门学科之间的对立，而是指短期经济利益与长期环境利益之间的失衡与冲突。要实现经济学与生态学之间的真正和谐，就必须将只有富裕企业才办得成的"亏本"的环境保护转变成一种在国民经济和企业经济上"赢利"的环境保护。为了达到这种和谐，由市场决定要素成本与价格必须成为"生态学的真理"。实现这一目标，必须将费用的负担逐渐从劳动和资本这些生产要素上转移到能源、原料、土地使用、空气和水这些使用要素上。具体来说，必须抓好以下两个环节：

首先，必须将自然资本核算引进国民经济体系。目前，世界范围内正在悄然兴起一场新的工业革命，其核心就是估算自然资本的价值并把自然资本纳入经济体系，实施可持续的生产和可持续的消费。根据《自然资本论》这本被称作"新工业革命的圣经"的著作的观点，旧工业革命没有把自然资本作为资本，只把投资、制造和人力当成资本，与自然资本有关的资源价格都极其低廉，导致自然资本越来越稀缺。新的工业革命则是明确、定量地把自然资本计算到国民经济中去。这种新工业革命包括4个特征：一是减少对自然资本的消耗，提高自然资本的利用率，以最少的资源实现最大的效益；二是生产者必须负责其产品售后的回收环节，并负责其全部产品消费后的回收，这就是"摇篮到摇篮"的过程；三是尽量开发、利用人力资本，而不是增加自然资本的消耗；四是恢复自然资本，且使自然资本的恢复成为盈利的行业。总之，自然资本论就是要把人们早已从观念中驱逐出去的"资源"概念重新纳入人们的经济体系、文化体系以及社会体系中来，以创造与环境友好的消费需求来维护自然资本，强调经济与环保的双赢。

其次，使绿色产业在国民经济和企业经济上由亏本成为赢利的产业。在最初的几年里，环境保护完全以一种意外的、令企业经营者不快的成本要素的面目出现。之后，在经济学界慢慢形成了一种认识，即从国民经济上来看，实行环境保护与经济并不抵触。最近的研究表明，环境保护不仅能"生产"生活质量，而且还构成了经济分工之下的一个基本的新产业。然而，从经济上来看，并非任何环境保护活动都是值得尝试的。温特尔在给企业家的推荐单中对环境保护措施作了区分：有利可图的，得失相当的和至少眼前是得不偿失的。不过，温特尔仍然建议，坚持在第三种情况下进行尝试，仍有望获得长远的以及或许是间接的利益。目前，虽然企业经营者卓有成效地致力于环境保护意识的管理，但他们还必须承受竞争，尤其是国际竞争的压力。如果一些国家以较低的环境投入为筹码来参与竞争，那就会制约其他地区企业在生态学上的追求。只要环境保护在法律和实践上没能实现根本的国与国之间协调，那么企业家的生态学行为只能是有限度的。

3. 构建绿色税收秩序

借鉴国际环保税收制度的经验，构建绿色税收制度应坚持以下原则：一是绿色税收制度应以调控为主，聚财为辅，积极发挥税收的经济杠杆作用。为了不加重纳税人的总体负担，新增的生态税收将通过降低其他一些税种的税负来加以抵消。西方国家在实现税制绿化的过程中，非常注意保持微观经济主体现有的总体税负基本不变。比如在开征新的环境税的同时，降低企业其他税收的负担。我国实现税制绿色化应该建立在不加重企业负担的基础上。结合目前税费制度的改革，在开征生态税收之后，应及时将企业缴纳的大多数环保方面的收费（如排污收费、水资源费）并入生态税收中一并征收，以避免重复征收，加重纳税人负担。二是新开征的环保税要保持税收的中性，本着"谁污染，谁纳税"与"完全纳税原则"，达到税收的横向与纵向公平，并且要使新开征的税种与现有相关税种相互协调配合，以期形成绿色税收调控体系。

4. 构建国际生态公平秩序

全球生态危机的解决有赖于全人类的共同行为。只有全世界通力合作，采取适应措施，才能克服这种危机。为此，国际官方和非官方组织肩负着义不容辞的责任：建立开发自然的统一理论，制定有关维护生态平衡的国际法则，以协调不同国家、特别是发达国家与发展中国家之间的矛盾，尽力减少人类社会各种活动对于生态平衡的不良影响。1972 年联合国人类环境会议通过的《人类环境宣言》的第 21 项原则，承认每个国家开发本国自然资源的权利，但规定这种开发不得损害其他国家的环境；1974 年联合国环境规划署制定了《区域海洋污染防治规划》；1979 年由全体东西欧和北美国家签订了《远距离跨国界空气污染公约》，1992 年联合国环境与发展大会通过了《气候变化框架公约》、《21 世纪议程》，为全人类今后有效地开展环境保护方面的国家合作奠定了良好的基础。这些公约作为普遍公认的社会规定，规范着人们的行为，对人们的行为具有具体的约束力。联合国和其他国际组织应当继续制定和完善有关保护人类环境的国际公约，并付诸实施。当然，这种实施应当是公正的。一方面，要充分地、实事求是地考虑造成全球生态恶化的有区分的责任，并据此确定相应的义务；另一方面在制定有关政策和实施方案时，又要考虑各国不同经济水平和承受能力，决不能用一把尺度来衡量。事实上，目前存在的许多环境问题，特别是温室效应、臭氧层破坏、海洋污染、生态平衡破坏等，主要是过去200年来西方发达国家在追求工业化和实行殖民主义政策过程中造成的后果，直到今天，当代西方发达国家仍然是自然资源的主要消耗者和污染物的主要排放者。所以，他们应对全球环境问题承担主要责任。发展中国家的环境问题主要根源于他们的贫困。联合国和其他国际组织应当敦促发达国家采取措施，率先采取措施保护全球环境，并在资金和技术等方面帮助发展中国家解决其面临的问题和困难。无论是发达国家还是发展中国家，都必须加强责任意识。通过对人类后代的责任意识的树立，我们也有可能对人权概念获得一个完整的理解，即人权不仅仅是指人的权利，而且还是指权利与义务的一种不可分割的完整性。

总之，没有任何理论能代替发自内心的关注，生态环境是我们自己的生存环境，我们并非独立于生态环境之外，而是生态环境的一分子，爱护她就是爱护我们的生命。一切以破坏自然环境为代价而建立起来的文明，不能是真正的文明。人类应该在自我反思和从行动上自我约束下，在兼顾全人类和子孙后代利益的生活方式指引下全面而健康地发展，只有这样，人才能真正生活在幸福之中。

参考文献

(1)阿马蒂亚·森. 伦理学与经济学. 王宇,王文玉译.北京:商务印书馆,2000.

(2)阿马蒂亚·森. 以自由看待发展. 任赜,于真译.北京:中国人民大学出版社,2002.

(3)阿马蒂亚·森. 论经济不平等 / 不平等之再考察. 王利文,于占杰译. 北京:社会科学文献出版社,2006.

(4)阿马蒂亚·森. 资源、价值与发展. 杨茂林,郭婕译. 长春:吉林人民出版社,200.

(5)阿马蒂亚·森,伯纳德·威廉姆斯. 超越功利主义. 梁捷等译,上海:复旦大学出版社,2011.

(6)阿马蒂亚·森. 以人为本 全球化世界的发展伦理学. 马春文,李俊江译. 长春:长春出版社,2012.

(7) 阿马蒂亚·森. 正义的理念. 王磊,李航 译. 北京:中国人民大学出版社,2012.

(8)阿瑟·奥肯. 平等与效率:重大抉择. 王奔洲等译. 北京:华夏出版社,1999.

(9)艾德勒. 六大观念. 北京:三联书店,1989.

(10)庇古. 福利经济学. 朱泱,张胜纪,吴良健译. 北京:商务印书馆,2006.

(11)庇古. 福利经济学. 金镝译. 北京:华夏出版社,2007.

(12)边沁. 道德与立法原理导论. 时殷弘译. 北京:商务印书馆,2006.

(13)柏拉图. 理想国. 郭斌和 ,张竹明译. 北京:商务印书馆,1986.

(14)布坎南. 经济学家应该做什么. 罗根基,雷家骕译. 成都:西南财经大学出版社,1988.

(15)丹尼尔 R.福斯菲尔德. 现代经济思想的渊源与演进. 杨培雷等译. 上海:上海财经大学出版社,2003.

(16)黑格尔. 哲学史讲演录. 第三卷. 贺麟,王太庆译. 北京:商务印书馆,1983.

(17)黄有光. 福利经济学. 北京:中国友谊出版社,1991.

(18)黄有光. 福祉经济学. 张清津译. 大连:东北财经大学出版社,2005.

(19)贾可卿. 分配正义论纲. 北京:人民出版社,2010.

（20）理查德·斯威德伯格. 经济学与社会学——研究范围的重新界定:与经济学家和社会学家的对话. 安佳译. 北京:商务印书馆,2003.

（21）李特尔. 福利经济学述评. 北京:商务印书馆,1980.

（22）厉以宁,吴易风,李懿. 西方福利经济学述评. 北京:商务印书馆,1984.

（23）柳平生. 当代西方经济正义理论流派. 北京:社会科学文献出版社,2012.

（24）罗宾斯. 经济科学的性质和意义. 朱泱译. 北京:商务印书馆,2000.

（25）罗伯特·诺齐克. 无政府、国家与乌托邦. 姚大志译. 北京:中国社会科学出版社,1991.

（26）罗尔斯. 正义论. 何怀宏,何包钢,廖申白译. 北京:中国社会科学出版社,1988.

（27）罗杰·巴克豪斯. 现代经济分析史. 晏智杰译, 成都：四川人民出版社,1992.

（28）洛克. 政府论. 瞿菊农,叶启芳译. 北京:商务印书馆,2005.

（29）马克思. 资本论. 北京:中国社会科学出版社 ,1983.

（30）马克思. 1844 年经济学哲学手稿. 中央编译局编译. 北京：人民出版社,2002.

（31）马克思,恩格斯. 马克思恩格斯全集. 北京:人民出版社,2009.

（32）马歇尔. 经济学原理. 陈良璧 译. 北京:商务印书馆,2005.

（33）米尔顿·弗里德曼. 弗里德曼文萃. 胡雪峰,武玉宁译. 北京:首都经济贸易大学出版社,2001.

（34）穆勒. 功利主义. 徐大建 译. 上海:世纪出版集团,上海人民出版社,2008.

（35）萨缪尔森. 经济分析的基础. 北京:商务印书馆,1992.

（36）萨缪尔森. 经济学. 萧琛 等译. 北京:人民邮电出版社,2007.

（37）色诺芬. 经济论 雅典的收入. 张伯健,陆大年译. 北京:商务印书馆 ,1961.

（38）世界环境与发展委员会. 我们共同的未来. 吉林:吉林人民出版社,1997.

（39）斯坦利·杰文斯. 政治经济学理论. 郭大力译,北京:商务印书馆,1984.

（40）休谟. 人性论. 关文运 译. 北京:商务印书馆,1981.

（41）亚当·斯密. 国民财富的性质和原因的研究. 郭大力,王亚南译. 北京:商务印书馆,1974.

（42）亚里士多德. 尼可马可伦理学. 苗力田译. 北京：中国社会科学出版社,1999.

（43）姚明霞. 福利经济学. 北京:经济日报出版社,2005.

（44）约瑟夫·熊彼特. 经济分析史. 第 2 卷. 杨敬年译. 北京：商务印书馆,1992.

（45）约瑟夫·熊彼特. 经济分析史. 第 3 卷. 朱泱等译. 北京：商务印书馆,1994.

（46）张志伟. 西方哲学智慧. 北京：中国人民大学出版社,2009.

（47）郑少华. 生态主义法哲学. 北京：法律出版社,2002.

（48）周辅成. 西方伦理学名著选辑. 北京：商务印书馆,1987.

（49）Alfred C. Pigou. The Economics of Welfare. Cosimo Classics,2005.

（50）Amartya Sen. Choice, Welfare and Measurement . Oxford: Basil Blackwell, 1982.

（51）John Stuart Mill. Utilitarianism. Canada: Broadview Press ,2000.

（52）Longman Dictionary of Contemporary English. Longman, 2003.

（53）The Royal Swedish Academy of Sciences: The Nobel Memorial Prize in Economics. 1998 .Scandinavian Journal of Economics ,1999.

后 记

福利经济学的本意是从经济角度探讨人的幸福之学，关注真实的人的幸福，是它区别于"不讲道德"的经济学的最大特征。然而，由于其伦理思想基础——功利主义本身的固有局限，加之受到逻辑实证主义的巨大冲击，福利经济学逐步走向贫困化。阿马蒂亚·森的研究为其注入了新的生命力，不仅在经济学研究中重新确立了"人"的地位，更把关注的视线投向了人的自由发展与可持续发展。

本书的写作受益于作者的几位良师益友——山西省社科院副院长杨茂林研究员和山西省社科院晔枫研究员，是他们无微不至的关怀、指导与激励才使得本书顺利付梓。杨茂林副院长是作者进入这一研究领域最早的领路人，晔枫老师在本书的策划、撰写、成稿与修改过程中，提供了真知灼见和富有启示性的指导意见。在此向两位表示衷心的感谢！

本书得以顺利出版，还要感谢山西省社科院国际交流中心主任张建武研究员对本书写作的支持，以及作者家人的理解与付出。

郭婕 王华梅

2014 年 4 月于太原